COMMENTAIRE

SUR LE CODE

FORESTIER.

Cet ouvrage étant ma propriété, je poursuivrai les contrefacteurs.

ÉRASME KLEFFER, *Éditeur*,
A Coulommiers (Seine et Marne).

Autres Ouvrages qui se trouvent à l'adresse ci-dessus :

NOUVEAU MANUEL des Officiers de l'État civil, par *J. A. Garnier Dubourgneuf*, Docteur en droit, Procureur du Roi. Seconde édition. 1 gros volume *in*-12 très-bien imprimé en 1827. Prix : 3 fr. 50 c.; et, franc de port, 4 fr. 25 c.

Cet ouvrage, principalement destiné aux Officiers de l'état civil, ne devait contenir que ce qui les concerne; mais les Notes placées au bas des pages, jointes à l'Appendice qui le termine, en font un Traité complet de l'état civil, et le rendent d'un usage général.

LOIS d'instruction criminelle et pénales, ou Appendice aux Codes criminels, par MM. *Garnier Dubourgneuf* et *Chanoine*. 3 gros volumes *in*-8°, ensemble de plus de 1,600 pages. Prix, avec le Supplément contenant toutes les Lois, Ordonnances et Décisions jusqu'en janvier 1828, 24 fr., et 29 fr. franc de port.

MM. *Garnier Dubourgneuf* et *Chanoine* continueront de publier par *Supplément*, à la fin de chaque année, toutes les Lois, Ordonnances et Décisions relatives aux matières criminelles. Ce travail complétera cet ouvrage, qui est utile aux Magistrats, Avocats, Officiers ministériels et à tous les Fonctionnaires publics.

Le nombre de feuilles réglera le prix des *Supplémens* qu'on publiera dans la suite.

Chef-d'œuvre typographique imprimé en 1828 :

PETIT CARÊME de Massillon, précédé d'une Notice sur sa vie, par le comte de *Boissy-d'Anglas*, pair de France; édition enrichie de Notes inédites, et ornée de portraits. 1 vol. *in*-18. Prix : 4 fr. Cartonné à la Bradel, 5 fr.

Douze exemplaires seulement ont été tirés dans le format *in*-8° sur chacun des papiers qui suivent : ils se vendent, cartonnés à la Bradel,

En papier fin des Vosges........................ 12 fr.
En papier superfin d'Annonay.................... 15
En papier coquille............................. 20
En papier vélin d'Annonay. 25

Cette édition est remarquable sous beaucoup de rapports, mais surtout en ce qu'elle n'a aucun mot coupé, et que la composition est d'une régularité extraordinaire : ce tour de force, qu'on avait cru jusqu'à ce jour impossible pour un ouvrage du domaine public, où il fallait non seulement respecter le style, mais aussi l'orthographe et la ponctuation, honore les presses françaises.

Il reste peu d'exemplaires de ce bel ouvrage.

COMMENTAIRE

SUR LE CODE

FORESTIER,

SUIVI DE

L'ORDONNANCE

D'EXÉCUTION;

Par J. A. GARNIER DUBOURGNEUF,

Docteur en Droit, Procureur du Roi,

Et J. S. CHANOINE,

Substitut, à Coulommiers.

A PARIS,

CHEZ DUFOUR ET Cie, LIBRAIRES,

RUE DU PAON, No 1.

1828.

TABLE

DES

MATIÈRES CONTENUES DANS CE VOLUME.

———

FIN DE LA TABLE DES MATIÈRES.

COMMENTAIRE

SUR

LE CODE

FORESTIER *.

~~~~~~

TITRE PREMIER.

Du Régime forestier.

ARTICLE PREMIER.

Sont soumis au régime forestier, et seront administrés conformément aux dispositions de la présente loi,

1°. Les bois et forêts qui font partie du domaine de l'État ;

2°. Ceux qui font partie du domaine de la couronne (1) ;

3°. Ceux qui sont possédés à titre d'apanage (2) et de majorats réversibles à l'État ;

4°. Les bois et forêts des communes et des sections de commune (3) ;

5°. Ceux des établissemens publics ;

6°. Les bois et forêts dans lesquels l'État, la couronne, les communes ou les établissemens publics ont des droits de propriété indivis avec des particuliers.

(1) Ces expressions, *domaine de la couronne,* insérées dans

* Sanctionné le 21 mai, promulgué le 31 juillet 1827.

I
~~~~~~

le Code forestier, art. 1er, 86 et 88, furent l'objet d'un amendement de la commission de la chambre des députés, qui croyait convenable d'y substituer les mots *dotation de la couronne*, employés dans la loi du 8 novembre 1814. Mais l'amendement fut écarté sur l'observation d'un député, qui dit, qu'en France on avait toujours distingué le domaine public du domaine de la couronne; que l'on entendait par domaine de la couronne, la portion du domaine public qui fait partie de la liste civile, et dont les revenus se versent au trésor de la couronne elle-même, et par domaine public, les biens qui appartiennent à l'Etat, et dont les revenus se versent au trésor. (*Moniteur* du 23 mars 1827, pag. 442.) On remarquera cependant que M. le comte Roy, dans son rapport au nom de la commission de la chambre des pairs, lorsqu'il est arrivé au tit. IV du Code, n'a pas employé d'autre expression que celle de *dotation de la couronne*, consacrée par la loi de 1814.

(2) Les bois possédés à titre d'apanage font l'objet du tit. V. Il n'existe aujourd'hui en France qu'un seul apanage, celui de S. A. R. le duc d'Orléans, qui contient 55,783 hectares, 28 ares de bois, situés, savoir : 3,964 hectares, 03 ares dans le département de l'Oise ; 1,561 hectares, 58 ares dans le département de Seine-et-Oise ; 28,015 hectares, 79 ares dans le département du Loiret ; 19,622 hectares, 89 ares dans le département de l'Aisne ; et 2,618 hectares, 99 ares dans le département de Loiret-Cher.

(3) Le titre VI règle ce qui concerne les bois des communes et des établissemens publics. On entend par section de commune, la portion d'une commune qui possède des droits ou des biens qui n'appartiennent point à l'universalité des habitans, et qui les possède cependant à titre commun, et non à titre singulier.

ART. 2.

Les particuliers exercent sur leurs bois tous les droits résultant de la propriété, sauf les restrictions qui seront spécifiées dans la présente loi.

Le Code forestier, titres VIII, IX et XV, n'apporte à l'exercice du droit des particuliers sur leurs bois, que des restrictions temporaires, et seulement en ce qui concerne le martelage de la marine, les travaux du Rhin et les défrichemens.

TITRE II.

De l'Administration forestière.

ART. 3.

Nul ne peut exercer un emploi forestier, s'il n'est âgé de vingt-cinq ans accomplis; néanmoins les élèves sortant de l'école forestière pourront obtenir des dispenses d'âge.

V. ord. réglem., art. 10 à 39, et 50.

Des procès-verbaux de délits forestiers, dressés par des gardes qui n'auraient pas vingt-cinq ans accomplis, ou qui n'auraient pas obtenu de dispenses d'âge, devraient être déclarés nuls. (Arr. cass. 19 juin 1807, *Merlin*, Répert. de jurisprud., v° *Garde des bois*, sect. 1re, § 2.)

ART. 4.

Les emplois de l'administration forestière sont incompatibles avec toutes autres fonctions, soit administratives, soit judiciaires.

V. ord. de 1669, tit. II, art. 8; loi du 15-29 septembre 1791, tit. III, art. 13, 14; ord. réglem. art. 31, 32.

ART. 5.

Les agens et préposés de l'administration forestière ne pourront entrer en fonctions qu'après avoir prêté serment devant le tribunal de première instance de leur résidence, et avoir fait enregistrer leur commission et l'acte de prestation de leur serment au greffe des tribunaux dans le ressort desquels ils devront exercer leurs fonctions.

Dans le cas d'un changement de résidence qui les placerait dans un autre ressort en la même qualité, il n'y aurait pas lieu à une autre prestation de serment.

. Les agens et préposés de l'administration forestière, les gardes forestiers des communes et ceux des particuliers ne sont admis à la prestation de serment que sur la réquisition du procureur du Roi, et sans ministère d'avoué. (V. Cod. d'instr. crim., art. 16 et 20; loi du 29 avril 1803 (9 floréal an XI), art. 12; arrêt cass. 20 septembre 1823, *Sirey*, 24. 1. 98; Bull. crim., n° 131.)

En exécution de l'art. 1ᵉʳ de la loi du 11 janvier 1800 (21 nivôse an VIII), et conformément aux art. 3 de l'ord. du 3 mars 1815, et 12 du tit. III de la loi du 15-29 septemb. 1791, chaque agent et préposé forestier prête le serment « d'être » fidèle au Roi, de garder et faire observer les lois du » royaume, ainsi que les ordonnances et règlemens, de » se conformer à la Charte constitutionnelle donnée par » le Roi à ses peuples, et de remplir avec exactitude et » fidélité les fonctions qui lui sont confiées. »

Les commissions des agens et préposés de l'administration forestière, et des gardes forestiers des communes et établissemens publics, sont exemptes de l'enregistrement avant la prestation de serment, comme actes d'administration publique. (Loi du 12 décembre 1798, art. 70, § 3, nᵒˢ 1, 2 et 13; Dictionnaire général des droits d'enregistrement, vᵒ *Commission* et *Nomination de gardes.*)

Les commissions des gardes forestiers des particuliers sont assujéties au droit fixe de 1 franc avant la prestation de serment. (Loi du 22 frimaire an VII, article 68, § 1ᵉʳ, n° 51.)

Les prestations de serment des agens et préposés de l'administration forestière, des gardes forestiers des communes, des établissemens publics et des particuliers, pour entrer en fonctions, sont soumises à un droit fixe de 3 francs. (Loi du 22 frimaire an VII, art. 68, § 3, n° 3.)

Avant le Code forestier, la cour de cassation pensait que l'enregistrement de la commission d'un agent ou préposé forestier au tribunal civil d'une nouvelle résidence n'était pas nécessaire pour donner un caractère légal aux fonctions de cet agent ou de ce préposé dans sa résidence nouvelle. (Arr. cass. 19 février 1825, Bull. crim., n° 29). Il en est autrement aujourd'hui : si l'agent ou préposé forestier passe dans un ressort de justice auquel il a été jusqu'alors étranger, venant pour la première fois exercer des fonctions dans ce ressort, il est obligé de faire enregistrer au greffe sa commission et l'acte de prestation de son serment, pour que le tribunal puisse reconnaître sa qualité et admettre ses procès-verbaux. Voyez, au surplus, l'article 160, ci-après, et les notes; cet article et l'art. 5 nous semblent s'expliquer l'un par l'autre.

ART. 6.

Les gardes sont responsables des délits, dégâts,

abus et abroutissemens qui ont lieu dans leurs triages, et passibles des amendes et indemnités encourues par les délinquans, lorsqu'ils n'ont pas dûment constaté les délits.

V. ord. de 1669, tit. X, art. 9, tit. XXVII, art. 5; loi du 15-29 septembre 1791, tit. XIV; arrêté du 17 février 1803; décret du 9 août 1806; ord. réglem., art. 39; et ci-après, art. 87 et la note.

Un député avait proposé d'ajouter à l'art. 6, la disposition suivante : « Les gardes forestiers et les gardes à cheval, prévenus de crime ou délit dans l'exercice de leurs fonctions, seront poursuivis et traduits dans les formes communes à tous les autres particuliers, sans autorisation préalable. Seulement, lorsque le juge d'instruction aura décerné un mandat de dépôt, il sera tenu d'en informer, dans les vingt-quatre heures, l'inspecteur forestier de l'agent poursuivi. » Cet amendement n'ayant pas été adopté (*Moniteur* du 23 mars 1827, pag. 443), l'autorisation continue d'être nécessaire pour exercer des poursuites contre les gardes forestiers.

Les bases sur lesquelles les procureurs généraux et les procureurs du Roi doivent se régler lorsqu'il est porté plainte contre des agens de l'administration forestière, à raison de faits commis dans l'exercice de leurs fonctions, sont déterminées dans la circulaire suivante du garde des sceaux, en date du 17 septembre 1822 :

« 1º. Le procureur du Roi requerra qu'il soit procédé à une information préparatoire, en se conformant aux dispositions du décret du 9 août 1806, et aux règles tracées par le chap. III du tit. IV du liv. II du Cod. d'inst. crim.

» 2º. Quand cette information sera achevée, il fera un extrait des charges, sans indiquer nominativement les témoins entendus, et en se bornant à énoncer que tel ou tel fait résulte de l'instruction.

» 3º. Cet extrait, avec une copie entière de la plainte, devra être adressé par le procureur du Roi à l'inspecteur ou sous-inspecteur forestier le plus voisin du lieu où réside le garde inculpé. Dans le même temps, le procureur du Roi transmettra toutes les pièces de l'information au procureur général, auquel seront également transmis, par l'intermédiaire du conservateur ou de l'inspecteur principal des forêts, les réponses et moyens de défense du prévenu, ainsi que tous autres renseignemens que les agens supérieurs de l'administration pourront ou croiront devoir fournir.

» 4º. Enfin, le procureur général, après avoir examiné

toutes ces pièces, les transmettra au garde des sceaux, avec son avis, pour que S. Exc. provoque, s'il y a lieu, l'autorisation de continuer les poursuites.

» De cette manière, les administrateurs des forêts, à qui le garde des sceaux communiquera, par l'intermédiaire du ministre des finances, les pièces de la procédure et l'enquête extra-judiciaire faite par leurs propres agens, pourront statuer promptement sur la mise en jugement des prévenus, et ces sortes d'affaires n'éprouveront point des retards préjudiciables à la bonne administration de la justice.

» Lorsque l'inculpation sera dirigée contre un inspecteur, un sous-inspecteur, ou un garde général, l'extrait des charges résultant de l'information devra être transmis par le procureur du Roi au conservateur ou à l'inspecteur principal de l'arrondissement forestier, et le procureur du Roi se conformera, pour le surplus, à ce qui est énoncé au n° 3 ci-dessus. »

Considérés sous la qualité d'officiers de police judiciaire que leur accorde l'art. 9 du Code d'instruction criminelle, les gardes forestiers prévenus de crimes ou délits dans l'exercice de ces fonctions n'ont de garanties spéciales à réclamer que celles qui sont établies par les art. 479, 483 et 484 du Code d'instruction criminelle. (Arr. cass. 24 décembre 1824, Bull. crim., n° 198.)

Lorsque les gardes ont agi à la fois en leur double qualité d'agens de l'administration et d'officiers de police judiciaire, ils doivent jouir de la double garantie que leur accordent d'une part l'art. 75 de la constitution du 22 frimaire an VIII, et l'arrêté du 28 pluviôse an XI, et d'autre part les art. 9, 16, 17, 479 et 483 du Code d'instr. crim. Un garde prévenu d'avoir, dans une forêt où il avait à exercer, et où il exerçait en effet sa surveillance, fait des blessures à un individu surpris en délit, au lieu de dresser un procès-verbal, agissait évidemment comme préposé de l'administration forestière et comme officier de police judiciaire; dès-lors il ne peut être cité devant une cour royale, conformément au Code d'instruction criminelle, qu'après que l'administration forestière a autorisé sa mise en jugement. (Arr. cass. 24 décemb. 1824, précité.)

Lorsqu'un garde forestier est accusé de violence envers les personnes, le jury doit être interrogé sur les deux questions de savoir, 1°. si l'accusé a agi dans l'exercice de ses fonctions; 2°. s'il a agi sans motif légitime. Ces deux questions doivent être posées d'office, si elles ne sont pas requises par l'accusé ou par son défenseur. (Arr. cass. 14 octobre 1825, Bull. crim., n° 206.)

ART. 7.

L'empreinte de tous les marteaux dont les agens et les gardes forestiers font usage tant pour la marque des bois de délit et des chablis que pour les opérations de balivage et de martelage, est déposée au greffe des tribunaux, savoir :

Celles des marteaux particuliers dont les agens et gardes sont pourvus, aux greffes des tribunaux de première instance dans le ressort desquels ils excercent leurs fonctions;

Celle du marteau royal uniforme, aux greffes des tribunaux de première instance et des cours royales.

V. ord. de 1669, tit. II, art. 3, tit. VII, art. 3, 4, tit. XV, art. 11, 37, 38, tit. XVI, art. 11; loi du 15-29 septembre 1791, tit. V, art. 9, tit. VI, art. 11; Code pénal, art. 141 et 143; ord. réglem., art. 36 et 37.

L'empreinte du marteau royal apposée sur un arbre est *un acte de l'autorité publique.* L'individu prévenu d'avoir détruit sur des arbres mis en réserve, l'empreinte du marteau de l'Etat, pour en substituer frauduleusement une autre, est réellement prévenu d'avoir détruit un titre de propriété du domaine, crime prévu par l'art. 439 du Code pénal. (Arr. cass. 14 août 1812, Bull. crim., année 1812, pag. 360; *Merlin,* Rép. de jurisp., tom. 15, addit., v° *Faux,* sect. 1ʳᵉ, § 13 ; arr. cass. 4 mai 1822, Bull. crim., n° 70.)

TITRE III.

Des Bois et Forêts qui font partie du domaine de l'État.

SECTION PREMIÈRE.

De la Délimitation et du Bornage.

ART. 8.

La séparation entre les bois et forêts de l'État et les propriétés riveraines pourra être requise, soit par l'administration forestière, soit par les propriétaires riverains.

Cette disposition rentre dans le droit commun (v. C. civ., art. 646), dont s'écartait l'ordonnance de 1669, qui portait, titre XXVII, article 4 : « Tous les riverains possédant bois joignant nos forêts et buissons, seront tenus de les séparer des nôtres par des fossés ayant quatre pieds de largeur et cinq de profondeur, qu'ils entretiendront en cet état, *à peine de réunion.* »

Il ne faut pas confondre la délimitation avec le bornage. La délimitation ne sert qu'à indiquer la ligne sur laquelle doivent être placées les bornes, tandis que le bornage a pour objet de constater d'une manière immuable cette délimitation. D'où il suit que l'action en bornage doit être accueillie, quand même les propriétés auraient des limites suffisamment indiquées. (Arr. cass., 30 décembre 1818, Bull. civ., n° 95.)

V. ord. réglem., art. 57 et suiv.

ART. 9.

L'action en séparation sera intentée, soit par l'État, soit par les propriétaires riverains, dans les formes ordinaires.

Toutefois, il sera sursis à statuer sur les actions partielles, si l'administration forestière offre d'y faire droit dans le délai de six mois, en procédant à la délimitation générale de la forêt.

S'il s'agit d'une simple reconnaissance et fixation de limites, la demande doit être adressée au préfet qui autorise l'opération. (V. ord. réglem., art. 57.)

S'il y a lieu à former une demande devant les tribunaux, elle doit être précédée d'un mémoire adressé au préfet. V. les notes sur l'art. 58, § 1er, dans lesquelles la marche à suivre, suivant les différens cas, est indiquée.

Lorsque les propriétés riveraines ont été acquises *nationalement,* s'il s'élève des contestations qui nécessitent l'interprétation d'actes émanés de l'administration, c'est aux conseils de préfecture qu'il appartient de prononcer, en vertu de l'art. 4, tit. II de la loi du 17 février 1800 (28 pluviôse an VIII), sauf aux parties à faire statuer ensuite sur le bornage par les tribunaux, qui seuls sont aptes à connaître des questions de propriété et de possession.

ART. 10.

Lorsqu'il y aura lieu d'opérer la délimitation générale et le bornage d'une forêt de l'État, cette opération sera annoncée deux mois d'avance (1) par un arrêté du préfet, qui sera publié et affiché dans les communes limitrophes, et signifié (2) au domicile des propriétaires riverains ou à celui de leurs fermiers, gardes ou agens.

Après ce délai, les agens de l'administration forestière procéderont à la délimitation en présence (3) ou en l'absence des propriétaires riverains.

(1) Le jour de la signification, ni celui de l'échéance ne sont point comptés pour ce délai. Il n'est point dérogé, en ce point, aux règles du droit commun établies dans l'art. 1033 du C. de procéd. civ.

(2) Les gardes forestiers ont autorité pour faire toutes ces significations. (Art. 173.)

(3) Les propriétaires riverains présens ou représentés, lorsqu'il est procédé à la délimitation, ont le droit de faire consigner dans le procès-verbal les réquisitions, dires et observations qu'ils jugeront utiles, aux termes de l'article 61 de l'ordonnance réglementaire, et, en cas de refus de la part des agens forestiers, ils pourraient les faire signifier par exploit au préfet du département.

V. ord. réglem., art. 59 et suiv.

ART. 11.

Le procès-verbal de la délimitation sera immédiatement déposé au secrétariat de la préfecture, et par extrait au sécretariat de la sous-préfecture, en ce qui concerne chaque arrondissement. Il en sera donné avis par un arrêté du préfet, publié et affiché dans les communes limitrophes. Les intéressés pourront en prendre connaissance, et former leur opposition dans le délai d'une année, à dater du jour ou l'arrêté aura été publié.

Dans le même délai, le Gouvernement déclarera s'il approuve ou s'il refuse d'homologuer ce procès-verbal en tout ou en partie.

Sa déclaration sera rendue publique de la même manière que le procès-verbal de délimitation.

V. ord. régl., art. 60 et suiv. — L'art. 63 autorise les intéressés à requérir à leurs frais des extraits du procès-verbal de délimitation.

ART. 12.

Si, à l'expiration de ce délai, il n'a été élevé aucune réclamation par les propriétaires riverains contre le procès-verbal de délimitation, et si le Gouvernement n'a pas déclaré son refus d'homologuer, l'opération sera définitive.

Les agens de l'administration forestière procéderont dans le mois suivant au bornage, en présence des parties intéressées, ou elles dûment appelées par un arrêté du préfet, ainsi qu'il est prescrit par l'article 10.

Cet article ne recevra son application que dans le cas où les propriétaires riverains ne se seront pas présentés lors de la délimitation, ou, ayant refusé d'y acquiescer, auront différé leur réclamation pendant le délai fixé; car, si les parties sont d'accord, il sera inutile d'attendre pour procéder au bornage l'expiration de ce délai.

V. ord. réglem., art. 65.

ART. 13.

En cas de contestations élevées, soit pendant les opérations, soit par suite d'oppositions formées par les riverains en vertu de l'article 11, elles seront portées par les parties intéressées devant les tribunaux compétens (1), et il sera sursis à l'abornement jusqu'après leur décision.

Il y aura également lieu au recours devant les tribunaux de la part des propriétaires riverains, si, dans le cas prévu par l'article 12, les agens forestiers se refusaient (2) à procéder au bornage.

(1) V. ord. réglem., art. 64, et, relativement aux formalités à observer, suivant les différens cas, lorsque les con-

testations doivent être portées devant les tribunaux, les notes sur l'art. 58, § 1er, ou devant les conseils de préfecture, celles sur l'art. 9.

(2) Il suit de ces mots, *se refusaient*, que l'administration doit préalablement être mise en demeure , suivant le principe posé par l'art. 1146 du Code civil.

Les propriétaires riverains pourraient être autorisés par le jugement du tribunal, pour le cas où les agens forestiers ne procéderaient pas au bornage, dans un délai déterminé, à le faire exécuter eux-mêmes, suivant ce qui serait réglé. Cela serait conforme à l'art. 1144 du C. civ.

ART. 14.

Lorsque la séparation ou délimitation sera effectuée par un simple bornage, elle sera faite à frais communs.

Lorsqu'elle sera effectuée par des fossés de clôture , ils seront exécutés aux frais de la partie requérante, et pris en entier sur son terrain.

V. C. civ., art. 646, 647, et ord. réglem., art. 66.

Le projet soumis aux autorités du royaume fixait les dimensions des fossés, qui devaient avoir deux mètres d'ouverture et quinze décimètres de profondeur; mais cette disposition ayant été retranchée du projet présenté à la chambre des députés, il en résulte que les propriétaires riverains sont libres de faire les fossés comme bon leur semble.

C'est sur la proposition de la commission de la chambre des députés que la disposition suivante a été retranchée : « *Dans le cas où le fossé exécuté de cette manière dégraderait les arbres de lisière des forêts, l'administration pourra s'opposer à ce mode de clôture.* »

M. Avoyne de Chantereine insistait pour l'adoption de ce paragraphe, mais M. Favard de Langlade donna, sur les motifs de sa suppression, de nouvelles explications qui ont prévalu et que nous croyons utiles de reproduire, parce qu'elles établissent d'une manière certaine l'intention du législateur de ne pas déroger au droit commun: « La commission n'entend pas interdire à l'État la faculté de former telle action qu'il jugera à propos contre un particulier qui pourrait nuire par son fait aux lisières des forêts; elle a pensé que l'État était propriétaire comme le simple particulier, et que chacun devait rentrer dans le droit commun, c'est-à-dire, que si l'État faisait faire des fossés nuisibles à la propriété des particuliers, ceux-ci pourraient le poursuivre devant les tribunaux, et que, d'un autre côté, si quelque particulier faisait chez lui quelque chose qui nuisît à l'État, l'Etat pourrait aussi le poursuivre devant les tribunaux, et que de cette manière chacun obtiendrait justice. La commission n'a pas pensé que l'État, comme propriétaire, dût être privilégié; elle a voulu que tout fût égal de part et d'autre. » (*Moniteur* du 23 mars 1827, page 444.)

SECTION II.

De l'Aménagement.

ART. 15.

Tous les bois et forêts du domaine de l'État sont assujétis à un aménagement réglé par des ordonnances royales.

La loi ne doit renfermer que des principes, des règles stables; tout ce qui prend le caractère de dispositions réglementaires et d'exécution, tout ce qui est mobile et variable rentre dans le domaine des ordonnances. Comment, en effet, la loi pourrait-elle déterminer, par des règles générales, l'âge et la division des coupes, le mode d'exploitation, le nombre et le choix des réserves, lorsque toutes ces circonstances dépendent essentiellement de causes qui varient pour chaque forêt, suivant la nature du sol, son exposition, la qualité et l'essence des arbres, les besoins particuliers ou publics, la proximité ou l'éloignement des lieux de consommation, la destination des produits, les moyens de transport? Elle a dû se borner à poser le principe que les forêts sont soumises à un aménagement, et laisser à l'ordonnance réglementaire le soin de fixer dans leurs détails les règles des aménagemens, parce que de telles opérations ne peuvent être faites utilement et avec connaissance que par l'administration.

Voyez ci-après l'ord. réglem., art. 67 à 72.

ART. 16.

Il ne pourra être fait dans les bois de l'État aucune coupe extraordinaire quelconque, ni aucune coupe de quarts en réserve ou de massifs réservés par l'aménagement pour croître en futaie,

sans une ordonnance spéciale du Roi, à peine de nullité des ventes, sauf le recours des adjudicataires, s'il y a lieu, contre les fonctionnaires ou agens qui auraient ordonné ou autorisé ces coupes.

Cette ordonnance spéciale sera insérée au Bulletin des lois.

M. Casimir Périer avait proposé sur cet article l'amendement suivant : « Lorsque dans l'intervalle d'une session » il aura été fait dans les bois de l'État des coupes ex- » traordinaires quelconques ou des coupes de quarts en » réserve ou de massifs réservés par l'aménagement pour » croître en futaie, l'ordonnance spéciale du Roi, en » vertu de laquelle ces coupes auront été faites, devra » être présentée aux chambres à la plus prochaine session, » pour être convertie en loi. » Cette proposition appuyée par divers orateurs, et combattue par le ministre des finances et M. de Martignac, commissaire du Roi, n'a pas été mise aux voix, M. Casimir Périer ayant déclaré se réunir à un sous-amendement de M. Hyde de Neuville, qui demandait seulement qu'il fût rendu compte de ces opérations aux chambres dans leur plus prochaine session. Ce sous-amendement a été rejeté, mais la chambre a adopté une disposition additionnelle présentée par M. de Kergariou, et qui forme le deuxième paragraphe de l'art. 16. (*Moniteur* du 24 mars, pag. 445, 446 et 447.)

V. ci-après l'art. 88 et la note; l'ord. régl., art. 71 et 85.

SECTION III.

Des Adjudications des Coupes.

ART. 17.

Aucune vente ordinaire ou extraordinaire ne pourra avoir lieu dans les bois de l'État que par voie d'adjudication publique, laquelle devra être annoncée, au moins quinze jours d'avance, par des affiches apposées dans le chef-lieu du département, dans le lieu de la vente, dans la commune de la situation des bois, et dans les communes environnantes.

V. ord. de 1669, tit. XV et tit. XXIII, art. 10; ord. réglementaire, tit. II, sect. III.

2

ART. 18.

Toute vente faite autrement que par adjudication publique sera considérée comme vente clandestine, et déclarée nulle. Les fonctionnaires et agens qui auraient ordonné ou effectué la vente, seront condamnés solidairement à une amende de 3,000 francs au moins et de 6,000 francs au plus, et l'acquéreur sera puni d'une amende égale à la valeur des bois vendus.

V. ord. de 1669, tit. XV, art. 1er et 3; arrêté du 23 juillet 1797 (5 thermidor an V), art. 10; et ci-après, art. 19, 205, 207.

Un député demandait que l'adjudicataire ne fût pas exposé à payer une amende plus forte que l'agent forestier prévaricateur, et proposait l'amendement suivant : « *L'acquéreur sera puni d'une amende égale à celle qui aura été prononcée contre lesdits fonctionnaires et agens.* » Cet amendement a été rejeté par deux considérations : 1°. si la vente clandestine présente de forts bénéfices, c'est l'adjudicataire qui en profite, et sous ce rapport il convient de le punir davantage; 2°. si la vente est minime, comme cela arrivera le plus souvent, et que l'on assimile l'acquéreur au fonctionnaire, quant à l'application de l'amende, il n'y aurait plus de proportion entre l'objet vendu et la peine appliquée; sous cet autre rapport, il convient que la peine de l'acquéreur soit relative, c'est-à-dire, d'une amende égale à la valeur des bois vendus. (*Moniteur* du 24 mars 1827, pag. 448.)

Les peines encourues par l'acquéreur, dans le cas des articles 18 et 205, devraient-elles être prononcées contre son cessionnaire ou ses associés? Par ces expressions, *l'acquéreur, l'adjudicataire*, le législateur a nécessairement entendu désigner les individus au profit desquels l'exploitation sera faite. Si donc l'acquéreur cédait et transportait, en totalité ou en partie, à un tiers, son droit aux bénéfices de l'adjudication clandestine, non seulement l'acquéreur, mais le cessionnaire lui-même participerait aux avantages de la vente consommée autrement que par adjudication publique. Dès-lors, cette vente se trouverait avoir été faite dans l'intérêt de l'un aussi bien que dans l'intérêt de l'autre, et la fraude imputable à l'un le deviendrait également à l'autre. Nul n'est censé ignorer la loi. Nul ne serait recevable à prétendre qu'il ignorait que

les ventes de bois dussent se faire aux enchères, à l'extinction des feux, devant les préfets, sous-préfets, et autres fonctionnaires, après affiches et publications, et qu'il
dût être dressé procès-verbal en forme de l'adjudication.
Par la seule acceptation d'un titre frauduleux, par son
consentement à partager un lucre illégitime, le cessionnaire aurait donc perdu tout droit d'invoquer sa bonne
foi, il deviendrait complice du délit et passible de l'amende
conjointement et solidairement avec l'acquéreur.

A plus forte raison, l'amende serait-elle encourue par
le cessionnaire ou tout autre qui profiterait de la vente,
s'il était démontré que l'acquéreur n'était qu'un prête-
nom et une personne interposée. Dans ce cas, le cessionnaire ou celui dans l'intérêt de qui la vente aurait eu
lieu, serait l'auteur principal du délit, et le prétendu acquéreur en serait le complice, pour en avoir préparé et
facilité l'exécution.

L'amende serait-elle encourue par les associés de l'acquéreur? D'abord, il est évident que cette question n'en
serait pas une, si une société quelconque avait été formée
dans le but spécial d'acheter clandestinement des bois
pour les exploiter. Dans ce cas, la fraude, aussi bien que
le bénéfice, serait commun à tous les associés. Tous
seraient considérés comme acquéreurs, et poursuivis
comme tels.

Mais, dans le cas d'une société en nom collectif ou en
participation, pour le compte de laquelle l'un des associés
aurait seul acquis une coupe de bois, autrement que par
adjudication publique, contre qui devrait être poursuivie
la condamnation à l'amende, à la restitution et aux dommages-intérêts?

Pour se mettre à l'abri des poursuites, les coassociés
de celui qui aurait conclu la vente devraient rapporter la
preuve qu'ils ont été trompés; s'ils ont partagé les bénéfices, ils ne peuvent en avoir ignoré la source, ni par
conséquent se soustraire aux restitutions et dommages.

La société en commandite, se contractant entre un ou
plusieurs associés responsables et solidaires, et un ou plusieurs associés simples bailleurs de fonds, il serait injuste
à la fois et absurde de prétendre, qu'en cas de vente clandestine consentie à l'associé gérant, les commanditaires
qui ne font aucun acte de gestion et ne peuvent être employés pour les affaires de la société, seraient passibles de
l'amende égale à la valeur des bois vendus. Le propriétaire d'une action dans une société en commandite ne
pourrait être considéré comme ayant participé aux bénéfices de la vente, qu'autant qu'il y aurait fraude prouvée
de sa part. Hors ce cas, c'est contre les seuls associés gé-

rans que les condamnations portées par les art. 18 et 2o5 devraient être poursuivies, sauf le recours des commanditaires (Code civil, art. 1850) contre l'associé ou les associés qui, par leur faute, auraient causé des dommages à la société.

ART. 19.

Sera de même annulée, quoique faite par adjudication publique, toute vente qui n'aura point été précédée des publications et affiches prescrites par l'article 17, ou qui aura été effectuée dans d'autres lieux ou à un autre jour que ceux qui auront été indiqués par les affiches ou les procès-verbaux de remise de vente.

Les fonctionnaires ou agens qui auraient contrevenu à ces dispositions, seront condamnés solidairement à une amende de 1,000 à 3,000 francs; et une amende pareille sera prononcée contre les adjudicataires, en cas de complicité.

Un pair fit observer que si l'adjudication avait lieu avant l'heure indiquée, quoique le même jour, le préjudice causé à l'Etat serait le même que si l'adjudication avait eu lieu à un autre jour, puisque les enchérisseurs pourraient n'être pas tous arrivés. Le commissaire du Roi répondit que l'ordonnance de 1669 n'avait aucune disposition pour ce cas; mais que, l'observation n'en étant pas moins juste, ne manquerait pas d'être prise en considération dans la rédaction de l'ordonnance. (*Moniteur* du 19 mai 1827, pag. 813.) V. ord. réglem., art. 84.

ART. 20.

Toutes les contestations qui pourront s'élever, pendant les opérations d'adjudication, sur la validité des enchères ou sur la solvabilité des enchérisseurs et des cautions, seront décidées immédiatement par le fonctionnaire qui présidera la séance d'adjudication.

Il était question dans le projet communiqué aux cours du royaume d'autoriser un recours à l'administration supérieure contre la décision du président de la vente. Mais cette disposition a été supprimée, parce que l'on a reconnu qu'un pareil recours ne pouvait être réservé. Il faut, en effet, distinguer entre les enchères faites en séance d'adjudication, et les surenchères dont parle l'article 26. Dans le premier cas, les questions qui se présentent le plus ordinairement ne peuvent se décider que par le président de la vente, sur l'avis du bureau : ce sont, par exemple, celles de savoir, si cet enchérisseur a mis, ou non, une enchère; s'il a parlé avant ou après tel autre, avant ou après l'extinction des feux; s'il présente une solvabilité suffisante. Or, il est évident que dans aucun de ces cas, ou autres semblables, un recours quelconque n'était praticable. V. la note sur l'art. 26.

ART. 21.

Ne pourront prendre part aux ventes, ni par eux-mêmes, ni par personnes interposées, directement ou indirectement, soit comme parties principales, soit comme associés ou cautions :

1°. Les agens et gardes forestiers et les agens forestiers de la marine dans toute l'étendue du royaume; les fonctionnaires chargés de présider ou de concourir aux ventes, et les receveurs du produit des coupes, dans toute l'étendue du territoire où ils exercent leurs fonctions;

En cas de contravention, ils seront punis d'une amende qui ne pourra excéder le quart ni être moindre du douzième du montant de l'adjudication, et ils seront en outre passibles de l'emprisonnement et de l'interdiction qui sont prononcés par l'art. 175 du Code pénal :

2°. Les parens et alliés en ligne directe, les frères et beaux-frères, oncles et neveux des agens et gardes forestiers et des agens forestiers de la marine, dans toute l'étendue du territoire pour lequel ces agens ou gardes sont commissionnés;

En cas de contravention, ils seront punis d'une amende égale à celle qui est prononcée dans le paragraphe précédent :

3°. Les conseillers de préfecture, les juges, officiers du ministère public et greffiers des tribunaux de première instance, dans tout l'arrondissement de leur ressort;

En cas de contravention, ils seront passibles de tous dommages-intérêts, s'il y a lieu.

Toute adjudication qui sera faite en contravention aux dispositions du présent article, sera déclarée nulle.

V. ordonn. de 1669, tit. XV, art. 21 et 22, et, ci-après, art. 205 et 207.

Un pair, M. le comte d'Argout, a dit : « Il existe certaines usines exploitées en commandite et par des sociétés anonymes. Les actions de ces sociétés peuvent être prises par tous les fonctionnaires des départemens où elles sont établies. Si les administrateurs d'une semblable société se rendent adjudicataires d'une coupe de l'Etat, cette adjudication ne pourra-t-elle pas être annullée parce que l'un des fonctionnaires compris au paragraphe 3 de l'article se trouvera propriétaire d'une action, et aura pris ainsi une part indirecte à l'adjudication ? Ne pourra-t-il pas en être de même, lorsque l'un de ces fonctionnaires, à défaut d'autre marchand de bois établi dans ce canton, se verra obligé d'acheter, pour ses besoins personnels, de l'adjudicataire des bois de l'Etat, une partie des bois exploités? Cette interprétation de l'article serait sans doute contraire à toute raison. »

M. de Martignac, commissaire du Roi, a répondu : « La disposition ne peut être comprise que dans son sens raisonnable. Il est évident que le propriétaire d'une action dans une société en commandite ne pourrait être considéré comme ayant pris une part indirecte à l'adjudication qu'autant qu'il y aurait fraude prononcée de sa part; hors ce cas, ce sont les seuls gérans de la société qui peuvent être considérés comme prenant part à l'adjudication. Il en est de même du cas où un fonctionnaire achète, pour ses besoins, des bois provenant de l'adjudication; il est évident que, s'il agit de bonne foi et sans collusion avec l'adjudicataire, la disposition ne saurait lui être applicable, et qu'elle ne le deviendrait qu'autant qu'il y aurait fraude, qu'il serait prouvé, par exemple, que l'adjudication aurait été faite dans son intérêt; et qu'ainsi l'adjudicataire ne serait qu'une personne interposée. » (*Moniteur* du 19 mai 1827, pag. 814.)

ART. 22.

Toute association secrète ou manœuvre entre les marchands de bois ou autres, tendant à nuire aux enchères, à les troubler ou à obtenir les bois à plus bas prix, donnera lieu à l'application des peines portées par l'article 412 du Code pénal, indépendamment de tous dommages-intérêts; et si l'adjudication a été faite au profit de l'association secrète ou des auteurs desdites manœuvres, elle sera déclarée nulle.

V. ord. de 1669, tit. XV, art. 23; ci-après, art. 205; et *Merlin*, Répert. de jurisp., v° *Adjudicataire*, § 6.

Sur la demande d'un député, le commissaire du Roi a expliqué le sens que le gouvernement attachait à ces mots, *association secrète*. Ce n'est pas une association en participation qui n'est pas constatée par écrit; mais une association secrète ou manœuvre frauduleuse tendant à nuire aux enchères. (*Moniteur* du 24 mars 1827, p. 448.)

Il arrive trop souvent que les marchands de bois présens à une adjudication s'entendent entre eux pour tâcher d'obtenir les bois à plus bas prix et cherchent à écarter des enchères les individus qui pourraient leur porter ombrage. Il n'est pas rare aussi de trouver des gens qui, assez riches pour faire craindre leur enchère, mais sans intention sérieuse de se rendre adjudicataires, ne paraissent aux ventes que pour tirer parti de la crainte qu'ils inspirent aux marchands et obtenir d'eux une somme d'argent moyennant laquelle ils consentent à se retirer. L'art. 22 du Code forestier serait-il applicable à l'individu qui, au moyen de cette manœuvre, se ferait remettre par des marchands de bois une somme d'argent, ou délivrer gratuitement, par exemple, une certaine quantité de bois de charpente? Ce fait pourrait donner lieu à l'application de l'art. 22, parce qu'il y aurait évidemment entre l'individu dont il s'agit et les marchands une manœuvre nuisible aux enchères et tendant à obtenir les bois à plus bas prix. Mais le même fait pourrait aussi donner lieu à l'application de l'article 405 du Code pénal, parce que, si l'Etat est lésé par une association nuisible aux enchères, les marchands sont à leur tour dupes d'une véritable escroquerie. En effet, ce n'est que par suite de manœuvres frauduleuses propres à leur inspirer la crainte de voir leur enchère couverte qu'ils se déterminent à remettre de l'argent ou d'autres valeurs, et à acheter à ce prix la retraite d'un prétendu enchérisseur qui vient enter sa friponnerie sur la leur.

ART. 23.

Aucune déclaration de command ne sera admise, si elle n'est faite immédiatement après l'adjudication et séance tenante.

Cet article déroge, quant au délai pour la déclaration de command, à la loi du 13 septembre-16 octobre 1791, et aux art. 68, § 1er, 24°, de celle du 22 frimaire an VII, et 44 de celle du 28 avril 1816. Mais le command est-il tenu d'accepter, séance tenante? Quoique la loi ne le dise pas textuellement, il n'est pas douteux que l'acceptation ne doive être faite sur-le-champ ; il n'y a pas de command sérieux et véritable sans acceptation, et le législateur, d'ailleurs, manquerait totalement son but, qui est d'empêcher l'agiotage et les reventes frauduleuses.

Le command ne pouvant être engagé sans son acceptation expresse, si plus tard il nie sa qualité de véritable adjudicataire, c'est à l'administration à prouver l'acceptation. (Arr. cass. 26 octob. 1810, *Merlin*, Répert. de jurisp., v° *Command*, n° 10.)

ART. 24.

Faute par l'adjudicataire de fournir les cautions exigées par le cahier des charges dans le délai prescrit, il sera déclaré déchu de l'adjudication par un arrêté du préfet, et il sera procédé, dans les formes ci-dessus prescrites, à une nouvelle adjudication de la coupe à sa folle-enchère.

L'adjudicataire déchu sera tenu, par corps, de la différence entre son prix et celui de la revente, sans pouvoir réclamer l'excédant, s'il y en a.

Le Code forestier introduit un grand changement dans le mode des adjudications. Il ne reproduit pas les dispositions de l'ordon. de 1669, titre XV, article 25 et suivans, sur les renonciations, faculté qui donnait aux associations secrètes et aux monopoleurs, des moyens de vexer et de ruiner les marchands qu'ils voulaient éloigner. On a simplement adopté les dispositions du Code de procéd. civ., art. 737, en matière de saisie immobiliaire.

ART. 25.

Toute personne capable et reconnue solvable sera admise, jusqu'à l'heure de midi du lendemain de l'adjudication, à faire une offre de surenchère, qui ne pourra être moindre du cinquième du montant de l'adjudication.

Dès qu'une pareille offre aura été faite, l'adjudicataire et les surenchérisseurs pourront faire de semblables déclarations de simple surenchère jusqu'à l'heure de midi du surlendemain de l'adjudication, heure à laquelle le plus offrant restera définitivement adjudicataire.

Toutes déclarations de surenchère devront être faites au secrétariat qui sera indiqué par le cahier des charges, et dans les délais ci-dessus fixés; le tout sous peine de nullité.

Le secrétaire commis à l'effet de recevoir ces déclarations sera tenu de les consigner immédiatement sur un registre à ce destiné, d'y faire mention expresse du jour et de l'heure précise où il les aura reçues, et d'en donner communication à l'adjudicataire et aux surenchérisseurs, dès qu'il en sera requis; le tout sous peine de 300 francs d'amende, sans préjudice de plus fortes peines en cas de collusion.

En conséquence, il n'y aura lieu à aucune signification des déclarations de surenchère, soit par l'administration, soit par les adjudicataires et surenchérisseurs.

Il ne faut pas croire, comme on l'a énoncé dans un commentaire sur le Code forestier, que, si le lendemain de l'adjudication était un dimanche ou jour de fête légale, la surenchère n'en devrait pas moins être faite ce jour-là. Les autorités constituées, leurs employés et ceux des bureaux au service public, vaquent les jours de dimanche et fêtes, sauf les cas de nécessité et l'expédition des affaires criminelles. (Loi du 4 août 1798 (17 thermidor an VI). Or, il n'y a pas plus d'urgence ou de nécessité à

recevoir un dimanche une surenchère en matière forestière qu'en toute autre matière. Si donc il arrivait que le
lendemain de l'adjudication fût un jour férié, le délai pour
surenchérir serait de droit prorogé jusqu'au surlendemain à midi. C'est ce qui résulte d'une décision ministérielle du 17 février 1810, et du Code de procédure civile,
art. 1037.

ART. 26.

Toutes contestations au sujet de la validité des surenchères seront portées devant les conseils de préfecture.

A la chambre des pairs, il a été observé, par M. le comte
d'Argout, que, puisque l'art. 26 attribuait au conseil de
préfecture la connaissance des contestations élevées sur les
surenchères, il serait peut-être utile d'ajouter que le conseil de préfecture jugerait aussi en appel les contestations
sur les enchères, dans le cas de l'article 20. M. de Martignac, commissaire du Roi, a répondu :

« Les surenchères étant reçues hors la présence du
fonctionnaire qui présidait à l'adjudication, les difficultés
auxquelles elles donneraient lieu ne peuvent être jugées
par lui, comme dans le cas de l'art. 20. D'ailleurs, ces difficultés ne sauraient présenter le même degré d'urgence
puisque l'adjudication est consommée et qu'elle subsiste
si la surenchère est déclarée nulle. Enfin, les surenchères
ayant pour résultat de dépouiller l'adjudicataire d'un
droit acquis, les questions qui s'élèvent à leur sujet ont
toujours un caractère contentieux qui les attribue tout
naturellement au juge ordinaire des questions de contentieux administratif, c'est-à-dire, au conseil de préfecture. » (*Moniteur* du 19 mai 1827, pag. 814.)

ART. 27.

**Les adjudicataires et surenchérisseurs sont te-
nus, au moment de l'adjudication ou de leurs déclarations de surenchère, d'élire domicile dans le
lieu où l'adjudication aura été faite; faute par
eux de le faire, tous actes postérieurs leur seront
valablement signifiés au secrétariat de la sous-préfecture.**

V. ord. de 1669, tit. XV, art. 26; arr. cass. 7 juin 1821,
Bull. crim., n° 89.

ART. 28.

Tout procès-verbal d'adjudication emporte exécution parée et contrainte par corps contre les adjudicataires, leurs associés ou cautions, tant pour le prix principal de l'adjudication que pour accessoires et frais.

Les cautions sont en outre contraignables, solidairement et par les mêmes voies, au paiement des dommages, restitutions et amendes qu'aurait encourus l'adjudicataire.

« La contrainte par corps, dans les cas même où elle est autorisée par la loi, ne peut être appliquée qu'en vertu d'un jugement. » (C. civ., art. 2067). Par les expressions dont se sert l'art. 28 du Code forestier, il ne faut pas entendre que la contrainte par corps puisse être exécutée en vertu du procès-verbal d'adjudication, mais seulement qu'elle a lieu de plein droit contre les cautions des adjudicataires, eux-mêmes contraignables, sans qu'il soit besoin qu'elles s'y soient soumises expressément conformément à l'art. 2060, n° 5, du Code civ. Aucune contrainte par corps ne peut être mise à exécution qu'un jour après la signification du jugement qui l'a prononcée, faite à personne ou à domicile, avec commandement. (Code de procédure civile, art. 780; *Carré*, tom. 3, pag. 57; voyez aussi l'art. 211, ci-après.)

La responsabilité, d'après le Code forestier, ne s'étend aux amendes que dans deux cas uniques, spécifiés aux art. 28 et 46. Il a toujours été de principe que les cautions en fussent responsables; on les considère comme des associés des adjudicataires.

Les peines auxquelles la caution solidaire d'un adjudicataire de bois se trouve soumise, en cas d'inexécution des obligations de celui-ci, doivent être poursuivies contre elle *par la voie correctionnelle*, soit que l'adjudicataire encore vivant ait été mis en cause, soit qu'il n'ait pu y être mis à cause de son prédécès. (Arr. cass. 5 avril 1811, Bull. crim., n° 48; *Merlin*, Rép. de jurisp., v° *Délit forestier*, § 16). En effet, la responsabilité des délits est une condition essentielle de l'adjudication, et cette responsabilité consiste à subir des peines ou réparations pécuniaires qui ne peuvent être prononcées que par voie correctionnelle. (Code forestier, art. 171.)

SECTION IV.

Des Exploitations.

ART. 29.

Après l'adjudication, il ne pourra être fait aucun changement à l'assiette des coupes, et il n'y sera ajouté aucun arbre ou portion de bois, sous quelque prétexte que ce soit, à peine, contre l'adjudicataire, d'une amende égale au triple de la valeur des bois non compris dans l'adjudication, et sans préjudice de la restitution de ces mêmes bois ou de leur valeur.

Si les bois sont de meilleure nature ou qualité, ou plus âgés que ceux de la vente, il paiera l'amende comme pour bois coupé en délit, et une somme double à titre de dommages-intérêts.

Les agens forestiers qui auraient permis ou toléré ces additions ou changemens, seront punis de pareille amende, sauf l'application, s'il y a lieu, de l'article 207 de la présente loi.

Pour que le délit existe il n'est pas nécessaire que les bois ajoutés à la coupe soient d'une valeur plus élevée que ceux qui en auraient été retranchés, il suffit qu'au moyen d'un changement quelconque l'adjudicataire et les agens forestiers aient eu l'intention de dénaturer le contrat. Mais, si le changement ou l'addition de quelques arbres était le résultat d'une erreur, il est évident qu'en l'absence de toute fraude, il n'y aurait pas de délit; il n'y aurait lieu, suivant les circonstances, qu'à la reddition ou à une indemnité.

ART. 30.

Les adjudicataires ne pourront commencer l'exploitation de leurs coupes, avant d'avoir obtenu, par écrit, de l'agent forestier local, le permis d'exploiter, à peine d'être poursuivis comme délinquans pour les bois qu'ils auraient coupés.

L'ordonnance de 1669 n'avait pas de peine spécialement

applicable à la contravention de l'adjudicataire qui commence son exploitation sans permis. Mais la cour de cassation avait pensé que ce fait ne laissait pas d'être un délit punissable d'après les dispositions générales du titre XXXII. (V. arr. cass. 8 novembre 1811, *Merlin*, Répert. de jurisp., v° *Droit d'usage*, sect. II, § 5, page 346.) Cette jurisprudence a été consacrée par l'art. 30 du Code forestier.

Un député proposait de substituer à ces mots, *de l'agent forestier local*, ceux-ci, *du garde général*. Il croyait nécessaire de préciser cette expression indéfinie d'*agent forestier local* que l'on retrouve assez fréquemment employée. Le directeur général des forêts a répondu : « On confond souvent la dénomination d'*agent* avec celle de *garde*, qui n'est pourtant pas la même chose (Ord. régl., art. 11) : les procès-verbaux des agens forestiers ne sont pas affirmés, tandis que ceux des gardes doivent l'être. Ainsi, dans le cas dont il est question ici, on doit entendre par agent forestier local, un inspecteur, un sous-inspecteur, un garde général. Si nous nous étions servis de l'expression *garde général*, les inspecteurs et les sous-inspecteurs ne s'y trouveraient pas compris. Voilà pourquoi nous avons employé le mot générique d'*agent*.» (*Moniteur* du 25 mars 1827, page 450.)

Un pair demanda comment l'adjudicataire devrait agir si le permis d'exploitation lui était refusé malgré l'accomplissement de toutes les conditions imposées? Le directeur général des forêts répondit que, dans ce cas, comme dans tous les cas semblables, il aurait le droit de se pourvoir devant l'autorité supérieure, sans préjudice de l'action en dommages-intérêts, s'il y a lieu d'en demander par les voies judiciaires. (*Moniteur* du 19 mai 1827, page 814; v. aussi M. *de Cormenin*, Questions de droit administratif, 3ᵉ édit., pag. 261.)

ART. 31.

Chaque adjudicataire sera tenu d'avoir un facteur ou garde-vente, qui sera agréé par l'agent forestier local et assermenté devant le juge de paix.

Ce garde-vente sera autorisé à dresser des procès-verbaux, tant dans la vente qu'à l'ouïe de la cognée. Ses procès-verbaux seront soumis aux mêmes formalités que ceux des gardes forestiers, et feront foi jusqu'à preuve contraire.

3

L'espace appelée l'*ouïe de la cognée* est fixé à la distance de deux cent cinquante mètres, à partir des limites de la coupe.

V. ord. de 1669, tit. XV, art. 39; Code forestier, art. 3, 45, 165, 170; et ord. régl., art. 94, 181 et 183.

Sur l'article 31, M. Devaux proposa à la chambre des députés un amendement qui consistait à substituer à ces mots, *sera tenu d'avoir,* ceux-ci, *pourra être obligé d'avoir;* il demandait que pour les coupes de peu d'importance l'adjudicataire ne fut pas mis dans la nécessité de supporter les frais d'un garde-vente. (*Moniteur* du 25 mars 1827, page 450.) L'amendement n'ayant pas été appuyé, il faut en conclure que la disposition n'est pas facultative, mais impérative.

ART. 32.

Tout adjudicataire sera tenu, sous peine de 100 francs d'amende, de déposer chez l'agent forestier local et au greffe du tribunal de l'arrondissement l'empreinte du marteau destiné à marquer les arbres et bois de sa vente.

L'adjudicataire et ses associés ne pourront avoir plus d'un marteau pour la même vente, ni en marquer d'autres bois que ceux qui proviendront de cette vente, sous peine de 500 fr. d'amende.

Tout ce que prescrit l'art. 32, § 1er, à peine d'amende, c'est le dépôt chez l'agent forestier local et au greffe de l'empreinte du marteau destiné à marquer les arbres et bois de la vente.

Delà une première observation : l'adjudicataire, dont la coupe ne renferme pas d'arbres à abattre, se trouve dispensé d'avoir le marteau dont il s'agit. (Code forestier, art. 32; ord. réglem., art. 95.)

Quand l'adjudicataire est tenu d'avoir le marteau, dans quel délai doit-il en déposer l'empreinte? L'ord. réglem., art. 95, § 2, a suppléé, à cet égard, au silence et à l'insuffisance de la loi. Mais elle a ajouté une peine, en sorte que l'adjudicataire, pour n'avoir pas rempli la formalité dans un délai fatal qui n'est pas dans la loi et que l'ordonnance seul détermine, peut être appelé devant un tribunal correctionnel. Il n'est pas douteux que, le cas échéant, il ne soumette aux juges la question préjudicielle de savoir s'il est légal de prononcer une peine portée dans une ordonnance, alors qu'il était si facile de l'insérer dans la loi. Cette question, déjà plusieurs fois agitée, a été diversement résolue. Mais on reconnaît généralement que *les tribunaux n'ont d'attribution que pour appliquer les condamnations déterminées par la loi*. (Arr. cass. 8 septembre 1809, Journal des audiences, par *Denevers*, 1809, page 389.)

L'art. 32 donne lieu à une autre difficulté. L'ord. de 1669, tit. XV, art. 37, outre l'obligation de déposer l'empreinte du marteau, prescrivait, sous peine d'amende, à l'adjudicataire, d'en marquer les bois qui sortaient de sa vente. La même obligation existe-t-elle encore, et sous la même peine? M. Baudrillard, dans son commentaire sur le Code forestier, 2e partie, page 52, dit que sans cela l'article est tout-à-fait illusoire, et paraît penser que l'amende, pour l'omission du dépôt de l'empreinte, pourrait aussi être appliquée à l'adjudicataire qui ne marquerait pas les bois sortant de sa vente. Il serait difficile de partager cette opinion, car les tribunaux ne peuvent prononcer de peines par induction ou présomption, ni même sur des motifs d'intérêt public. L'obligation de marquer de son marteau les bois de charpente qui sortiront de sa vente résulte, pour l'adjudicataire, de l'art. 95, § 1er de l'ord. d'exécution, et non de l'art. 32 du Code. Or, le § 1er de l'art. 95 précité ne renferme absolument qu'une simple disposition réglementaire dont la violation n'est et ne peut être suivie d'aucune peine. Si le législateur eût attaché plus d'importance à cette disposition, il n'eût pas manqué de la faire passer dans le Code. Mais il se borne, dans l'art. 32, à ordonner le dépôt de l'empreinte, et à défendre à l'adjudicataire, sous peine d'amende, d'avoir plus d'un marteau, et d'en marquer d'autres bois que ceux qui proviendront de sa vente. La possession de divers marteaux et l'apposition de leur empreinte sur d'autres bois que ceux de la vente seraient en effet des moyens certains de fraude que l'on a dû empêcher. Quant à la mesure qui prescrit la marque des bois de charpente qui sortent de la vente, son inexécution n'a pas paru offrir d'aussi graves inconvéniens. Sous l'ord. de 1669, l'adjudicataire contrevenant eût encouru l'amende, de même qu'il l'encourait s'il n'avait pas le registre prescrit pour inscrire la vente de ses bois. Aujourd'hui il en est autrement. On a jugé suffisant de rappeler dans l'ord. réglem., art. 94 et 95, et l'obligation de tenir ce registre, et celle de marquer les bois de charpente, sans considérer son inexécution comme un délit ou comme une contravention. L'adjudicataire marquera donc de son marteau

les bois de charpente qui sortiront de sa vente; mais s'il
ne le faisait pas, il n'y a aucune amende à lui appliquer.

ART. 33.

L'adjudicataire sera tenu de respecter tous les
arbres marqués ou désignés pour demeurer en réserve, quelle que soit leur qualification, lors même
que le nombre en excéderait celui qui est porté
au procès-verbal de martelage, et sans que l'on
puisse admettre en compensation d'arbres coupés
en contravention d'autres arbres non réservés que
l'adjudicataire aurait laissés sur pied.

Sous aucun prétexte, l'adjudicataire ne peut couper les
arbres de sa vente empreints du marteau royal, même
dans le cas où quelques-uns de ces arbres se trouveraient
par erreur compris dans son adjudication; il peut seulement, suivant les circonstances, exercer un droit de recours, et réclamer une indemnité contre l'administration
forestière. (Arr. cass. 16 août 1811, Bull. crim., n° 117.)
S'il se croit fondé à demander cette indemnité, il ne doit
pas se l'adjuger lui-même, par l'enlèvement d'arbres pris
hors de sa coupe. (Arr. cass. 21 juillet 1809, Bull. crim.,
n° 127, *Merlin*, Répert. de jurisprudence, v° *Adjudicataire*, § 6.)

Les tribunaux ne peuvent absoudre un adjudicataire
qui, ayant abattu des arbres marqués du marteau de l'E-
tat, expose, pour sa justification, que ces arbres ont été
marqués par méprise, et qu'il existe dans sa vente plus
d'arbres marqués, qu'il ne serait tenu, d'après le procès-
verbal de martelage, d'en représenter lors du récolement.
(Arr. cass., 6 germinal an X, *Merlin*, Répert. de jurisp.
v° *Délit forestier*, § 4, et Bull. crim., n° 146.)

Un adjudicataire qui aurait abattu des arbres de réserve
ne pourrait pas être disculpé, sous prétexte qu'il aurait
laissé sur pied dans sa vente un nombre pareil d'arbres
de la même qualité et de la même valeur qu'il avait droit
d'abattre : il encourrait, pour les arbres abattus, l'amende
portée par l'art. 34 du Code forestier, et l'art. 40 du même
Code lui deviendrait applicable pour les arbres vendus
qu'il aurait omis d'abattre. (V. arr. cass. 7 avril 1808,
Bull. crim., n° 69, et *Merlin*, Répert. de jurisp., v° *Adjudicataire*, § 6.)

L'adjudicataire d'une vente de bois divisée en deux
lots n'a pas le droit de couper, comme étant devenu inu-

tile, un chêne faisant la séparation des deux lots, si cet arbre était marqué du marteau du gouvernement. (Arr. cass. 20 janvier 1815, Bull crim., n° 4.)

De l'obligation où se trouve l'adjudicataire de respecter, dans tous les cas, les arbres marqués, il ne s'ensuit pas qu'il n'y ait aucun droit. Il doit donc s'adresser à l'autorité supérieure, et, s'il n'est pas fait droit à sa demande, intenter une action devant les tribunaux, pour y faire juger la contestation sur l'étendue de l'adjudication et la question de dommages-intérêts. (V. *Moniteur* du 19 mai 1827, pag. 814; et Questions de droit administratif, par M. *de Cormenin*, 3e édit., page 261.)

ART. 34.

Les amendes encourues par les adjudicataires, en vertu de l'article précédent, pour abattage ou déficit d'arbres réservés, seront du tiers en sus de celles qui sont déterminées par l'article 192, toutes les fois que l'essence et la circonférence des arbres pourront être constatées.

Si, à raison de l'enlèvement des arbres et de leurs souches, ou de toute autre circonstance, il y a impossibilité de constater l'essence et la dimension des arbres, l'amende ne pourra être moindre de 50 fr. ni excéder 200 francs.

Dans tous les cas, il y aura lieu à la restitution des arbres, ou, s'ils ne peuvent être représentés, de leur valeur, qui sera estimée à une somme égale à l'amende encourue.

Sans préjudice des dommages-intérêts.

L'adjudicataire qui, à la faveur de son contrat et de son entrée dans les forêts, s'empare d'un arbre qui ne lui appartient pas, commet en quelque sorte un vol domestique, la peine qu'il encourt devait donc être plus forte.

Des marchands de bois poursuivis devant un tribunal correctionnel, pour des malversations par eux commises dans leurs coupes, avec l'autorisation des agens forestiers locaux, ne sont pas recevables à requérir la mise en cause de ceux-ci, et à exercer contre eux une action en garantie ou en indemnité, surtout si déjà ces agens forestiers ont subi, à raison de l'indue autorisation, un procès criminel par le résultat duquel ils ont été acquittés. (Arr. cass.

26 février 1807, *Merlin*, Rép. de jurisp., v° *Délit forestier*, § 19.)

Lors de la discussion à la chambre des députés, M. de Cuny proposa d'ajouter à la fin du second paragraphe, ces mots : *par chaque pied d'arbre*. L'amendement fut renvoyé après la discussion sur l'art. 192, où l'amende fût établie par chaque pied d'arbre ; dès lors, le sens de l'article 34 étant assez clair, et l'amende étant de même applicable à chaque pied d'arbre, on n'insista pas sur l'addition proposée. (*Moniteur* du 9 avril 1827, Supp., p. 564.)

ART. 35.

Les adjudicataires ne pourront effectuer aucune coupe ni enlèvement de bois avant le lever ni après le coucher du soleil, à peine de 100 fr. d'amende.

Il ne s'agit point ici de la durée civile du jour telle que l'a déterminée l'art. 1037 du Code de procéd. civ., mais du lever et du coucher physique du soleil dans le sens où ces mêmes expressions sont employées par l'art. 781 du même Code. Le but de la loi est d'empêcher les adjudicataires de faire travailler la nuit. — V. ci-après, la note sur l'art. 201.

ART. 36.

Il leur est interdit, à moins que le procès-verbal d'adjudication n'en contienne l'autorisation expresse, de peler ou d'écorcer sur pied aucun des bois de leurs ventes, sous peine de 50 à 500 fr. d'amende ; et il y aura lieu à la saisie des écorces et bois écorcés, comme garantie des dommages-intérêts, dont le montant ne pourra être inférieur à la valeur des arbres indûment pelés ou écorcés.

On remarquera que cet article, pour les dommages-intérêts, fixe le *minimum* sur d'autres bases que l'art. 202.

ART. 37.

Toute contravention aux clauses et conditions du cahier des charges, relativement au mode d'abattage des arbres et au nettoiement des coupes, sera punie d'une amende qui ne pourra être moindre de 50 fr. ni excéder 500 fr., sans préjudice des dommages-intérêts.

V. ci-après, art. 41 et 202; et ord. régl., art. 82 et 83.

Dans les observations des cours royales, on avait demandé qu'au lieu d'*abattage des arbres* il y eût *abattage des bois*, ce qui aurait compris l'abattage des taillis et des arbres. Mais il est bien évident qu'il s'agit ici des uns et des autres, puisque l'article n'est au fond que la reproduction des dispositions des art. 42, 43, 44 et 45 de l'ord. de 1669 qui comprenaient les futaies et les taillis.

Lorsque l'adjudicataire d'une coupe de bois, pour repousser l'imputation qui lui est faite d'avoir exploité les arbres compris dans son adjudication d'une manière prohibée par la loi, allègue que ce mode d'exploitation est justifié par le cahier des charges, cette allégation, si elle est évidemment démentie par le cahier des charges même, ne constitue pas une question préjudicielle (V. ci-après, art. 182), qui nécessite le sursis au jugement jusqu'à ce qu'il ait été statué par les tribunaux civils. (Arr. cass. 30 octobre 1807, *Merlin*, Rép. de jurisp., v° *Question préjudicielle*, et Bull. crim., n° 229.)

ART. 33.

Les agens forestiers indiqueront, par écrit, aux adjudicataires, les lieux où il pourra être établi des fosses ou fourneaux pour charbon, des loges ou des ateliers; il n'en pourra être placé ailleurs, sous peine, contre l'adjudicataire, d'une amende de 50 francs pour chaque fosse ou fourneau, loge ou atelier établi en contravention à cette disposition.

Un député avait proposé d'ajouter la disposition suivante : *Sauf le recours de l'adjudicataire au conseil de préfecture.* « C'est un principe de justice irréfragable, disait-il, que, toutes les fois qu'il existe deux intérêts opposés, il faut pour décider la difficulté avoir recours à un tiers. L'agent forestier a intérêt à ne pas laisser établir beaucoup de fosses à charbon; les adjudicataires, au contraire, cherchent, autant que possible, à en augmenter le nombre, parce qu'il y a pour eux moins de main-d'œuvre. Il est juste que, lorsqu'il s'élevera une contestation à cet égard entre l'agent forestier et l'adjudicataire, celui-ci puisse avoir son recours au conseil de préfecture. « L'amendement a été rejeté. (*Moniteur* du 25 mars 1827, pag. 450.)

L'art. 38 s'applique aux adjudicataires qui établissent des loges ou ateliers dans leurs ventes, ailleurs qu'aux lieux indiqués. S'il s'agissait de loges ou ateliers hors des ventes, mais néanmoins dans l'enceinte ou à moins d'un kilomètre des forêts, l'art. 152 serait seul applicable. Cet article embrasse indistinctement tous les individus qui établissent des loges, hangars ou ateliers dans la distance prohibée, et conséquemment les adjudicataires des coupes comme les autres. (Voyez, à cet égard, arr. cass. 1er juillet 1825, Bull. crim., n° 127.)

ART. 39.

La traite des bois se fera par les chemins désignés au cahier des charges, sous peine, contre ceux qui en pratiqueraient de nouveaux, d'une amende dont le minimum sera de 50 fr. et le maximum de 200 fr., outre les dommages-intérêts.

V. ord. réglem., art. 82.

Il arrive fréquemment que les charretiers causent beaucoup de dégâts aux jeunes taillis en s'écartant des chemins, sans cependant en pratiquer de nouveaux ; en ce cas, c'est l'art. 147 qui devient applicable.

ART. 40.

La coupe des bois et la vidange des ventes seront faites dans les délais fixés par le cahier des charges, à moins que les adjudicataires n'aient obtenu de l'administration forestière une prorogation de délai ; à peine d'une amende de 50 à 500 fr., et, en outre, des dommages-intérêts, dont le montant ne pourra être inférieur à la valeur estimative des bois restés sur pied ou gisans sur les coupes.

Il y aura lieu à la saisie de ces bois, à titre de garantie pour les dommages-intérêts.

L'adjudicataire qui n'a point coupé les bois et vidé la coupe dans les délais fixés par le cahier des charges, ne peut être dispensé des peines que la loi prononce contre lui, qu'autant qu'il produit un acte formel de l'administration forestière qui lui aurait accordé une prorogation de délai; la demande qu'il pourrait en avoir faite ne diminue en rien ses obligations, si l'administration ne lui a pas répondu, ou si cette prorogation lui a été refusée. (Arr. cass. 18 juin 1813, Bull. crim., n° 131.)

Les tribunaux ne peuvent se permettre d'accorder aux adjudicataires aucune prorogation de délai pour coupes et vidanges; les adjudicataires qui, par de justes motifs, auraient à demander quelque délai de grâce, ne peuvent s'adresser qu'à l'administration forestière seule compétente pour accorder cette prorogation. (Arr. cass. 7 juin 1821, Bull. crim., n° 89; 18 octobre 1817, Bull. crim., n° 99; 9 février 1811, Bull. crim., n° 13, et *Merlin*, Répert. de jurisp., v° *Adjudicataire*, § 6.)

Les tribunaux ne sont compétens, ni pour proroger le délai, ni pour écarter ou modérer les peines encourues par les adjudicataires, en retard. (Arr. cass. 4 août 1827, *Dallos*, Jurisp. gén. du royaume. 27. 1. 452.)

Un adjudicataire qui couperait et enleverait des arbres après le délai fixé pour la vidange par le cahier des charges doit être condamné, lors même qu'il produirait une lettre de l'inspecteur forestier qui lui accorderait une prolongation de délai: le droit de proroger le temps des vidanges n'appartenait point aux inspecteurs forestiers. (Arr. cass. 24 mai 1811, Bull. crim., n° 80.)

En droit, et d'après les art. 40, 41 et 47 du tit. XV de l'ordonnance de 1669, l'adjudicataire qui n'avait pas vidé sa coupe dans les délais fixés par le cahier des charges, encourait *la confiscation des bois restés sur pied ou sur le parterre de la coupe* (arr. cass. 1er juillet 18.5, Bull. crim., n° 126; 7 avril 1808, Bull. crim. n° 69, *Merlin*, Répert. de jurisp., v° *Adjudicataire*, § 6): sous le Code forestier, cette confiscation n'a plus lieu. Un député avait proposé de la rétablir. L'amendement a été rejeté. (*Moniteur* du 25 mars, pag. 451.) Autrement il y aurait eu amende, confiscation et dommages-intérêts; et, si la contravention eût été commise dans un bois appartenant à une commune ou à un particulier, la confiscation des bois eût été prononcée au profit de l'Etat (Code forestier, art. 204), de même que s'il se fût agi d'un bois domanial. On a voulu éviter cette singularité qui se rencontrait sous l'ordonnance de 1669.

ART. 41.

A défaut, par les adjudicataires, d'exécuter,

dans les délais fixés par le cahier des charges, les travaux que ce cahier leur impose, tant pour relever et faire façonner les ramiers et pour nettoyer les coupes des épines, ronces et arbustes nuisibles, selon le mode prescrit à cet effet, que pour les réparations des chemins de vidange, fossés, repiquement de places à charbon et autres ouvrages à leur charge, ces travaux seront exécutés à leurs frais, à la diligence des agens forestiers, et sur l'autorisation du préfet, qui arrêtera ensuite le mémoire des frais et le rendra exécutoire contre les adjudicataires pour le paiement.

A la différence de l'art. 37 ci-dessus, qui a pour objet les contraventions relatives au mode d'abattage des arbres et de nettoiement des coupes, l'article 41 n'a trait qu'au simple retard à nettoyer les coupes et ne porte aucune amende contre les adjudicataires.

Un député avait proposé d'ajouter à la suite de ces mots, *le mémoire des frais*, ceux-ci, *après communication à l'adjudicataire*. L'amendement a été rejeté. (*Moniteur* du 25 mars 1827, pag. 451.)

ART. 42.

Il est défendu à tous adjudicataires, leurs facteurs et ouvriers, d'allumer du feu ailleurs que dans leurs loges ou ateliers, à peine d'une amende de 10 à 100 fr., sans préjudice de la réparation du dommage qui pourrait résulter de cette contravention.

V. ord. de 1669, tit. XXVII, art. 22; ci-après, art. 148 et 202; et arr. cass. 5 avril 1816, Bull. crim., n° 18.

Un pair a fait observer que dans certaines localités on appelle *atelier* l'espace livré à chaque bûcheron pour sa tâche, de sorte que la réunion des divers ateliers forme la coupe entière. Il pourrait résulter de cette circonstance quelque doute sur le véritable sens de l'art. 42. Le but de cet article étant précisément d'empêcher que l'on n'allume du feu dans les ventes, il eût été préférable de ne faire exception que pour les loges, et au moins faudrait-il que l'ordonnance d'exécution s'en expliquât afin de lever toute incertitude. Le commissaire du Roi a répondu que l'article ne pouvait donner lieu à aucune incertitude. D'après le sens donné au mot *atelier* dans les articles précédens, il ne saurait avoir dans celui-ci les significations étendues que l'on redoute. La disposition est d'ailleurs textuellement copiée sur celles de l'ordonnance de 1669 dont l'interprétation n'a jamais été controversée. (*Moniteur* du 21 mai 1827, page 827.)

ART. 43.

Les adjudicataires ne pourront déposer dans leurs ventes d'autres bois que ceux qui en proviendront, sous peine d'une amende de 100 à 1,000 francs.

ART. 44.

Si, dans le cours de l'exploitation ou de la vidange, il était dressé des procès-verbaux de délits ou vices d'exploitation, il pourra y être donné suite sans attendre l'époque du récolement.

Néanmoins, en cas d'insuffisance d'un premier procès-verbal sur lequel il ne sera pas intervenu de jugement, les agens forestiers pourront, lors du récolement, constater par un nouveau procès-verbal les délits et contraventions.

L'article 44 déclarant qu'en cas d'insuffisance d'un premier procès-verbal, sur lequel il ne serait pas intervenu de jugement, les agens forestiers pourront, lors du récolement, constater les délits par un nouveau procès-verbal, il s'ensuit que l'adjudicataire ne serait pas fondé à invoquer la prescription établie par l'art. 185, en prétendant que depuis la date du 1er procès-verbal, jusqu'à celle du nouveau procès-verbal dressé lors du récolement, il s'est écoulé plus de trois mois sans poursuites.

ART. 45.

Les adjudicataires, à dater du permis d'exploiter, et jusqu'à ce qu'ils aient obtenu leur décharge, sont responsables de tout délit forestier commis dans leurs ventes et à l'ouïe de la cognée, si leurs facteurs ou gardes-ventes n'en font leurs

rapports, lesquels doivent être remis à l'agent
forestier dans le délai de cinq jours.

V. ord. de 1669, tit. XV, art. 39 et 51 ; ci-dessus, art.
31, et, ci-après, art. 46.

Un député présente un amendement consistant à ajouter après ces mots : *à l'agent forestier,* ceux-ci : *sous son
récépissé.* L'amendement est inutile, a dit le commissaire
du Roi ; le récépissé est de plein droit. Le rapport ne
sera remis à l'agent forestier qu'autant que celui-ci en
donnera le récépissé. (*Moniteur* du 25 mars 1827, n°. 84,
page 451.)

Un adjudicataire ne pourrait être déchargé de la responsabilité, sur le motif que l'administration forestière
lui ayant délivré son permis d'exploiter avant qu'il eût
présenté un garde-vente, elle se trouverait chargée de
la surveillance de la coupe, l'établissement du garde-
vente n'étant que dans son intérêt. (Arr. cass. 24 décembre 1813, Bull. crim., n° 262.)

Sous l'empire de l'ord. de 1669, les gardes-ventes
n'étaient pas dans la nécessité de désigner les délinquans : le Code forestier ne leur impose point cette obligation, qu'il ne serait pas toujours possible de remplir ;
mais les procès-verbaux qu'ils rédigent, doivent, pour
opérer la décharge des adjudicataires, être revêtus de
toutes les formalités prescrites, et indiquer du moins les
causes qui ont empêché de connaître les délinquans.
Ainsi, l'adjudicataire ne peut être déchargé de la responsabilité des délits commis à l'ouïe de la cognée ou dans
sa vente, par la production de procès-verbaux dressés
par son garde-vente, si ces procès-verbaux ne sont pas
rédigés en forme probante, s'ils n'ont point été affirmés
dans les délais, si les arbres dont ils font mention ne
sont pas tous de la même essence ni de mêmes dimensions que ceux mentionnés au procès-verbal des agens
forestiers qui ont reconnu le délit. (V. arr. cass. 22 juin
1815, Bull. crim., n° 41.)

L'adjudicataire qui n'a pas fait, ou dont le garde-vente
n'a pas fait le rapport d'un délit commis dans sa vente
ou à l'ouïe de la cognée, ne cesse pas d'être responsable,
et ne peut être acquitté, sous prétexte que, pendant les
poursuites dirigées contre lui, il aurait désigné le délinquant. (V. arr. cass. 23 janvier 1807, *Merlin,* Répert. de
jurisp., v° *Délit forestier,* § 10, et Bull. crim., n° 22.)

L'adjudicataire d'une coupe de bois qui outre-passe sa
coupe ne peut être excusé par les tribunaux, sous le prétexte que l'outre-passe par lui commis proviendrait d'une
erreur des ouvriers ; ou n'aurait fait aucun préjudice à

l'Etat. (Arr. cass. 23 juin 1827, *Dalloz*, Jurisp. génér. du royaume, 27. 1. 435.)

Dans les forêts d'arbres résineux où la coupe se fait en jardinant, c'est-à-dire, en abattant un pied d'arbre çà et là, la vente est toute la partie de la forêt dans laquelle se trouvent les arbres désignés pour être abattus. L'ouïe de la cognée est la distance de 250 mètres à partir des limites de cette même partie de forêt. La loi ne fait aucune distinction entre les diverses espèces de bois dont se composent les forêts de l'Etat et n'a point établi pour les sapinières d'autres règles sur la responsabilité des adjudicataires que celles qui sont suivies pour les autres forêts : dans les unes comme dans les autres, les infractions sont punies des mêmes peines. Si dans une coupe d'arbres résineux la surveillance imposée aux adjudicataires devient plus difficile et plus dispendieuse, ils ont pu déterminer le taux de leurs enchères et obtenir leurs ventes à un prix moins élevé, en raison de cette charge même à laquelle ils se sont volontairement soumis. (V. arr. cass. 10 août 1821, Bull. crim. n° 129.)

L'adjudicataire d'une coupe de bois est responsable des baliveaux confiés à sa garde jusqu'à la décharge d'exploitation qui doit lui être délivrée d'après le procès-verbal de récolement, ou, si le récolement n'est pas fait dans le délai légal, jusqu'à ce qu'il ait mis l'administration en demeure par une sommation ayant caractère authentique. Il ne peut être déchargé de la responsabilité des délits commis, soit dans la vente, soit à l'ouïe de la cognée, sur le motif que le récolement n'a été fait que deux années après l'adjudication, qu'il avait plusieurs fois invité les agens de l'administration à y faire procéder, et que d'ailleurs ce délit n'est pas de son fait ni de celui de ses facteurs. (Arr. cass. 23 juin 1827, *Dalloz*, Jurisp. génér. du royaume, 27. 1. 435.)

ART. 46.

Les adjudicataires et leurs cautions seront responsables et contraignables par corps au paiement des amendes et restitutions encourues pour délits et contraventions commis, soit dans la vente, soit à l'ouïe de la cognée, par les facteurs, gardes-ventes, ouvriers, bûcherons, voituriers et tous autres employés par les adjudicataires.

Le Code forestier établit, par l'art. 28, la responsabilité

des cautions pour les dommages, restitutions et amendes
encourues par les adjudicataires, et, dans l'art. 46, la responsabilité des adjudicataires et des cautions pour les
gens à leurs gages. La responsabilité déterminée par l'art.
46 diffère de celle dont il est question dans l'art. 45. Ce
dernier article, par une conséquence de l'obligation imposée à l'adjudicataire de veiller à la garde de la forêt
dans sa vente et à l'ouïe de la cognée, le rend responsable
des délits commis par des tiers, dans le cas seulement où
il a négligé, lui ou ses gardes-ventes, de les constater et
d'en faire le rapport. L'art. 46, au contraire, tire son principe de l'art. 1384, alinéa 3, du Code civil, et la responsabilité subsisterait nonobstant les procès-verbaux que
pourraient rapporter les facteurs ou gardes-ventes.

Mais les adjudicataires ne répondent-ils que des délits
et contraventions que leurs préposés ont commis *dans les
fonctions auxquelles ils les ont employés?* Cette question
se trouve résolue dans un arrêt de la cour de cassation,
du 13 janvier 1814, rapporté au Bulletin criminel, n° 3,
et par *Sirey*, 14. 1. 190. L'art. 46 du Code forestier, en
déclarant les adjudicataires et leurs cautions indéfiniment
responsables des délits et contraventions commis par
les gens qu'ils emploient, a eu pour objet d'établir une
garantie contre les délits de gens que les exploitations
amènent dans les forêts ou dans leur voisinage; la responsabilité ainsi fondée sur un motif particulier, et sur
un cas déterminé, ne peut recevoir de modification du
principe général établi dans l'art. 1384 du Code civil,
applicable seulement aux faits qui n'ont pas été soumis à une législation spéciale.

SECTION V.

Des Réarpentages et des Récolemens.

ART. 47.

Il sera procédé au réarpentage et au récolement
de chaque vente dans les trois mois qui suivront
le jour de l'expiration des délais accordés pour
la vidange des coupes.

. Ces trois mois écoulés, les adjudicataires pourront mettre en demeure l'administration par acte
extrajudiciaire signifié à l'agent forestier local; et

si, dans le mois après la signification de cet acte, l'administration n'a pas procédé au réarpentage et au récolement, l'adjudicataire demeurera libéré.

L'opération du réarpentage suppose nécessairement un arpentage précédent ; en effet, l'ordonnance réglementaire prescrit cet arpentage et en détermine le mode, dans ses art. 74, 75, 76 et 77.

Le réarpentage ne doit pas être fait en même temps que le récolement, pour que les adjudicataires assistent à l'un et à l'autre. Le réarpentage doit précéder le récolement. (*Moniteur* du 25 mars, page 451; Ord. régl., art. 97 et 98.)

Sous l'empire de l'ordonnance de 1669, l'administration n'était pas rigoureusement tenue d'opérer tous les récolemens, dans le délai fixé ; de même, d'après le Code forestier, si l'adjudicataire veut faire cesser sa responsabilité, il faut qu'il mette l'administration en demeure. S'il négligeait le moyen que la loi lui offre de se libérer, ou si, croyant se conformer à la loi, il ne signifiait qu'un acte nul et incapable d'opérer une mise en demeure régulière, il resterait responsable pendant trente ans, ce qui résulte du droit commun et de la jurisprudence établie qui exigent ce temps pour la prescription de toutes les actions auxquelles la loi ne fixe pas une plus courte durée.

L'acte extrajudiciaire signifié à l'agent forestier local doit être visé par lui sans frais sur l'original, aux termes de l'art. 1039 du Code de procédure civile, et, en cas de refus, par le procureur du Roi près le tribunal de première instance de sa résidence.

Un adjudicataire ne peut régulièrement constater les diligences qu'il a faites pour mettre l'administration forestière en demeure de procéder à un récolement, que par l'exhibition d'un acte positif et émané d'un officier public qui lui imprime un caractère authentique, tel qu'une sommation faite par un notaire, ou un exploit signifié par un huissier : rien ne peut suppléer à cette preuve ; des sommations verbales, constatées par des témoignages, ne constituent pas une mise en demeure légale. (Code civil, art. 1139; arr. cass. 6 juillet 1809, Bul. crim., n° 114; *Merlin*, Questions de droit, v° *Récolement de coupe de bois*, § 3.)

Une sommation, ou autre acte équivalent, ne serait pas considérée comme régulière, et n'opérerait pas de mise en demeure, si elle était adressée à des préposés de l'administration forestière, tels qu'un garde à cheval ou un garde à pied, qui n'ont caractère, ni pouvoir pour procéder au récolement. La sommation doit être faite à l'agent forestier local : la qualité d'agent n'est attribuée qu'aux conservateurs, inspecteurs, sous-inspecteurs et gardes généraux. (Voy. arrêt précité; ord. régl., art. 11, et ci-dessus, note sur l'art. 30.)

La mise en demeure qu'un adjudicataire invoque contre l'administration forestière ne peut résulter d'une lettre qu'il a écrite à un sous-inspecteur forestier, pour l'inviter à procéder au récolement, ni d'un certificat délivré par cet agent, constatant que cette lettre lui a été effectivement écrite. (Arr. cass. 29 juillet 1809, Bull. crim. n° 132; *Merlin*, Questions de droit, v° *Récolement de coupe de bois, § 3.*)

ART. 48.

L'adjudicataire ou son cessionnaire sera tenu d'assister au récolement; et il lui sera, à cet effet, signifié, au moins dix jours d'avance, un acte contenant l'indication des jours où se feront le réarpentage et le récolement : faute par lui de se trouver sur les lieux ou de s'y faire représenter, les procès-verbaux de réarpentage et de récolement seront réputés contradictoires.

La commission de la cour de cassation avait fait observer qu'il serait nécessaire d'ajouter après ces mots : *l'indication des jours*, ceux-ci, *et heure*. Cette addition n'a pas eu lieu, mais elle est de droit commun. (Code de procédure civile, art. 1034.)

Conformément à l'art. 19 du tit. VI de la loi du 29 septembre 1791, l'ordonnance réglementaire, art. 97, veut que le réarpentage des coupes soit fait par un arpenteur autre que celui qui aura fait le premier mesurage; mais elle ne prescrit plus qu'il soit procédé aux récolemens par d'autres agens que ceux qui ont vaqué aux opérations de balivage et martelage. Le nombre de deux vérificateurs, exigé par l'art. 98, donne une garantie suffisante de la fidélité du récolement. Avant le Code forestier, la cour de cassation pensait qu'il y avait nullité dans un récolement auquel avait procédé le même agent forestier qui avait fait le martelage et le balivage de la coupe. (Arr. cass. 25 juillet 1812, *Merlin*, Répert. de jurisprud., v° *Récolement de bois*, 4e édit., pag. 31.)

ART. 49.

Les adjudicataires auront le droit d'appeler un arpenteur de leurs choix pour assister aux opérations du réarpentage : à défaut par eux d'user de ce droit, les procès-verbaux de réarpentage n'en seront pas moins réputés contradictoires.

V. ord. de 1669, tit. XVI, art. 3; ord. réglem., art. 97.

Il n'est pas nécessaire que l'adjudicataire soit mis en demeure de se faire assister d'un arpenteur de son choix. (Arr. cass. 7 janvier 1808, *Merlin*, Répert. de jurisp., v° *Récolement de bois*, 4ᵉ édit., p. 34.)

ART. 50.

Dans le délai d'un mois après la clôture des opérations, l'administration et l'adjudicataire pourront requérir l'annulation du procès-verbal pour défaut de forme ou pour fausse énonciation.

Ils se pourvoiront, à cet effet, devant le conseil de préfecture, qui statuera.

En cas d'annulation du procès-verbal, l'administration pourra, dans le mois qui suivra, y faire suppléer par un nouveau procès-verbal.

Dans le projet communiqué aux cours royales, l'article était ainsi conçu : « Dans tous les cas, l'administration est » autorisée à faire procéder à de nouveaux réarpentages » et récolemens par réformation dans les deux mois après » la clôture des opérations.

» Lorsqu'un procès-verbal de réarpentage ou de réco- » lement sera annulé pour défaut de forme, l'administra- » tion pourra, dans les deux mois qui suivront l'annulation, » y faire suppléer par un nouveau procès-verbal. »

Cette rédaction avait pour objet, 1°. de maintenir l'administration dans le droit qu'elle tenait de l'art. 15 du tit. III de l'ord. de 1669; 2°. de lui donner le droit de faire suppléer par un nouveau procès-verbal à celui qu'un simple défaut de forme aurait fait rejeter, pour empêcher ainsi la prescription qui courait du jour du premier procès-verbal.

Néanmoins, plusieurs cours royales présentèrent des observations tendant à la suppression de l'article. Si l'administration prétendait faire réformer les opérations, l'adjudicataire devait aussi en avoir le droit; cette prétention, d'ailleurs, était exhorbitante et sans motifs raisonnables; la responsabilité d'un adjudicataire qui devait se croire libéré, ne pouvait être incessamment prolongé ; enfin, si les procès-verbaux étaient nuls, l'administration ne devait l'imputer qu'à elle-même.

La cour de cassation proposa aussi la suppression du premier paragraphe, et fut d'avis de rédiger ainsi le second:

« La nullité du procès-verbal pour vices de forme ne » pourra être requise par les parties que dans le mois de » l'opération ; et, dans le cas d'annulation, l'administra-» tion pourra dans le mois qui suivra, y faire suppléer » par un nouveau procès-verbal. »

La rédaction primitive de l'article n'a point été maintenue, et celle qui forme l'art. 50 du Code a été adoptée.

Ces dispositions ne peuvent manquer de donner lieu à de nombreuses difficultés. Si, dans le mois de la clôture des opérations, l'administration et l'adjudicataire ont le droit de requérir l'annulation du procès-verbal pour défaut de forme ou pour fausse énonciation, on demandera quels sont les défauts de forme de nature à motiver l'annulation, et ce qu'il faut entendre par fausse énonciation.

Les fausses énonciations peuvent avoir trait à des erreurs matérielles sur la véritable contenance des coupes, sur la quantité ou l'espèce des arbres réservés, sur l'existence de délits qui n'auraient pas été commis. Mais, dès à présent, et avant que la jurisprudence se soit établie, il y aurait présomption à dire si telles ou telles énonciations que l'administration ou les adjudicataires attaqueront comme fausses, vicieront le procès-verbal au point d'en déterminer l'annulation.

Il n'est pas plus facile de préciser les défauts de forme à raison desquels un procès-verbal devra être déclaré nul. L'omission de plusieurs des formalités prescrites par les art. 47, 48, 49 du Code, 97 et 98 de l'ordonnance réglementaire, pourra sans doute le faire annuler; mais il est d'autres cas encore où la nullité devrait être prononcée, si, par exemple, les agens forestiers n'avaient pas vingt-cinq ans ou n'étaient pas pourvus de dispenses d'âge, s'ils n'avaient pas prêté serment, s'ils avaient opéré hors de leur ressort. Les procès-verbaux de récolement sont des actes d'administration publique, qui, en conformité de la loi du 22 frimaire an VII, ne doivent être présentés à l'enregistrement que lorsqu'une des parties veut en faire usage. (Arr. cass. 8 avril 1808, *Merlin*, Rép. de jurisp., v° *Récolement de bois*, 4ᵉ édit., pag. 50.) On ne pourrait donc motiver l'annulation sur le défaut d'enregistrement dans le délai déterminé par l'art. 170.

L'opération du récolement devant être faite par deux agens forestiers (ord. réglem., art. 98), les gardes généraux ont qualité pour y procéder. Il n'en serait pas de même des gardes à cheval. (Ord. régl., art. 11; arr. cass. 7 janvier, 5 août 1808 et 8 juillet 1813, *Merlin*, Répert. de jurispr., v° *Récolement de bois*, 4e édit., p. 32, 34 et 39.)

Il ne peut résulter aucun moyen de nullité du défaut de signature de l'adjudicataire au procès-verbal, ou du défaut de mention de son refus de signer. (Code forestier, art. 48, 50; ord. réglem., art. 98; arr. cass. 7 janvier 1808, *Merlin*, ibid, p. 34.) S'il s'est présenté au commencement des opérations du récolement, il devient sans objet d'examiner s'il y a été appelé; il a à s'imputer de ne pas y avoir assisté jusqu'à la fin. Du reste, l'omission des formes qui devaient faire réputer le procès-verbal contradictoire, ne peut donner ouverture, en faveur de l'adjudicataire, qu'à un moyen d'exception contre le contenu en icelui, et au droit de demander un nouveau récolement. (Arr. cass. 8 avril 1808, *Merlin*, ibid, p. 50.)

Le procès-verbal de récolement auquel l'adjudicataire a été dûment appelé, conformément à l'art. 48 du Code, mais qui a été dressé hors de sa présence et n'est pas signé de lui, n'en fait pas moins foi contre lui jusqu'à inscription de faux, et le rend non recevable à prouver par un nouveau récolement, et sans inscription de faux, que les arbres énoncés comme abattus et enlevés, sont encore sur pied. Le récolement est réputé contradictoire, soit lorsque l'acte prescrit par l'art. 48 a été signifié, soit lorsque l'adjudicataire s'est trouvé présent au commencement des opérations, quand même il aurait refusé d'y rester et de signer le procès-verbal. Le jugement préparatoire qui permettrait à l'adjudicataire de prouver par un nouveau récolement, et sans inscription de faux, l'existence des arbres dont l'enlèvement est constaté, peut être attaqué par la voie de l'appel, avant le jugement du fond. (V. arr. cass. 14 décembre 1810, 14 mars 1811, *Merlin*, ibid., p. 45; arr. cass. 5 janvier 1810, sections réunies, *Questions de droit*, 3e édit., pag. 262 et 263.)

—Le droit accordé à l'administration et à l'adjudicataire, de se pourvoir devant le conseil de préfecture pour requérir l'annulation des procès-verbaux, fait naître des questions d'un autre genre. Si le conseil de préfecture décide qu'il n'y a lieu de prononcer l'annulation, quelle sera l'influence de cette décision? En supposant même que l'arrêté ait été confirmé par le conseil d'Etat sur l'appel, s'ensuit-il que l'adjudicataire, poursuivi ensuite devant les tribunaux correctionnels, soit non recevable à invoquer les mêmes moyens de nullité, et que l'autorité judiciaire soit liée par les opinions administratives? En d'autres termes, lorsque les tribunaux seront, pour l'application des peines, saisis de la connaissance de l'affaire, l'arrêté administratif qui aura déjà statué sur les vices de forme, aura-t-il l'effet de la chose jugée? S'il en était ainsi, la loi aurait réduit l'autorité judiciaire à un rôle tout-à-fait subalterne et l'aurait dépouillée d'une attribution importante, celle de juger le point de droit. Or, telle n'a pu être l'intention du législateur; l'arrêté administratif en pareille matière ne constituerait point la chose jugée. Les motifs d'annulation soumis au conseil de préfecture pourront donc devant la juridiction correctionnelle se reproduire dans toute leur force. Les procès-verbaux qui auront été trouvés valides par l'administration pourront être annulés par les tribunaux, et réciproquement.

Ces inconvéniens qui semblent résulter des dispositions de l'art. 50 ne sont pas sans gravité, mais il en est encore d'autres. L'adjudicataire cité directement en police correctionnelle, dans le mois de la clôture des opérations du récolement, sera-t-il obligé de faire juger à l'audience ses moyens de nullité, ou pourra-t-il décliner la juridiction, pour requérir l'annulation du procès-verbal devant le conseil de préfecture? Le tribunal devra-t-il surseoir à statuer, et à accueillir l'exception, par le motif que le délai d'un mois depuis la clôture des opérations n'étant pas expiré, l'adjudicataire a conservé le droit de se pourvoir au conseil de préfecture? Sur ces questions et beaucoup d'autres qui pourront s'élever, il est prudent d'attendre les décisions des cours et la jurisprudence que le temps et l'expérience auront formée.

Si, conformément aux dispositions de l'art. 50, l'administration ou l'adjudicataire se sont pourvus devant le conseil de préfecture, le délai de la prescription fixé par l'art. 185 se trouve interrompu; et, en cas d'annulation, il ne courra qu'à dater du second procès-verbal. (Arr. cass. 9 juin 1808, Bull. crim., n° 122; *Bourguignon*, Jur. des Codes criminels, tom. 2, pag. 550.) Dans le cas contraire, l'action devra être intentée dans les trois mois de la date du procès-verbal de récolement. On ne pourrait prétendre qu'il n'y a lieu d'admettre qu'une prescription de six mois, sous prétexte que le procès-verbal n'aurait pas désigné nominativement l'adjudicataire comme l'auteur du délit. (Arr. cass. 17 avril 1807, *Merlin*, Rép. de jurisp., v° *Délit forestier,* § 13.)

ART. 51.

A l'expiration des délais fixés par l'article 50, et si l'administration n'a élevé aucune contestation, le préfet délivrera à l'adjudicataire la décharge d'exploitation.

V. ord. réglem., art. 99.

ART. 52.

Les arpenteurs seront passibles de tous dommages-intérêts par suite des erreurs qu'ils auront commises, lorsqu'il en résultera une différence d'un vingtième de l'étendue de la coupe;

Sans préjudice de l'application, s'il y a lieu, des dispositions de l'article 207.

V. ord. de 1669, tit. XV, art. 10; loi du 15-29 septembre 1791, tit. XIV, art. 8; et, ci-après, art. 207.

Les erreurs de mesure, d'après la loi de 1791, lorsqu'elles excédaient un arpent sur quarante, étaient à la charge de ceux qui avaient fait l'arpentage. Mais cette disposition qui aurait ruiné les arpenteurs n'a jamais reçu d'exécution. D'après l'article 52 du Code forestier, si de l'erreur commise il résulte une différence d'un vingtième, l'arpenteur, dont l'opération aura nui aux parties ou nécessité des vérifications, supportera des dommages-intérêts : c'est la conséquence du principe établi dans les art. 1382 et 1383 du Code civil. S'il y a de sa part fraude et prévarication, l'article 207 du Code forestier sera en outre appliqué.

SECTION VI.

Des Adjudications de glandée, panage et paisson.

ART. 53.

Les formalités prescrites par la section III du présent titre, pour les adjudications des coupes de bois, seront observées pour les adjudications de glandée, panage et paisson.

Toutefois, dans les cas prévus par les articles 18 et 19, l'amende infligée aux fonctionnaires et agens sera de 100 fr. au moins et de 1,000 fr. au plus, et celle qui aura été encourue par l'acquéreur sera égale au montant du prix de la vente.

V. ordonn. de 1669, tit. XVIII, art. 1ᵉʳ; ci-dessus, articles 17 à 28 ; et ordonn. réglem., art. 100 à 104.

ART. 54.

Les adjudicataires ne pourront introduire dans les forêts un plus grand nombre de porcs que celui qui sera déterminé par l'acte d'adjudication, sous peine d'une amende double de celle qui est prononcée par l'article 199.

L'amende contre l'adjudicataire est double de celle portée contre l'usager pour la même contravention, par l'art. 77. On a considéré que l'adjudicataire violait son contrat.

ART. 55.

Les adjudicataires seront tenus de faire marquer les porcs d'un fer chaud, sous peine d'une amende de 3 fr. par chaque porc qui ne serait point marqué.

Ils devront déposer l'empreinte de cette marque au greffe du tribunal, et le fer servant à la marque, au bureau de l'agent forestier local, sous peine de 50 fr. d'amende.

Il avait été fait, par quelques cours royales et à la chambre des députés, des objections contre la marque au feu. On disait qu'elle pouvait rendre les animaux farouches ou malades, et empêcher les propriétaires de remplacer au panage ceux qui viendraient à mourir; on proposait d'employer un collier avec une marque en plomb. Ces observations n'ayant pas été accueillies, il faut en conclure que les adjudicataires, qui, sous quelque prétexte que ce soit, ne se conformeraient pas à l'art. 55 et employeraient une autre marque que celle qu'il prescrit, encourraient l'amende de 3 fr. par chaque porc, et l'amende de 50 fr. pour n'avoir pas fait le dépôt de l'empreinte et du fer, quoique d'ailleurs il n'y eût pas de fraude à leur reprocher. En effet, l'article n'entend atteindre qu'une omission qui aiderait à commettre des fraudes.

ART. 56.

Si les porcs sont trouvés hors des cantons désignés par l'acte d'adjudication, ou des chemins indiqués pour s'y rendre, il y aura lieu, contre l'adjudicataire, aux peines prononcées par l'article 199. En cas de récidive, outre l'amende encourue par l'adjudicataire, le pâtre sera condamné à un emprisonnement de cinq à quinze jours.

On peut rechercher le motif de la différence de la peine établie, pour un fait semblable, par l'art. 56 contre les adjudicataires, et par l'art. 76 contre les usagers. Il faut remarquer que l'adjudicataire s'est soumis aux clauses, charges et conditions de l'acte d'adjudication. Il est responsable et contraignable par corps au paiement des amendes, restitutions et dommages encourus pour délits commis par les gens qu'il emploie. Il doit les surveiller; sinon, c'est contre lui que les peines pécuniaires sont prononcées. Mais il n'était pas juste de faire supporter à des usagers les négligences d'un pâtre, qui, avec mauvaise intention, pourrait quelquefois exposer des communes entières à des amendes ruineuses.

Au reste, on ne peut douter que l'adjudicataire n'ait son recours contre le pâtre (Code civil, art. 1382 et 1383, loi du 28 septembre-6 octobre 1791, tit. II, art. 8), et la disposition d'après laquelle celui-ci peut être condamné à un emprisonnement de cinq à quinze jours, est une preuve assez évidente que le délit n'est réputé commis que par sa faute et sa négligence.

ART. 57.

Il est défendu aux adjudicataires d'abattre, de ramasser ou d'emporter des glands, faînes ou autres fruits, semences ou productions des forêts, sous peine d'une amende double de celle qui est prononcée par l'article 144.

V. ordonn. de 1669, tit. XXVII, art. 27; et, ci-après, art. 85 et 144.

La peine déterminée par les art. 57 et 85 est plus sévère que celle de l'art. 144, quoiqu'elle ait en apparence le même objet. C'est parce qu'elle concerne directement les adjudicataires et les usagers qui abusent de leur libre entrée dans les forêts ; tandis que la prohibition établie par l'article 144 ne regarde que des particuliers, qui, ne pouvant entrer que clandestinement dans les bois, ne sont pas à portée d'y faire autant de dommage que les adjudicataires et les usagers, à qui on ne peut en interdire l'entrée.

SECTION VII.

Des Affectations à titre particulier dans les Bois de l'Etat.

ART. 58 (1).

Les affectations de coupes de bois ou délivrances, soit par stères, soit par pieds d'arbre, qui ont été concédées à des communes, à des établissemens industriels ou à des particuliers, nonobstant les prohibitions établies par les lois et les ordonnances alors existantes, continueront d'être exécutées jusqu'à l'expiration du terme fixé par les actes de concession, s'il ne s'étend pas au-delà du 1er septembre 1837.

Les affectations faites au préjudice des mêmes prohibitions, soit à perpétuité, soit sans indication de termes, ou à des termes plus éloignés que le 1er septembre 1837, cesseront à cette époque d'avoir aucun effet.

Les concessionnaires de ces dernières affectations qui prétendraient que leur titre n'est pas atteint par les prohibitions ci-dessus rappelées, et qu'il leur confère des droits irrévocables (2), devront, pour y faire statuer, se pourvoir devant les tribunaux (3) dans l'année qui suivra la promulgation de la présente loi, sous peine de déchéance (4).

Si leur prétention est rejetée, ils jouiront néanmoins des effets de la concession jusqu'au terme fixé par le second paragraphe du présent article.

Dans le cas où leur titre serait reconnu valable par les tribunaux, le Gouvernement, quelles que soient la nature et la durée de l'affectation, aura la faculté d'en affranchir les forêts de l'État, moyennant un cantonnement (5) qui sera réglé de gré à gré, ou, en cas de contestation, par les tribunaux, pour tout le temps que devait durer la concession. L'action en cantonnement ne pourra pas être exercée par les concessionnaires.

(1) La rédaction de cet article a beaucoup varié dans les divers projets et a donné lieu à de nombreuses observations de la part des autorités auxquelles ils ont été soumis et à de longues discussions aux deux chambres. On trouve ces documens en entier dans la plupart des compilations publiées sur le Code forestier. Nous nous bornerons à rappeler ici ce qui peut être utile à l'intelligence du texte qui a prévalu et à la solution des questions importantes qu'il doit faire naître.

Le projet présenté à la chambre des députés portait :

« Les affectations de coupes de bois ou délivrances, soit par stères, soit par pieds d'arbre, qui ont été concédées à des communes, à des établissemens industriels ou à des particuliers, *nonobstant les dispositions prohibitives des ordonnances et lois existantes*, continueront d'être effectuées jusqu'au 1er septembre 1837, et cesseront d'avoir leur effet à l'expiration de ce terme.

» Ceux des concessionnaires qui prétendraient que leur titre n'est pas atteint par les prohibitions ci-dessus rappelées, et qu'il leur confère des droits irrévocables, pourront se pourvoir, dans les six mois qui suivront la promulgation de la présente loi, par-devant les tribunaux, pour en réclamer l'exécution.

» En cas de pourvoi, les jugemens et arrêts à intervenir seront exécutés selon leur forme et teneur, sans que le concessionnaire qui l'aura exercé puisse se prévaloir de la prorogation de dix années, accordée par le paragraphe 1er du présent article. Le défaut de pourvoi dans le délai de six mois équivaudra à une déclaration d'option en faveur de cette prorogation. »

M. de Martignac, commissaire du Roi, en a ainsi exposé les motifs :

« Il reste pour compléter le titre relatif au régime forestier, appliqué aux bois de l'Etat, deux sections particulières ; et celles-là méritent une attention spéciale et exigent quelques explications.

5

» La première traite des *affectations*, et la deuxième des *droits d'usage*.

» Vous savez, messieurs, que dans diverses provinces de France et dans les anciens états des ducs de Lorraine, il a été fait en faveur de certains établissemens industriels des concessions de bois. Ces concessions, connues sous le nom *d'affectations*, consistaient dans des livraisons annuelles d'une quantité déterminée de bois, moyennant une rétribution qui n'était en aucune proportion réelle avec la valeur des matières livrées.

» Quelques-unes de ces concessions contenaient la stipulation d'un terme; mais la durée des autres est indéterminée ou stipulée à perpétuité.

» Il a paru indispensable de régler, par la loi, le sort des actes de cette nature qui touchent à la propriété de l'Etat, et à une de ces propriétés les plus précieuses. Pour arriver à ce règlement d'une manière juste et légale, il a suffi de leur appliquer les principes de notre législation forestière et domaniale.

» L'ordonnance de 1669 contient une disposition dont voici les termes :

« Ne sera fait à l'avenir aucun don ni attribution de
» chauffage, *pour quelque cause que ce soit*, et si par
» importunité ou autrement, aucunes lettres ou brevets
» en avaient été accordés et expédiés, *défendons* à nos
» cours de parlement, chambres des comptes, grands-maî-
» tres et officiers, d'y avoir égard. »

» Jamais le langage de la loi ne fut plus clair et plus énergique ; jamais disposition prohibitive ne fut conçue dans des termes plus absolus et plus sévères, et il paraît impossible de ne pas reconnaître la nullité d'une concession qui aurait été faite au mépris de cette prohibition.

» Sous un autre rapport, la nullité des actes dont il s'agit paraît encore évidente.

» Les affectations sans terme sont de véritables aliénations, car c'est bien incontestablement aliéner un immeuble que d'en céder les produits à perpétuité. Or, depuis le 14e siècle, le domaine royal était inaliénable en France, et l'ordonnance de 1566 contenait à ce sujet la disposition la plus expresse.

» Le même principe était établi en Lorraine; il était consacré dans les termes les plus formels par l'édit du 21 décembre 1446 et par plusieurs édits postérieurs.

» Les affectations actuellement existantes ne peuvent donc être reconnues valables, si on les considère comme accordées à perpétuité. Dans ce cas, leur nullité serait évidente, car elles auraient été concédées en violation des dispositions prohibitives qui formaient le droit commun. Elles ne peuvent avoir de validité et d'effet que si l'on reconnaît que le souverain en les accordant, sans en déterminer la durée, se réservait le droit d'en fixer le terme et d'en modifier les conditions.

» Après avoir consulté les principes, on a dû considérer les inconvéniens graves qui devaient résulter du maintien prolongé de cet état de choses. Ces inconvéniens sont de diverses natures. D'abord, le prix stipulé, qui ne représentait dans l'origine qu'une très-faible portion de la valeur réelle, est tombé aujourd'hui, par l'élévation progressive du prix des bois, dans une disproportion déraisonnable.

» D'un autre côté, il résulte de ces livraisons forcées et sans prix réel, faites ainsi chaque année, d'une grande quantité de bois à certains établissemens industriels, un véritable privilége inconciliable avec cette libre concurrence qui enrichit le pays, et que toutes les industries pareilles ont en France le droit de réclamer et d'attendre.

» Il était donc juste et nécessaire de mettre un terme à un état de choses évidemment abusif. Il fallait toutefois apporter dans les dispositions à intervenir des ménagemens conformes à l'équité Il eût été d'une rigueur qui eût touché à l'injustice d'enlever tout-à-coup à des établissemens importans et dignes d'intérêt un de leurs principaux élémens de prospérité. L'équité voulait qu'on leur accordât le temps nécessaire pour se préparer à ce grand changement.

» C'est, messieurs, ce qui est fait par le projet de loi. Il porte que les affectations concédées, nonobstant les dispositions prohibitives des ordonnances et lois, continueront d'être exécutées jusqu'au 1er septembre 1837, et cesseront d'avoir leur effet à l'expiration de ce terme. C'est une prorogation de dix ans que la loi accorde aux concessionnaires.

» Telle est la règle que le projet contient; mais ses auteurs ont senti que vous ne pouviez voter que sur des dispositions législatives, et non statuer sur des titres particuliers; ils vous ont donc proposé d'ajouter que ceux des concessionnaires qui prétendront que les actes dont ils sont porteurs ne sont pas atteints par les prohibitions rappelées et leur confèrent des droits irrévocables, pourront se pourvoir dans les six mois par-devant les tribunaux pour en réclamer l'exécution, en renonçant toutefois au bénéfice du délai de dix ans que la loi accorde.

» Ainsi, messieurs, vous aurez accompli votre devoir

de législateurs, en posant des principes et des règles, et en laissant aux tribunaux le soin de les appliquer aux actes. » (*Moniteur* du 3o décembre 1826, p. 1726.)

M. Favard de Langlade, dans son rapport, proposa divers amendemens; mais, lors de la discussion, il présenta la nouvelle rédaction qui a été adoptée.

Quelques orateurs ayant été entendus sur la nature des concessions connues sous le nom d'*affectations*, M. de Martignac crut devoir donner les explications suivantes :

» Je n'entends pas combattre l'amendement proposé par la commission, dans la nouvelle rédaction qui vous a été distribuée ; mais j'ai pensé qu'au moment où, par une disposition nouvelle, vous alliez donner aux tribunaux une attribution qui jusqu'à présent ne leur a pas appartenu, il était indispensable de donner des explications qui empêchent les cours appelées à prononcer, d'être induites en erreur.

» On a rappelé les principes que nous avions établis dans l'exposé des motifs, et on en a fait une critique à laquelle je dois répondre. Nous avions, ce me semble, professé les véritables principes. En France, le domaine de l'Etat était incontestablement inaliénable; et toutes les aliénations du domaine de l'Etat, en quelques formes qu'elles fussent faites, lorsque c'était en violation de ces principes conservateurs, étaient entachées de nullité. Nous avions ajouté qu'en Lorraine, les dispositions législatives étaient les mêmes, et nous aurions pu citer douze édits rendus depuis le 25 septembre 1373, jusqu'au 16 septembre 1736, dans lesquels ce principe était également établi. Nous avons rappelé l'ordonnance de 1669, qui prohibe toute attribution de chauffage, pour quelque cause que ce soit, et fait défense aux cours de parlement d'enregistrer aucunes lettres ou brevets qui en auraient été accordés. En rappelant ces principes, nous n'avons rien dit qui fût contraire aux véritables règles. Avons-nous prétendu en faire une application quelconque? Avons-nous étendu cette disposition générale à tous les titres sous le nom d'affectation, qui peuvent se trouver dans les mains des propriétaires? Nullement. Nous avons établi en principe que toutes les dispositions de cette nature qui auraient été faites en annulation des dispositions primitives des ordonnances et lois existantes, devaient cesser d'avoir leur effet. Et, par une faveur spéciale, le projet de loi proposait d'accorder un délai de dix années, afin de ne pas déposséder brusquement les personnes qui sont en jouissance de ces droits. Nous avons ajouté que si les porteurs de titres prétendaient qu'ils n'étaient pas dans le cas prévu par le paragraphe 1er, c'est-à-dire que leur titre n'était pas atteint par les prohibitions, nous les autorisions à se pourvoir, dans les six mois, par-devant les tribunaux, pour réclamer l'exécution de leur titre. Enfin, nous avons dit que ceux qui faisaient valoir leurs prétentions devant les tribunaux renonçaient par là au bénéfice des dix années qui leur était offert par la loi. La commission a trouvé cette disposition trop rigoureuse; elle propose de faire jouir de ce bénéfice les concessionnaires, lors même qu'ils auront plaidé contre l'administration pour soutenir la validité de leur titre. Nous n'entendons pas le contester. La commission a ajouté un paragraphe conçu en ces termes :

» Le gouvernement pourra affranchir les forêts de » l'Etat des affectations de toute nature, moyennant un » cantonnement qui sera réglé de gré à gré, et, en cas de » contestation, par les tribunaux. L'action en cantonne- » ment n'appartiendra qu'au gouvernement et non aux » concessionnaires d'affectations. »

» La commission, dans son rapport, énonce que les droits d'affectations avaient une analogie approximative avec les droits d'usage en bois. Cette doctrine, soutenue par le rapporteur, se trouvant en harmonie avec le paragraphe, serait de nature à induire en erreur les tribunaux qui auraient trouvé dans le rapport la preuve que le législateur avait considéré les droits d'affectations comme devant être réglés par les principes établis pour les droits d'usage, nous avions pensé qu'une disposition établie d'une manière si générale n'était pas sans quelque danger lorsqu'elle était rapprochée des principes énoncés dans le rapport; mais la modification qui est apportée dans sa rédaction ne tend plus qu'à créer pour le gouvernement une faculté, dans le cas où les tribunaux auront prononcé en faveur des concessionnaires. Cette rédaction permet de penser que les tribunaux ne se trouveront pas liés par l'analogie établie entre les droits d'usage et les droits d'affectations. Voilà ce que j'ai cru devoir expliquer, en ne m'opposant nullement à la nouvelle rédaction.» (*Moniteur* du 26 mars 1827, pag. 459.)

Nous ajouterons ce qu'a dit à la chambre des pairs, M. le comte Roy, dans son rapport au nom de la commission spéciale chargée de l'examen du projet : *

---

* Le rapport de M. Favard de Langlade annonçait que l'administration forestière ne comptait pas plus de onze affectations à perpétuité et six à terme dans tout le royaume. Il paraît que les renseignemens qui avaient été fournis étaient incomplets, et qu'ils ont été rectifiés dans les communications faites à la chambre des Pairs.

« Nous venons, messieurs, de vous entretenir des droits d'usage dans les bois de l'Etat : nous ne devons pas confondre avec ces droits ces autres espèces de concessions désignées dans le projet de loi sous le nom d'*affectations à titre particulier.*

» On appelle ainsi la faculté qui a été accordée de prendre annuellement dans les forêts de l'Etat, pour un établissement d'industrie, les bois nécessaires à l'alimentation de cet établissement, moyennant une rétribution qui était peu en proportion de la valeur des matières livrées. Elles sont au nombre de quatre-vingt-sept; quelques-unes de ces concessions contiennent la stipulation d'un terme; d'autres ont été faites pour une durée indéterminée; quelques-unes même, dit-on, à perpétuité.

» Le projet de loi maintient celles de ces affectations dont la durée ne s'étend pas au-delà du 1er septembre 1837; toutes les autres cesseront d'avoir leur effet à la même époque.

» Les concessionnaires qui prétendraient que leurs titres leur ont conféré des droits irrévocables, devront se pourvoir devant les tribunaux dans le délai d'une année.

» Si leur prétention est rejetée, ils jouiront néanmoins jusqu'au 1er septembre 1837.

» Dans le cas, au contraire, où leur titre serait reconnu valable par les tribunaux, le gouvernement, quelles que soient la nature et la durée de l'affectation, aura la faculté d'en affranchir les forêts de l'Etat, moyennant un cantonnement pour tout le temps que doit durer la concession.

» L'action en cantonnement ne pourra être exercée que par le gouvernement.

» Telles sont les dispositions du projet de loi relativement aux affectations.

» Nous avons d'abord cherché à déterminer la nature de ces concessions.

» Ce ne sont pas des *engagemens;* car l'engagement autorisé par l'ordonnance de Moulins de 1566, avait lieu *à deniers comptans, pour la nécessité de la guerre, après lettres-patentes pour ce décernées et publiées dans les parlemens, avec faculté de rachat perpétuel.*

» L'engagement n'était autre chose que la concession d'un domaine de l'Etat pour gage de la restitution de la somme qui lui avait été prêtée, avec délaissement et délégation des fruits, pour acquitter l'intérêt de l'argent prêté. La possession de l'objet engagé passait nécessairement dans les mains du concessionnaire, auquel les produits en appartenaient, pour en disposer à son gré, sans aucune affectation spéciale.

» Rien de semblable n'a eu lieu dans les concessions à titre d'affectations.

» Elles ne peuvent non plus être considérées comme des concessions de droits d'usage de la nature de celles auxquelles se réfèrent les lois et ordonnances ; car celles-là, comme nous l'avons déjà dit, remontent au temps les plus reculés, et c'est par cette raison même qu'elles ont été respectées et maintenues.

» Les affectations, au contraire, sont des concessions modernes ; ce sont des concessions à longs termes de fruits et de produits, qui n'ont jamais été exceptées des dispositions des lois qui ont prohibé les aliénations du domaine de l'Etat, ou de celles qui en ont prononcé la révocation.

» L'ordonnance de 1566, dont les dispositions n'ont pas cessé d'être exécutées, et à laquelle se sont toujours référées toutes les lois intervenues depuis, prohibe expressément l'aliénation du domaine de la couronne.

» L'art. 5 de cette loi célèbre est ainsi conçu : « Défendons à nos cours de parlement et chambres des comptes d'avoir aucun égard aux lettres-patentes contenant aliénation de notre domaine *et fruits d'icelui*, hors les deux cas d'apanage et d'engagement, pour quelque cause et temps que ce soit, encore que ce fût pour un an ; et leur est inhibé de procéder à l'intérinement et vérification d'icelles. »

» L'art. 4 de la même ordonnance porte : « Ne pourra, notre domaine, être baillé à ferme ou à louage, sinon au plus offrant ou dernier enchérisseur ; et ne pourront, les fruits des fermes ou louages dudit domaine, être donnés à quelques personnes, ni pour quelque cause que ce soit ou puisse être. »

» L'ordonnance de Blois de 1579 contient des dispositions aussi sévères. L'article 337 porte : « Ne voulons aussi, à l'avenir, être fait aucun don dans les bois de nos forêts, ou deniers provenant de la vente d'iceux, à quelque personne que ce soit, ni semblablement être fait vente et coupe par pieds de nosdits bois ; défendant nos officiers, tant de nos cours souveraines qu'autres, d'avoir égard aux lettres qui, au contraire, en pourraient être ci-après expédiées. »

» Enfin, l'ordonnance de 1669 a renouvelé de la manière la plus expresse les prohibitions des précédentes ordonnances. « Réitérons, porte l'art. 1er du tit. XXVII, la prohibition faite par l'ordonnance de Moulins, de faire aucune aliénation, à l'avenir, de quelque partie que ce soit de nos forêts, bois et buissons, à peine, contre les officiers, de privation de leurs charges, et de

» 10,000 livres d'amende contre les acquéreurs, outre la
» réunion à notre domaine et confiscation, à notre profit,
» de tout ce qui pourrait avoir été semé, planté ou bâti
» sur les places de cette qualité. »

» Les dispositions du projet de loi d'après lesquelles les
affectations qui auraient été faites au préjudice des dispositions prohibitives des lois et ordonnances doivent cesser d'avoir aucun effet au 1er septembre 1837, sont donc
conformes aux principes de notre droit public : elles sont
d'ailleurs très-favorables aux concessionnaires, auxquels
elles accordent encore une prolongation de jouissance de
dix années.

» Néanmoins, les lois qui régisssent le domaine de l'E-
tat ne doivent être exécutées, à l'égard des provinces
réunies à la France postérieurement à l'ordonnance de
1566, qu'en ce qui concerne les aliénations faites depuis
la date des réunions ; celles qui auraient été faites antérieurement aux réunions doivent être réglées suivant les
lois qui s'observaient dans ces provinces.

» Quoique, dans ces provinces, le domaine de l'Etat
fût, comme en France, inaliénable, le projet de loi a dû,
comme il le fait, laisser le droit de se pourvoir par-devant les tribunaux, aux concessionnaires qui prétendraient
le contraire, ou qui prétendraient, en général, que leurs
titres leur ont conféré des droits irrévocables. La loi ré-
git le domaine, soit que l'Etat en ait la possession et la
jouissance actuelle, soit qu'il ait seulement le droit d'y
rentrer de quelque manière que ce soit ; mais des bois
qui auraient été légalement et irrévocablement détachés
du domaine n'en feraient plus partie ; et il suffit que le
détenteur élève la prétention d'une propriété irrévocable, pour qu'elle doive être renvoyée devant les tribunaux.

» Le projet de loi eût pu cependant, comme le gouvernement l'avait proposé, ne pas accorder la faveur de
dix années de jouissance à ceux qui auraient préféré au
forfait qu'il offrait à tous l'exercice rigoureux de leurs
droits, dans le cas où leurs demandes seraient rejetées
par les tribunaux. Cette faveur devient pour tous une
prime pour plaider.

» Un autre amendement qui a été fait au projet de loi
exige aussi quelques explications : c'est celui par lequel
il est dit que, dans le cas où le titre serait reconnu valable, le gouvernement aurait la faculté d'affranchir de
l'affectation les forêts de l'Etat, *par un cantonnement pour
tout le temps que l'affectation devait durer.*

» Il y a beaucoup d'inexactitude, et même du danger, à
confondre ce qu'on appelle *affectation* avec un droit de

servitude, et à introduire dans la loi une espèce de cantonnement d'une nature toute différente de celle du cantonnement qui a lieu pour le rachat des droits d'usage. L'effet du cantonnement est toujours d'attribuer à l'usager la propriété entière et perpétuelle de la portion qui lui est abandonnée : c'est par l'abandon d'un droit de propriété qu'il n'avait pas, que se trouve compensée la privation de la plus ample portion de fruits à laquelle il avait droit. Mais on ne sait pas ce que serait un cantonnement qui ne devrait avoir qu'une durée limitée, et qui aurait probablement toujours pour résultat de faire rentrer dans le domaine de l'État, lors de la cessation de la jouissance, la forêt qui en aurait fait l'objet, dans un état de complète dégradation.

» D'ailleurs, dans tous les cas, l'affectation doit cesser de plein droit et sans retour, si le roulement de l'usine pour laquelle elle aurait eu lieu est arrêté pendant deux années consécutives. Que deviendrait alors un cantonnement qui aurait été fait à perpétuité, ou pour un grand nombre d'années?

» Au surplus, messieurs, nous devons vous faire observer que le droit accordé au gouvernement de demander le cantonnement n'est qu'une faculté dont il pourra user ou ne pas user, et que cette faculté n'est pas réciproque.

» Nous ajouterons qu'il ne nous paraît pas que les concessionnaires soient fondés à se plaindre de ce que le projet de loi les assujettit à exercer eux-mêmes une action contre l'État lorsqu'ils sont en possession, et lorsque c'est l'administration qui leur fait des demandes.

» Il est, au contraire, bien évident que c'est l'État qui est en possession des forêts, et que c'est à ceux qui viennent demander des délivrances dans les bois d'autrui à établir leurs droits à ces délivrances. » (*Moniteur*, séance du 8 mai 1827.)

Lors de la discussion à la chambre des pairs, de nouvelles explications ont été demandées et données ainsi qu'il suit :

« Un pair, M. le comte d'Argout, obtient la parole pour demander encore quelques explications sur divers points dont il a déjà eu l'occasion d'entretenir la chambre dans le cours de la discussion générale. Il avait demandé alors pourquoi le projet de loi se montrait plus rigoureux envers les affectations qu'envers les droits d'usage; il lui a été répondu que les affectations étaient postérieures aux lois prohibitives de 1566 et 1669, tandis que les droits d'usage remontaient à une époque antérieure, et qu'il y avait lieu d'être plus sévère envers des concessions faites en contravention à ces mêmes lois. On a répondu encore que les affectations étaient de véritables aliénations, et qu'ainsi elles étaient proscrites par les principes éternels de la monarchie, sur l'inaliénabilité du domaine. On a répondu enfin qu'elles constituaient des actes de haute administration toujours révocables de leur nature. C'est sur ces diverses assertions que le noble pair croit devoir appeler encore quelques instans l'attention de la chambre. Il observera d'abord qu'en supposant évidente la doctrine établie tant par le rapporteur que par le commissaire du Roi, il était parfaitement inutile de le préjuger par le Code; car on ne doit ni on ne peut supposer que les tribunaux ignorent les lois et qu'ils ne sachent pas en faire une application judicieuse. De deux choses l'une : ou l'interprétation donnée aux lois anciennes de la matière est exacte et certaine, alors les tribunaux jugeront dans le sens du projet, et sa disposition est superflue; ou l'interprétation est douteuse, et alors c'est aux tribunaux que la question doit nécessairement être renvoyée, et la loi ne devait nullement la trancher. En réalité, il faut bien le reconnaître, la question est douteuse; car l'opinion de M. le commissaire du Roi et de M. le rapporteur, quelque importante qu'elle soit, est contrebalancée en ce point par celle qu'a émise la cour de cassation lorsque le projet de Code fut soumis à son examen; cette cour, en effet, loin de regarder les affectations comme proscrites par les lois fondamentales de la monarchie, loin de les regarder comme de véritables aliénations, les a considérées au contraire comme des contrats qui devaient être respectés, alors même que leur durée était illimitée. Il faut examiner si les raisons invoquées dans l'opinion opposée peuvent prévaloir. On considère, dit-on, les affectations comme des aliénations; mais en supposant l'assimilation exacte, au moins ne faudrait-il pas les traiter plus défavorablement que les autres. On invoque toujours l'inaliénabilité du domaine comme une des lois fondamentales de la monarchie: peut-être serait-il plus exact de dire qu'elle aurait dû être une loi fondamentale de l'Etat; mais que dans le fait ces lois n'ont été établies que fort tard et n'ont jamais été ni complètes ni exactement exécutées. Si, en effet, on peut invoquer des lois générales qui la consacrent, à côté d'elles se placent immédiatement des dispositions législatives spéciales qui la détruisent; si on la considère comme une antique tradition, comme un usage sacré, les faits sont là pour démentir cette opinion. Sans remonter en effet à la seconde race, qui a péri précisément parce qu'elle avait tout aliéné, ne voit-on pas, dans les premiers temps de la troisième race, des parties considérables du domaine, des provinces entières aliénées, soit par donations, soit par ventes, soit par voie d'apanage, et cela quelquefois au profit de femmes, puisque ce n'est que par le testament de Philippe-le-Bel, en 1314, qu'il fut défendu d'accorder des apanages à des femmes. Quelquefois l'aliénation de provinces était faite sans clause de retour : témoin l'aliénation de la Bourgogne faite par le roi Jean, en 1363. Sous François Ier, de nombreuses aliénations se font encore remarquer, et ce n'est que dans l'ordonnance de 1566 que le principe de l'inaliénabilité se trouve écrit pour la première fois. Cependant, cette ordonnance réservait à la couronne deux moyens d'aliénation, l'apanage et l'engagement, et dès-lors, les souverains n'eurent plus besoin de recourir à l'aliénation pure et simple. Et combien de fois le mode de l'engagement n'a-t-il pas été employé pour subvenir à des besoins ou pour couvrir des libéralités? Mais qu'a-t-on fait à l'égard des diverses aliénations? Celles qui remontaient à une époque antérieure à 1566 ont toutes été confirmées sans restriction, et les engagemens eux-mêmes, quoique essentiellement révocables, ont cependant aussi été maintenus par la loi du 14 ventôse an VII, à la charge par les engagistes de payer le quart de la valeur. D'autres aliénations plus récentes ont encore eu lieu par voie de majorats accordés avec clause de retour, soit des biens du domaine de la couronne, soit des biens qui constituaient ce qu'on appelait *le domaine extraordinaire*. Non-seulement on n'a pas invoqué, à l'égard de ces majorats, le principe de l'inaliénabilité, mais il se trouve dans le Code forestier un titre entier qui leur est relatif.

» Le noble pair n'entend rien contester de ce qui a été fait à l'égard de ces diverses classes d'aliénations; mais il demande pourquoi les affectations, qui ne touchent point au fonds, et qui ne sont que des concessions de fruits, seraient traitées plus défavorablement que les aliénations du fonds lui-même; pourquoi tous les détenteurs de domaines aliénés ou engagés ont-ils fini par être reconnus propriétaires incommutables, tandis que les possesseurs d'affectations seraient seuls dépossédés ! Mais, dit-on, l'ordonnance de 1566 défendait expressément d'aliéner les fruits, fût-ce même pour un an.

» Le noble pair ne saurait croire que l'on voulût appliquer cette disposition dans un sens qui, si on l'admettait, pourrait aller jusqu'à proscrire les adjudications annuelles de coupes, et qui, dans tous les cas, serait contraire aux dispositions de l'ordonnance de 1669, qui règlent les délivrances de bois d'affouage. En supposant d'ailleurs que la prohibition fût absolue pour la France, comment appliquer les mêmes principes à une province qui se trouvait régie, à l'époque des concessions, par des lois toutes différentes; à la Lorraine, où se trouvent établies un grand nombre d'affectations? On dit qu'avant la réunion à la France, le domaine y était également inaliénable; mais on a répondu que les ordonnances des ducs de Lorraine, qui proclamaient l'inaliénabilité, n'avaient pas été soumises à l'approbation des états, et ne pourraient par conséquent avoir d'exécution. Les aliénations faites ont été d'ailleurs garanties, et par les préliminaires du traité de réunion en 1734, et par le traité lui-même en 1737, au point que les aliénations faites dans l'intervalle de 1734 à 1737 ont été judiciairement maintenues; à plus forte raison, les affectations doivent-elles l'être. Si on les considère en effet sous le véritable point de vue qui leur appartient, on reconnaîtra que ce ne sont pas de véritables aliénations. Le caractère essentiel de l'aliénation, même temporaire et sans condition, comme l'engagement, est de dessaisir l'ancien propriétaire, et de conférer au nouveau la possession de la chose. Ici aucun dessaisissement au profit du concessionnaire, et la délivrance des fruits ne lui est faite qu'annuellement. L'aliénation confère au profit de qui elle a lieu le droit d'user de la chose ainsi qu'il lui convient. Ici il y a au contraire obligation d'employer les bois délivrés à un usage déterminé. L'affectation n'est donc pas une aliénation; et elle a d'autant moins ce caractère, que, quoi qu'on en ait dit, elle n'est jamais faite à perpétuité. A la vérité, quelques-unes n'ont pas de terme indiqué, mais toutes sont subordonnées à l'existence de l'usine pour laquelle elles sont accordées et dont la durée est illimitée; elle ne saurait avoir un caractère de perpétuité qui n'appartient point à un établissement industriel.

» On a considéré d'une autre part les affectations comme des mesures de haute administration : ce caractère leur appartient en effet, mais la conséquence qu'on en a tirée n'est pas exacte, et il est des mesures d'administration qui ne sont point révocables; ce sont celles qui ont pour objet un contrat passé avec un tiers : dans ce cas, pour détruire ce qui a été fait, il faut ou obtenir le consentement du tiers avec qui l'Etat s'est engagé, ou avoir recours, s'il y a lieu, à l'expropriation pour cause d'utilité publique, précédée d'une juste et préalable indemnité, ainsi qu'on serait évidemment forcé de le faire si, après la construction d'un pont faite par entreprise et moyennant la concession d'un péage, les nécessités de l'Etat venaient à exiger que le péage fût supprimé. L'objet de l'affectation a été l'établissement d'une usine utile pour le pays; le concessionnaire a rempli ses engagemens, il faut que l'Etat remplisse les siens à son tour et dans toute leur étendue. On a dit enfin que les affectations étaient toutes postérieures à 1566, tandis que les usages étaient plus anciens, ce qui explique la différence établie par le projet entre ces deux espèces de concessions. Mais c'est encore une erreur, et il existe des usages qui sont d'une date plus récente que 1566. Qu'importe d'ailleurs la date d'un contrat dès-lors que l'engagement a continué d'être exécuté et que la prescription ne l'a pas anéanti? la bonne foi exige qu'il soit maintenu. Dans cet état, le noble pair demande que le gouvernement s'explique sur deux points, qui sont de savoir si l'on entend maintenir sans nouvelle instance les affectations dont le titre aurait déjà été irrévocable par arrêt souverain, rendu, soit par l'ancien conseil avant la révolution, soit sous le gouvernement impérial, soit depuis la restauration; ou si on les obligera à se faire reconnaître de nouveau, ce qui serait contraire aux principes en matière de chose jugée; et si d'une autre part, malgré l'énonciation faite, dans l'article, du principe de la prohibition par les ordonnances de 1566 et de 1699, les tribunaux demeureront toujours juges de la question de nullité ou de validité des concessions, conformément aux principes généraux du droit.

» Le rapporteur de la commission obtient la parole pour donner quelques explications sur les divers points qui viennent d'être traités par le noble pair. — L'article 58 ne lui paraît pas présenter les inconvéniens qui lui sont reprochés : il ne blesse aucuns droits; ses dispositions ne sont que favorables aux concessionnaires, puisqu'il leur accorde une jouissance jusqu'au 1er septembre 1837, dans le cas même où les affectations auraient été faites au préjudice des prohibitions des lois et ordonnances existantes aux époques où elles ont eu lieu.

» On ne peut raisonnablement méconnaître qu'avant la révolution le domaine de l'Etat n'était aliénable que dans deux cas seulement, l'un pour apanage des puînés mâles de la maison de France, avec retour à la couronne par leur décès sans mâles; l'autre par engagement à deniers comptans, pour les nécessités de la guerre, après des lettres-patentes enregistrées aux parlemens, auquel cas il y avait faculté de rachat perpétuel. Car il ne peut être ici question des échanges, puisque les échanges n'entraînent aucune diminution du domaine de l'Etat, attendu que l'objet donné en contre-échange prend la place de l'objet distrait du domaine public. Or, on ne prétend pas que les affectations puissent être placées dans aucun des cas où l'aliénation du domaine était autorisée, et dans lesquels cependant elle ne transmettait que des droits perpétuellement révocables, de telle manière que le domaine ainsi aliéné ne cessait pas de faire partie du domaine public, et que l'Etat pouvait toujours y rentrer en remboursant la finance qui lui avait été payée. Les affectations n'ont même aucun des caractères de l'engagement; le concessionnaire n'a point la possession de l'objet affecté; l'Etat n'a pas cessé de la conserver; et c'est l'Etat qui délivre annuellement aux concessionnaires les portions de fruits qui leur ont été promises. Ces sortes de concessions ne peuvent être considérées que comme des actes de haute administration, ainsi que déjà le rapporteur a eu occasion de le dire; telles étaient même les précautions des lois pour empêcher la dissipation du domaine de l'Etat, qu'elles interdisaient *d'en faire le bail, sinon au plus offrant et dernier enchérisseur, ou d'en accorder les fruits à quelque personne ou pour quelque cause que ce soit;* et qu'elles défendaient aux cours d'avoir égard à toutes lettres ou dispositions sur lesquelles il aurait *été fait don des bois des forêts ou des deniers en provenant, ou vente et coupe par pied desdits bois.* Il est même inutile d'examiner si les affectations ont été faites dans des vues d'intérêt public; la loi pourrait toujours faire cesser l'effet lorsqu'elle jugerait que ces vues sont remplies, ou que l'intérêt public commande même d'autres dispositions. Les concessionnaires ne peuvent se plaindre, puisqu'ils n'ont pu ignorer que leurs droits, s'ils en avaient, n'étaient que des droits précaires, des droits toujours révocables, des droits de jouissance, tant qu'il plairait à l'Etat de les laisser jouir ou de leur faire des délivrances. Les aliénations du domaine de l'Etat, à titre de majorats, dont on a parlé, ne peuvent être l'objet d'aucune comparaison avec les affectations. Elles ont eu lieu sous une législation qui les autorisait, avec les formalités qu'elle a prescrites : il n'en existe même qu'un exemple, c'est celui du majorat de M. le duc de Richelieu, et ce majorat a été établi par une loi. Les autres majorats ont été composés avec des biens du domaine extraordinaire qui avait précisément cette destination. Les autorisations de construire des ponts, dont on a encore parlé, ont créé des droits, puisqu'elles ont été accordées par des lois, et avec les solennités avec lesquelles ces sortes de concessions peuvent être faites régulièrement; il ne pourrait, par conséquent, leur être porté atteinte que pour des causes de nécessité publique, et en indemnisant les concessionnaires. Enfin, et c'est ce que l'on ne doit jamais perdre de vue, dans cette discussion, le projet de loi ne dispose que pour les cas où les concessionnaires, à titre d'affectations, ne contesteraient pas les droits de l'Etat; dans le cas contraire, c'est-à-dire dans celui où ils prétendraient qu'ils ont des droits irrévocables, les tribunaux seront juges des prétentions respectives. C'est ainsi que disparaissent toutes les objections qu'on veut faire résulter de ce que quelques affectations auraient eu lieu dans des temps ou dans des pays où le domaine de l'Etat a pu être ainsi aliéné; toutes celles qu'on voudrait également faire résulter de ce que des traités politiques auraient reconnu ou confirmé celles qui auraient été faites, ou auraient imposé la condition de les exécuter, ou même de l'autorité de la chose jugée. Dans tous ces cas, et généralement dans tous ceux où les concessionnaires prétendent qu'il ne peut être porté atteinte à leur jouissance, les tribunaux jugeront. Ils ne peuvent rien demander de plus; car, ils ne peuvent vouloir être juges eux-mêmes de leurs droits.

» Un pair, M. le baron Pasquier, estime que quelques éclaircissemens sont encore nécessaires sur une question qui, d'après les dispositions mêmes du projet, deviendra nécessairement litigieuse. Il admettra volontiers la doctrine qui vient d'être exposée par le rapporteur sur les aliénations. Mais les affectations sont-elles donc des aliénations? c'est ce que le noble pair ne peut croire, et il lui semble qu'on donnerait trop de latitude au mot *aliénation*, en l'appliquant à des concessions de ce genre. En général, les aliénations emportent toujours l'idée d'un détournement du domaine public, et c'est pour cette raison que notre ancienne législation les avait proscrites. Les affectations, au contraire, ont toujours un but réel d'utilité publique : l'établissement d'une industrie profitable au canton, à la province, et quelquefois à l'Etat tout entier. Cependant on a été amené à confirmer même les aliénations, tant on a senti qu'il était difficile de toucher à des droits acquis. Le but du législateur doit être de défendre le présent et l'avenir; mais, en général, il doit être fort circonspect à l'égard de ce qui se rattache au passé. Or, que fait ici le projet? Tout en admettant, pour les concessionnaires, le recours aux tribunaux, il pose contre eux le principe de l'assimilation entre les affectations et les aliénations, ce qui change considérablement la position des choses au préjudice des concessionnaires. Mais ce n'est pas tout : plusieurs de ces concessionnaires ont déjà été obligés de faire reconnaître leurs droits par la justice, et cependant la généralité de l'article semble leur imposer l'obligation de subir encore les chances d'un nouveau procès dont l'issue, toujours douteuse, le deviendra plus encore en présence des principes posés par le projet. Une pareille violation des règles ordinaires ne saurait être tolérée; et, dans tous les cas, une exception devrait être faite à l'égard des affectations établies en Lorraine. Les lois générales, en matière administrative, ne sont pas toujours sans inconvénient. Sans sortir des limites de la discussion actuelle, il est facile de voir que telles mesures, que le déboisement des provinces méridionales rend nécessaires, sont inutiles, peuvent même être nuisibles dans des provinces qui possèdent encore de vastes forêts. Mais cet inconvénient devient plus grave encore, lorsqu'il s'agit d'appliquer à une province des prohibitions qui n'y ont jamais été établies, des lois antérieures à leur réunion à la France, et de remettre ainsi en question des droits deux fois confirmés par des traités solennels.

» Le noble pair désire que des explications positives, et, s'il est possible, même une disposition expresse, insérée dans l'ordonnance d'exécution, vienne rassurer les concessionnaires contre les craintes qu'a fait naître la rigueur et la généralité des principes posés dans le projet de loi.

» Le ministre d'Etat, commissaire du Roi, obtient la parole. Il ajoutera peu de chose à ce qui a été dit par le noble rapporteur; mais il est de son devoir de répondre aux demandes d'explications qui viennent d'être faites. Lorsqu'il s'est agi de rédiger le projet de Code forestier, ceux qui étaient chargés de ce travail ont eu à discuter, et ont discuté avec soin, la question de savoir si la loi devait s'occuper des affectations, ou laisser à la jurisprudence le soin de décider les questions auxquelles elles pouvaient donner lieu. Le parti le plus facile et le plus commode était sans doute de s'abstenir d'en parler; mais il a semblé plus juste et plus régulier que la loi posât les principes dans une matière qui, de tout temps, avait été réglée par la législation générale. Il fut donc arrêté que le projet contiendrait une disposition générale sur les affectations. Cette décision une fois prise, comment devaient procéder les rédacteurs du projet? il leur était impossible de ne pas reconnaître quel était à cet égard l'état de la législation, et quelles conséquences devaient en résulter. Ils ne crurent pas pouvoir se dispenser de dire que toutes les lois anciennes avaient dû être respectées, et que tous les actes contraires à ces lois devaient être annulés. Le projet primitif était à cet égard plus rigoureux que le projet actuel; il accordait aux affectations un délai double de celui que fixe l'art. 58; mais à l'expiration de ce délai, il les annulait toutes, sans aucune distinction. La cour de cassation a trouvé cette disposition trop sévère ; elle a dû penser que le Code ne devait contenir que des principes, mais que leur application aux diverses espèces appartenait plutôt à l'autorité judiciaire, et qu'il était possible que certains titres de concession, ne se trouvant pas atteints par les lois prohibitives, dussent être déclarés irrévocables. Le gouvernement s'est déterminé à modifier en ce point le projet originaire. On s'est borné à déclarer en principe que les affectations établies en contravention aux lois prohibitives cesseraient après un délai de faveur de dix années ; mais ensuite on a prévu le cas où le titre de concession devrait être maintenu pour un temps plus long ou illimité, soit parce qu'il aurait été ainsi décidé pas des arrêts, ayant le caractère de la chose jugée, soit parce que la concession serait antérieure aux lois prohibitives ou à leur mise en vigueur dans la province, soit pour toute autre cause que les tribunaux apprécieront dans chaque espèce. Tel a été le système du projet, et il semble qu'il se justifie par lui-même. Cependant on a attaqué le principe même, et l'on a dit que les affectations n'étaient pas prohibées parce qu'elles ne présentaient pas le caractère d'aliénation : mais, de quelque manière qu'on les envisage, elles rentrent dans les prohibitions expresses des ordonnances. Si, en effet, à raison du caractère de perpétuité qui, aux termes mêmes des contrats, appartient à plusieurs d'entre elles, on les considère comme des aliénations, elles rentrent dans les dispositions de l'ordonnance de 1566, qui prohibe toute aliénation, non-seulement du fonds, *mais même des fruits*. Si, au contraire, on les regarde comme une simple concession de chauffage, elles sont également proscrites par l'ordonnance de 1669, qui interdit, à l'avenir, tout don ou attribution de chauffage dans les forêts de l'Etat.

» Dans cet état, que pouvait-on faire, sinon de poser le principe, en réservant aux tribunaux le droit de prononcer sur les exceptions auxquelles les concessionnaires prétendraient avoir droit. On reproche au projet de provoquer des contestations ; mais il serait plus exact de dire, au contraire, qu'il termine un grand nombre de litiges déjà pendans depuis long-temps au conseil d'Etat, et qui n'ont été suspendus que par l'attente du projet actuel. On a insisté surtout sur la nécessité de respecter la chose jugée : évidemment ceux qui auraient à invoquer cette exception péremptoire ne sauraient être troublés dans leur possession ; mais ce n'est pas dans la loi, ni même dans une ordonnance, que ce cas doit être prévu, et c'est encore aux tribunaux qu'il appartient, en cas de contestation, de reconnaître si les décisions invoquées présentent un caractère définitif.

» Aucune proposition d'amendement n'a été faite. » (*Moniteur* du 21 mai 1827, pag. 827.)

Comme on le voit, on n'a été d'accord, ni à la chambre des pairs, ni à celle des députés, sur la nature des concessions dites *affectations*. Constituaient-elles des aliénations du domaine de l'Etat, ainsi que l'ont établi le commissaire du Roi, en exposant les motifs dans les deux chambres, le rapporteur de la chambre des pairs et M. Avoyer de Chantereine à la chambre des députés; ou doivent-elles être considérées comme une espèce de droit d'usage, suivant l'opinion de la commission de la cour de cassation, de la commission de la chambre des députés et de MM. le comte d'Argout et le baron Pasquier, à la chambre des pairs, le baron Saladin, à la chambre des députés? Nous ne discuterons pas cette grave question, qu'il appartient à la jurisprudence de décider, et dont la solution peut dépendre de l'époque à laquelle les concessions ont eu lieu, des droits de celui qui les a faites, des actes qui les ont établies, de la partie du royaume où elles existent. Ainsi qu'on l'a plusieurs fois dit dans le cours de la discussion et que l'a répété, à la chambre des pairs, M. de Martignac, commissaire du Roi : « Toute latitude est laissée aux tribunaux en cette matière comme en celle du droit d'usage ; la seule règle que la loi leur prescrive, et que la conscience des juges leur aurait dictée, alors même qu'elle n'eut pas été écrite, est de se conformer aux lois. (*Moniteur* du 18 mai 1827, pag. 800)

Voyez, au surplus, lettres qui révoquent et annullent les aliénations du domaine de la couronne, du 9 septembre 1461, et les notes, dans le Recueil général des anciennes lois françaises, par *Isambert*, t. 10, pag. 386; ordonn. de Moulins de 1566; ordonn. de Blois de 1570; ordonn. de 1669, tit. XX, XXII, XXVII, art. 1er; décret des 18-26 mars 1790, art. 1er, 3 et 7; lois des 15-29 septembre 1791, tit. Ier, art. 2, et tit. X; lois des 28 août-14 septembre 1792, 11-21 pluviôse an XII, 12 mars 1820, titre II.

Voyez aussi l'ordonnance réglementaire, articles 109, 110, 111.

(2) *Droits irrévocables* ne veulent pas dire droits perpétuels, comme le pensait M. Hyde de Neuville. Un titre irrévocable, ainsi que l'a dit M. Pardessus, est celui qui n'est entaché d'aucun vice qui puisse le rendre nul et conserver à l'État le droit de reprendre la chose. Ce titre sera irrévocable, s'il est jugé qu'il a été fait conformément aux lois. Il sera, au contraire, déclaré révocable, s'il est

reconnu qu'il n'est pas fait dans les formes légales. (*Moniteur* du 26 mars 1827, p. 458.)

(3) Il est nécessaire que les parties, avant de former leur demande, remettent un mémoire au préfet, et déposent, au secrétariat de la préfecture du département, sous récépissé, les titres et pièces à l'appui. Il est fait mention de ce dépôt sur un registre tenu à cet effet. Le préfet doit donner son avis dans le mois, à compter du jour de la remise ; sinon, à l'expiration de ce délai, il est permis aux parties de se pourvoir devant les tribunaux. Cette disposition, qui résulte des lois des 28 octobre - 5 novembre 1790, tit. III, art. 15, 17 février 1800 (28 pluviôse an VIII), tit. II, art. 3, et de l'avis du conseil d'Etat du 28 août 1823, a été considérée comme utile à toutes les parties, en ce qu'elle a pour objet de prévenir le procès et de le concilier s'il est possible.

L'Etat, lorsqu'il s'agit de domaines et droits domaniaux, doit être assigné en la personne ou au domicile du préfet du département où siége le tribunal devant lequel sera portée la demande en première instance. (Code de procédure civile, art. 69.)

Si c'est une commune qui veut intenter l'action, il faut que préalablement elle demande l'avis du conseil municipal, et obtienne l'autorisation * du conseil de préfecture. (Décret du 14 décembre 1789, art. 54 et 56 ; loi du 29 vendémiaire an V, art. 3 ; loi du 28 pluviôse an VIII, art. 4.

Le conseil de préfecture examine s'il existe, en faveur de la commune, une apparence de droit suffisant pour que l'autorisation de plaider puisse lui être accordée, et n'est aucunement lié, dans sa décision, par l'avis du conseil municipal de la commune. C'est ce qui résulte de la disposition de l'art. 3 de la loi du 29 vendémiaire an V, et l'avis adopté par le comité de l'intérieur du conseil d'Etat. (V. *Cormenin*, 3ᵉ édit., pag. 326.)

En cas de refus, la commune peut se pourvoir au conseil d'Etat, qui confirme ou annule l'arrêté, après avoir pris l'avis de trois jurisconsultes choisis dans le ressort de la cour royale où l'instance doit être engagée et désignés par le ministre de la justice. (Décrets des 7 février 1809, 15 mai et 13 juillet 1813 ; ordonnances du Roi des 25 février, 3 juin 1818, 8 mai 1822, 28 juillet 1824, 26 octobre, 28 décembre 1825, 24 janvier 1827. V. MM. *Favard de*

---

* Le principe de l'autorisation à laquelle les communes ont été assujetties, soit pour demander, soit pour se défendre devant les tribunaux, avait été consacré, avant la révolution, par un édit de 1683, une déclaration du 8 octobre 1703, un édit d'août 1764, art. 43, 44, un arrêt du conseil du 8 août 1783.

Langlade, Répert. de légis., *Cormenin*, Quest. de droit admin.; *Dalloz*, Collection gén. et année 1827. 3. 22.)

Le défaut d'autorisation serait une cause de nullité absolue des procédures et jugemens, ainsi que la cour de cassation l'a décidé dans un nombre infini d'arrêts. « Il n'est même, dit M. Dalloz, jurisp. gén. du roy., v° *Communes*, sect. III, p. 18, aucun point de jurisprudence sur lequel il existe une plus grande quantité de monumens. Mais, à cet égard, ajoute-t-il, la doctrine des auteurs est loin d'être en harmonie avec la jurisprudence. » (V. les arrêts et les auteurs qu'il cite, *ubi suprà*; et M. *de Cormenin*, Quest. de droit admin., 3e édit., pag. 336.)

Si l'arrêté du conseil de préfecture porte expressément ou implicitement qu'en cas de non succès la commune est autorisée à parcourir tous les degrés de juridiction, l'autorisation est suffisante pour plaider sur l'appel et il serait inutile d'en obtenir une nouvelle.

Si cet arrêté ne parle pas de l'appel, la commune n'a besoin d'une nouvelle autorisation que dans le cas seulement où elle perd son procès (arr. cass. 2 mars 1815, 28 janvier 1824, *Cormenin*, ibid., p. 325); mais elle peut d'avance signifier qu'elle appelle du jugement, parce qu'un tel acte est essentiellement conservatoire ; seulement, pour suivre légalement sur cet appel, elle devra rapporter l'autorisation. (Arr. cass. 28 brumaire an XIV et 7 décembre 1819; *Cormenin*, ibid., pag. 326.)

Lorsque l'autorisation de plaider est accordée par le conseil d'Etat, elle embrasse tous les degrés de juridiction. (Ord. du Roi du 26 mars 1823.)

A l'égard du recours en cassation, une commune, suffisamment autorisée pour plaider en première instance et en cause d'appel, n'a pas besoin d'une nouvelle autorisation pour se pourvoir contre un arrêt qui a rejeté sa prétention. (Edit du mois d'août 1764, art. 44; arrêts de la cour de cassation du 1er floréal an IX, 4 thermidor an XI, 12 septembre 1809, rapportés par M. le baron *Favard de Langlade*, Répert. de la nouv. législ., v° *Communes*, sect. III, § 5; ord. du 16 février 1826, *Cormenin*, pag. 329; ord. du 1er novembre 1826, *Dalloz*. 27. 3. 25.)

Cette nécessité d'une autorisation préalable de plaider pour les communes, a donné lieu, de la part de M. le comte d'Argout, aux observations suivantes qui sont restées sans réponse : « Les communes se trouveront obligées de demander l'autorisation précisément à leur partie adverse ; et, si le gouvernement refusait cette autorisation, la commune retomberait dans la déchéance faute de pouvoir plaider. Sans doute le gouvernement ne la refusera pas; mais plus il voudra être juste, équitable, favorable même aux communes, plus il se trouvera embarrassé. En effet, avant le litige devant les tribunaux, la reconnaissance des titres doit être faite par l'administration. Si elle les juge fondés, alors point de procès. Le gouvernement n'hésitera pas à reconnaître pour bons tous les titres valables; dans le doute, il fera même pencher la balance en faveur des communes; il ne rejettera donc que les prétentions tout-à-fait mal fondées : alors il faudra donc que contre sa conscience, sa conviction, il accorde aux communes dont il est le tuteur la permission d'intenter un procès qui ne peut tourner qu'à leur détriment. S'il refuse, il est responsable devant les tribunaux. Dans cet état, ne serait-il pas à désirer qu'une disposition réglementaire accordât en pareil cas aux communes le droit de plaider sans autorisation du gouvernement. » (*Moniteur* du 17 mai 1827, pag. 794.)

Les actions ne peuvent être exercées, au nom des communes, que par les maires ou leurs adjoints. (Lois des 29 vendém. an V, art. 1er, et 28 pluviôse an VIII, art. 13; ord. du Roi du 6 septembre 1826, *Dalloz*, 1827. 3. 24.)

S'il arrivait que le maire se refusât à convoquer le conseil municipal et à intenter un procès qui serait dans l'intérêt de la commune qu'il est chargé de représenter, les habitans pourraient s'adresser à l'autorité supérieure, c'est-à-dire, au sous-préfet, au préfet et même au ministre de l'intérieur, qui lui ferait les injonctions convenables. Ce fonctionnaire serait alors forcé d'obtempérer aux instructions qui lui seraient adressées, parce qu'autrement il s'exposerait à une destitution.

Lorsque c'est l'administration des forêts qui veut intenter l'action, et lorsqu'elle est obligée de défendre à une demande dirigée contre elle, la marche, qui d'ailleurs est relativement à la manière de procéder devant les tribunaux la même que celle suivie dans tous les cas où toute autre administration a un procès, est indiquée dans les décisions ministérielles des 16 mai 1821 et 13 septembre 1822, rapportées par M. *Baudrillard*, Recueil des règlemens forestiers, t. 2, pag. 915, tom., 3, pag. 87, et notes sur l'art. 9 du Code forestier.

(4) La remise et l'enregistrement, au secrétariat de la préfecture, du mémoire adressé au préfet et des pièces justificatives, interrompt la prescription, aux termes de l'article 15, titre 3, de la loi du 28 octobre-5 novembre 1789 précitée; mais cela n'empêcherait pas la déchéance qui a pour base l'intérêt public. Les parties doivent, pour conserver leurs droits, se pourvoir devant les tribunaux, dans l'année.

(5) « Quoique le cantonnement n'ait jamais été appliqué

qu'aux droits d'usage et que nous soyons loin de reconnaître des usages dans les affectations, nous n'avons trouvé aucun motif de repousser une faculté qui peut avoir des avantages et qui n'offre aucun inconvénient, » a dit M. de Martignac, dans l'exposé des motifs, à la chambre des pairs. (*Moniteur,* séance du 11 avril 1827.)

Le cantonnement dont il est ici question doit être réglé par d'autres bases que celui dont il s'agit dans l'article 63. En effet, le concessionnaire ne peut tirer aucun profit de la valeur du sol, et comme le cantonnement n'a d'autre objet que de l'indemniser, il serait évidemment injuste de supputer dans son indemnité, la valeur inerte du fonds. La règle à suivre, en ce cas, sera donc de délivrer une superficie telle qu'elle produise des revenus égaux à la valeur des bois dont l'État doit la délivrance.

ART. 59.

Les affectations faites pour le service d'une usine cesseront en entier, de plein droit et sans retour, si le roulement de l'usine est arrêté pendant deux années consécutives, sauf les cas d'une force majeure dûment constatée.

Les affectations cessant de plein droit, dans le cas prévu par cet article, il s'ensuit que les concessionnaires n'auraient point à se prévaloir de l'art. 1184 du Code civil.

ART. 60.

A l'avenir, il ne sera fait dans les bois de l'État aucune affectation ou concession de la nature de celles dont il est question dans les deux articles précédens.

SECTION VIII.

Des Droits d'usage dans les Bois de l'État.

ART. 61.

Ne seront admis à exercer un droit d'usage quelonque dans les bois de l'État, que ceux dont les droits auront été, au jour de la promulgation de la présente loi, reconnus fondés, soit par des actes du gouvernement, soit par des jugemens ou arrêts définitifs, ou seront reconnus tels par suite d'instances administratives ou judiciaires actuellement engagées, ou qui seraient intentées devant les tribunaux dans le délai de deux ans, à dater du jour de la promulgation de la présente loi, par des usagers actuellement en jouissance.

On lisait dans le premier projet communiqué aux conseils-généraux et aux cours, que ceux-là seuls seraient admis à l'exercice de droits d'usage, *qui, au jour de la promulgation de la loi, seraient en possession en vertu de titres reconnus valables par l'administration.* Cette disposition limitative, et qui semblait écarter les décisions judiciaires auxquelles l'administration n'aurait pas acquiescé, excita de nombreuses réclamations, par suite desquelles on changea la rédaction de l'article.

Le projet de loi soumis à la chambre des députés, après ces mots : *instances administratives ou judiciaires actuellement engagées,* portait : *lesquelles seront jugées conformément aux dispositions de l'ordonnance de 1669, et des lois des 19 mars 1803 et 5 mars 1804.*

En harmonie avec la législation existante, l'art. 61, ainsi rédigé, avait pour but de maintenir les droits des usagers actuellement reconnus et acquis ; et quant aux droits au sujet desquels des instances administratives ou judiciaires étaient engagées, il en prononçait implicitement la déchéance, en décidant qu'elles seraient jugées conformément à l'ordonnance de 1669, et aux lois du 19 mars 1803 et du 5 mars 1814. En effet, voici ce que porte la loi du 19 mars 1803 (28 ventôse an XI), art. 1er : « Les communes ou particuliers qui se prétendront fon-
» dés par titres ou possession, en droits de pâturage,
» pacage, chauffage et autres usages de bois, tant pour
» bâtimens que pour réparations, dans les forêts natio-
» nales, seront tenus, dans les six mois qui suivront la
» publication de la présente loi, de produire, sous récé-
» pissé, aux secrétariats des préfectures et sous-préfec-
» tures dans l'arrondissement desquelles les forêts pré-
» tendues grevées desdits droits se trouveront situées,
» les titres ou actes possessoires dont ils infèrent l'exis-
» tence ; sinon, et ce délai passé, défenses leur sont
» faites d'en continuer l'exercice, à peine d'être poursui-
» vis et punis comme délinquans. » La loi du 5 mars
1804, après avoir prorogé de six mois le délai déjà accordé, ajoute, art. 3 : « Les prétendans droits d'usage qui n'au-

» ront point satisfait aux dispositions de la loi du 28 ven-
» tôse an XI, dans les délais ci-dessus fixés, seront dé-
» clarés irrévocablement déchus de tous droits. »

La commission de la chambre des députés, pensant
qu'il ne fallait pas enchaîner les tribunaux, en les obligeant à prononcer d'après telle ou telle loi, et qu'il valait mieux au contraire leur laisser la liberté de se déterminer d'après toutes les lois applicables à la matière, et
par les considérations qu'ils croiraient devoir accueillir,
proposa, par l'organe de son rapporteur, la suppression
de la fin de l'article à partir de ces mots : *lesquelles seront jugées*, etc.

« Les lois dont nous vous proposons de supprimer l'indication ne conservent pas moins tout leur effet, continue le rapporteur; mais la commission a pensé qu'il serait trop sévère de laisser peser la déchéance qu'elles
prononcent sur les usagers que le gouvernement n'a point
troublés dans l'exercice de leurs droits, et qui en ont
encore la jouissance paisible. Il est juste et convenable
de les relever de cette déchéance, et de les autoriser,
par une prorogation de délai, à intenter toute action utile
à la conservation de leurs intérêts. Par ces motifs, la
commission vous propose d'ajouter après les mots, *actuellement engagées*, ceux-ci : *ou qui seraient intentées
devant les tribunaux dans le délai de deux ans, à dater
du jour de la promulgation de la présente loi, par des
usagers actuellement en jouissance.* » (*Moniteur* du 13
mars 1827, 1er supplément.)

De l'art. 61 tel qu'il a été adopté résultent les conséquences suivantes :

1°. Il n'y a aucune différence à faire entre les prétentions des communes et des particuliers à des droits d'u-
sage dans les bois de l'Etat; la loi est générale, et se
réfère d'ailleurs implicitement à celles des 19 mars 1803
et 5 mars 1804 qui comprennent les communes et les
particuliers.

2°. Les droits reconnus fondés au jour de la promulgation de la présente loi, soit par des actes du gouvernement, tels que des décisions des conseils de préfecture approuvés par le ministre des finances, soit par des
jugemens ou arrêts définitifs, doivent être maintenus,
quand même, de fait, ces droits n'auraient été concédés
qu'en contravention aux ordonnances, même à celle de
1669. L'art. 11 du tit. XX porte, il est vrai : « Ne sera
» fait à l'avenir aucun don ni attribution de chauffage,
» pour quelque cause que ce soit ; et si, par importunité
» ou autrement, aucunes lettres ou brevets en avaient
» été accordés ou expédiés, défendons à nos cours de

» parlement, chambres des comptes, grands-maîtres et of-
» ficiers d'y avoir égard. » Mais, du moment que les
droits quelconques des usagers ont été reconnus fondés,
il y a en leur faveur chose irrévocablement jugée, et rien
ne peut prévaloir contre ce principe.

3°. Si les titres ou actes possessoires dont les usagers
infèrent l'existence n'ont pas été produits dans les délais
fixés par les lois des 19 mars 1803 et 5 mars 1804, et si
au jour de la promulgation du nouveau Code les usagers
n'étaient pas en possession ou jouissance, il y a eu déchéance encourue par eux, en vertu des lois citées de
1803 et 1804, et confirmation dans cette déchéance, aux
termes de l'art. 61 du Code forestier; il n'y a donc plus
à leur égard à juger le fond du droit; il reste seulement
à prononcer la déchéance encourue.

4°. Quant aux usagers qui sont en instance administrative ou judiciaire, sans distinction de ceux qui ont
produit leurs titres, ni des époques où ils ont fait cette
production, le nouveau Code les relève de déchéance; il
relève de même ceux qui n'ont pas encore réclamé, mais
qui, sans être troublés par le gouvernement dans l'exercice de leurs droits, en ont conservé jusqu'à ce jour la
jouissance paisible, et il leur accorde encore deux années
pour faire reconnaître la légitimité et l'étendue des droits
qu'ils réclament. Mais ces usagers continuent de rester
sous l'empire de la législation antérieure au Code forestier : par conséquent, ceux dont les titres ne reposent que
sur l'abus ou l'usurpation courent la chance de les voir
annuler.

Les conséquences ci-dessus déduites de l'art. 61 s'appliquent aux usages dans les bois, confisqués sur les
émigrés, réunis au domaine de l'État et rendus en vertu
de la loi du 5 décembre 1814. En effet, lors de la promulgation de cette loi, le domaine de l'État se trouvait
propriétaire légal et irrévocable des bois qui avaient été
confisqués sur les émigrés et qui n'avaient été ni vendus
ni aliénés par suite des lois sur l'émigration. La loi du
5 décembre a bien fait cesser, du moment où elle a été
publiée, tous les effets de la confiscation sur ces mêmes
bois, mais elle ne les a pas abolis pour le passé de manière à faire considérer ces bois comme n'étant jamais
sortis des mains des anciens propriétaires. Il suit de là
que les usagers qui se prétendaient fondés à exercer des
droits d'usage quelconques sur les bois d'émigrés réunis
au domaine, étaient tenus, conformément aux lois des
19 mars 1803, et 5 mars 1804, de produire, sous peine de
déchéance, leurs titres dans les délais fixés. Le défaut
de production a donc eu pour résultat d'affranchir, dans

les mains du gouvernement, les bois en question des droits d'usage dont ils pouvaient être grevés, et de faire encourir la déchéance aux usagers. Si en 1814, non point à titre de restitution, mais par une libéralité pure, il a plu au gouvernement de rendre en nature aux héritiers ou ayant-cause des émigrés les biens-immeubles confisqués et invendus, il est évident que les bois ont été rendus tels que l'Etat les avait, c'est-à-dire, libres de droits d'usage, dans le cas où les usagers n'avaient pas exécuté les lois des 19 mars 1803 et 5 mars 1804. Aujourd'hui donc, si des usagers, déchus faute d'avoir produit dans le délai fatal, pendant que la confiscation avait rendu l'Etat propriétaire, prétendaient faire revivre leurs droits d'usage contre l'émigré réintégré dans la propriété, celui-ci serait fondé à opposer la déchéance encourue. Succédant à l'Etat dans l'intérêt duquel elle était acquise, l'émigré doit nécessairement en profiter. Dans un arrêt du 6 avril 1826 (*Gazette des Tribunaux*, n° 495), la cour royale de Bourges a entièrement méconnu ces principes, qui sont dans la loi et qui résultent de la jurisprudence de la cour de cassation. Voy. deux arr. des 25 janvier 1819 et 9 mai 1821, rapportés par M. *Favard de Langlade*, dans son Répert. de la nouvelle législation, v° *Emigrés*, § 1er; et M. *Duranton*, Cours de droit français, tom. V, page 107.

Par suite de la loi du 19 mars 1803, qui ne s'était pas expliquée sur l'autorité chargée de l'examen des titres produits par les usagers, les conseils de préfecture, qui n'étaient cependant à cet égard investis d'aucun droit de juridiction, ont statué sur un grand nombre de droits d'usage, et leurs décisions ont été approuvées par le ministre des finances. D'après l'article 61 du Code forestier, il ne peut plus y avoir de doute que les instances relatives à des droits d'usage, qui seraient actuellement engagées devant les autorités administratives, ne doivent être renvoyées par elles devant les tribunaux, seuls compétens pour statuer.

Avant d'entamer une instance judiciaire relative à des droits d'usage dans les bois de l'Etat, l'usager doit au préalable se pourvoir par simple mémoire adressé au préfet, qui émet son avis (V. ci-dessus les notes sur l'article 58, pag. 67). Les usagers ont le plus grand intérêt à présenter le mémoire et à faire le dépôt avec assez de diligence pour que l'instance judiciaire soit intentée avant le délai fatal de deux ans; s'il était dépassé, il ne resterait au tribunal qu'à prononcer la déchéance.

ART. 62.

Il ne sera plus fait, à l'avenir, dans les forêts de l'État, aucune concession de droits d'usage, de quelque nature et sous quelque prétexte que ce puisse être.

Cette mesure est renouvelée de l'ordonnance de 1669, tit. XX, art. II. Mais on sait que l'ordonnance n'a pas, sous ce rapport, été exécutée avec rigueur.

ART. 63.

Le gouvernement pourra affranchir les forêts de l'État de tout droit d'usage en bois, moyennant un cantonnement qui sera réglé de gré à gré, et, en cas de contestation, par les tribunaux.

L'action en affranchissement d'usage par voie de cantonnement n'appartiendra qu'au gouvernement et non aux usagers.

On admettait très-anciennement un moyen de réduire l'étendue, non pas du droit d'usage en lui-même, mais du territoire sur lequel il s'exerçait, afin d'en débarrasser le surplus de la forêt; c'est ce que l'on appelait *règlement d'usages, aménagement*. Ce mode n'attribuait aucun droit de propriété à l'usager sur le sol de la circonscription qui lui était assignée.

Le règlement d'usages consiste dans la fixation des besoins annuels de l'usager, afin qu'il reçoive du propriétaire, et ne s'attribue pas par ses propres mains, la délivrance de ce qu'il a droit de prétendre.

Par *l'aménagement*, le fonds sur lequel s'exercent les droits est restreint à l'étendue nécessaire aux besoins des usagers. Le propriétaire fait l'abandon d'une partie suffisante de la superficie de la forêt, à la condition que les usagers y renfermeront l'exercice de leurs droits d'usagers et ne pourront à l'avenir rien exiger sur le surplus.

A la séance de la chambre des députés du 22 mars, il a été demandé des explications sur la position dans laquelle la loi nouvelle allait mettre les usagers, dont les droits régulièrement reconnus par l'Etat se trouvent soumis au régime de l'*aménagement*. On voulait savoir jusqu'à quel point le gouvernement pouvait encore exercer contre eux l'action en cantonnement. Il a été répondu

par le commissaire du Roi, que sans aucun doute les arrêts rendus en faveur des usagers dont il s'agit devraient
être exécutés, et que, d'après l'art. 61 et l'art. 218, leurs
droits étaient à l'abri de toute contestation. Le député
qui avait mis en avant la question a pensé, d'après cette
explication, que les usagers, dans l'intérêt desquels ils
avaient parlé, se trouvaient à l'abri de l'action en cantonnement. (*Moniteur* du 25 mars 1827, pag. 452.) Cependant,
la réponse évasive qu'il a reçue n'a nullement levé la difficulté. Les actes, jugemens ou arrêts dont parle l'art. 61,
ne font qu'établir le droit à l'exercice d'un usage, et rien
de plus. Quel que soit le mode de cet exercice, il ne préjudicie en rien au droit que, par l'art. 63, le gouvernement s'est expressément réservé de pouvoir, si bon lui
semble, affranchir les forêts de l'Etat de tout droit d'usage
en bois, moyennant un cantonnement. L'action en affranchissement d'usage par voie de cantonnement subsiste
donc, aussi-bien contre les usagers soumis au régime de
l'*aménagement* que contre tous autres. Les arrêts recogni-
tifs et les titres dont le commissaire du Roi assurait l'exécution en faveur de ces usagers, ne peuvent avoir d'influence dans la question que comme base du cantonnement; ils serviront à en déterminer la valeur et l'étendue,
et nullement à empêcher le gouvernement d'user de son
action pour affranchir les forêts de l'Etat par cette voie.

Le *cantonnement* est l'abandon que fait le propriétaire
d'une partie de la propriété de ses bois, à des usagers,
pour leur tenir lieu du droit d'usage qu'ils avaient sur le
tout. Le cantonnement participe tout à la fois du rachat
et du partage, et renferme par conséquent une aliénation
à titre commutatif. Admis dans des vues politiques et supérieures, il s'est introduit dans la jurisprudence, depuis
cent cinquante ans, et a été spécialement autorisé par la
loi du 19 septembre 1790, qui déclare, art. 8, « qu'il n'est
nullement préjudicié, par l'abolition du triage (c'est le
tiers que le seigneur mettait en réserve dans les bois situés dans l'étendue de sa seigneurie, et sur lequel s'exer-
çaient ses droits de seigneur), *aux actions en cantonnement*, de la part des propriétaires, contre les usagers *de
bois*, prés, marais et terrains vains et vagues, lesquelles
continueront d'être exercées comme ci-devant dans les
cas de droit, et seront portées aux tribunaux de district. »

Avant comme après la publication de cette loi, le cantonnement n'était accordé que sur la demande du propriétaire. L'innovation apportée par la loi du 28 août
1792 ne s'explique que par les circonstances et le temps
où cette loi fût rendue. Elle disposait : « Conformément
à l'art. 8 du décret du 19 septembre 1790, les actions en

cantonnement continueront d'avoir lieu dans les cas de droit, et le cantonnement pourra être demandé, tant par les usagers que par les propriétaires. »

Le Code forestier a exclu la réciprocité du cantonnement, par les principes de la législation sur la libération et les servitudes : désormais, l'action en cantonnement n'appartient plus aux usagers.

« Si, comme on n'en saurait douter, a dit le rapporteur de la commission de la chambre des députés, l'usage, ou, en d'autres termes, le droit de prendre une portion des fruits de la propriété d'autrui n'est qu'une servitude, celui qui en subit la charge doit être seul admis à s'en plaindre, et à en rendre l'exercice moins nuisible à son héritage.

» Le cantonnement, d'ailleurs, expose le propriétaire à diviser sa propriété, et à l'aliéner en partie : lui imposer le cantonnement, le forcer à le subir, ce serait le contraindre à morceler son immeuble et à en vendre une portion. Or, les principes généraux du droit ne s'opposent-ils pas à une telle doctrine ? N'est-il pas certain que nul ne peut être dépouillé malgré lui de sa propriété, hors le cas d'utilité publique ; et ce qui est vrai en thèse générale, ne l'est-il pas davantage encore en ce qui concerne le domaine de l'Etat ? Voudriez-vous que les usagers vinssent, selon leurs caprices, démembrer les forêts nationales ? La commission ne l'a pas supposé ; elle a pensé que l'action en cantonnement devait être réservée à l'Etat. » (*Moniteur* du 13 mars 1827, 1er supp.)

« Cette disposition, a dit le rapporteur de la commission de la chambre des pairs, est conforme à ce qui avait toujours été admis. Elle est conforme à la nature du droit d'usage qui n'est qu'un droit de servitude, et à celle du cantonnement qui n'est qu'un acte de rachat destiné à opérer la libération du fonds : c'est pour cela que les tribunaux n'admettaient jamais l'action en cantonnement qu'autant qu'elle était intentée par le propriétaire pour l'affranchissement de son fonds ; les usagers n'étaient pas reçus à le proposer, parce qu'il n'y a que celui qui est copropriétaire d'un fonds qui puisse en exiger le partage pour en avoir à lui seul une portion. Que deviendraient les forêts de l'Etat, si chaque usager pouvait avoir le droit d'en demander le partage et d'y venir prendre une part ? » (*Moniteur*, séance du 8 mai 1827.)

Le cantonnement est réglé de gré à gré, et, en cas de contestation, par les tribunaux. Le mode d'exécution de cette disposition est déterminé par les art. 112, 113, 114 et 115 de l'ord. réglem., rapportée ci-après.

S'il y avait des bases certaines pour asseoir le règlement du cantonnement, il serait fort rare que l'usager refusât de l'accepter, qu'il élevât des réclamations, soit sur l'évaluation de ses droits d'usage, soit sur l'assiette et la valeur du cantonnement, et que le règlement fût soumis aux tribunaux. Les auteurs (voy. MM. *Merlin*, Répert. de jurisp. , v° *Droit d'usage* et *Usage* ; *Proudhon*, Traité des droits de l'usufruit, etc. ; *Baudrillard*, Code forestier, 2ᵉ partie, pag. 97) s'accordent à dire qu'il n'existe pas de règles fixes pour établir le cantonnement, quoique généralement on ne l'évalue qu'au tiers du fonds grevé de l'usage. L'opération consiste à déterminer dans la forêt usagère un canton convenable à l'usager, et dont la valeur en fonds et superficie soit dans un rapport exact avec la valeur estimative du droit d'usage. Mais, la loi ne fixant pas la part à donner à l'usager dans les terrains soumis à l'usage, pour lui tenir lieu de son droit sur la totalité, il en résulte qu'à défaut de fixation des bases sur lesquelles le cantonnement doit être établi, elle s'en réfère aux tribunaux pour l'appréciation de son étendue. (Arr. cass. 22 mai 1827, *Dalloz*, Jurisp. génér. 27. 1. 249.)

Si l'usager refuse d'accepter le cantonnement, soit qu'il ne le trouve pas l'équivalent de son droit d'usage, ou qu'il ne soit pas en lieux proches et commodes, le préfet en réfère au ministre des finances, qui prescrit, s'il y a lieu, d'intenter action contre l'usager devant les tribunaux. Mais il ne faut pas oublier que la loi, en refusant à l'usager le droit de demander le cantonnement, lui refuse par conséquent le droit de conclure en justice au changement ou à l'augmentation du cantonnement proposé. Les tribunaux, en admettant de pareilles conclusions, violeraient les dispositions de l'art. 63 du Code forestier, et se replaceraient dans les termes de la loi du 28 août 1792. L'État ne doit pas le cantonnement ; il le propose : la question à juger est celle de savoir si l'offre est, ou non, acceptable. Dans le premier cas, les tribunaux déclarent par jugement le cantonnement suffisant et condamnent l'usager à l'accepter, avec défense de continuer l'exercice de ses droits d'usage sur le reste de la forêt ; dans le second cas, après avoir éclairé leur religion par les moyens de droit, les tribunaux déclarent l'offre insuffisante ; ce qui n'ôte point au gouvernement le droit de proposer dans la suite un autre cantonnement pour s'affranchir des mêmes droits d'usage.

ART. 64.

Quant aux autres droits d'usage quelconques et aux pâturages, panage et glandée dans les mêmes forêts, il ne pourront être convertis en cantonne—

ment; mais ils pourront être rachetés moyennant des indemnités qui seront réglées de gré à gré, ou, en cas de contestation, par les tribunaux.

Néanmoins le rachat ne pourra être requis par l'administration dans les lieux où l'exercice du droit de pâturage est devenu d'une absolue nécessité pour les habitans d'une ou de plusieurs communes. Si cette nécessité est contestée par l'administration forestière, les parties se pourvoiront devant le conseil de préfecture, qui, après une enquête *de commodo et incommodo*, statuera, sauf le recours au Conseil d'État.

L'article du projet de loi ne contenait que le 1er paragraphe, auquel la commission de la chambre des députés a même fait subir un changement de rédaction; elle a proposé le 2e paragraphe en entier.

Le Code, dans le § 1er de l'art. 64, renferme deux dispositions distinctes. Il interdit la conversion en cantonnement des droits de pâturage et autres de même nature; mais il autorise le rachat de ces mêmes droits, en étendant aux forêts de l'État un principe déjà existant, en faveur des particuliers, dans la loi du 28 septembre-6 octobre 1791, tit. 1er, sect. IV, art. 8. On procède conformément à l'art. 116 de l'ordonnance d'exécution.

Mais sur quelles bases reposera le jugement des tribunaux? Se régleront-ils d'après le préjudice que le pâturage fait au bois qui en est grevé, ou sur l'avantage qu'il procure à la commune qui en jouit? « Le mieux, dit M. le président Henrion de Pansey, *Du Régime des bois communaux selon le nouveau Code forestier*, page 40, serait de combiner ces deux modes d'appréciation, de les modifier l'un par l'autre, et d'en faire sortir un prix moyen. Au surplus, ces sortes d'évaluations étant toujours et nécessairement subordonnées aux localités, le législateur ne pouvait que s'en rapporter à la prudence des juges, et leur donner, à cet égard, un pouvoir discrétionnaire. »

— A la chambre des députés, l'amendement de la commission, qui tendait à renvoyer au conseil de préfecture la décision des contestations sur la nécessité de maintenir le pâturage, fit naître une vive discussion.

M. Sébastiani proposa d'y substituer le recours aux tribunaux, parce qu'il s'agissait d'une véritable question de propriété. M. Bourdeau soutint la même opinion, qui fut combattue par le rapporteur de la commission, par M. de

Martignac, commissaire du Roi, et M. de Kergariou. Cependant la question parut assez grave pour que le commissaire du Roi crût devoir demander le renvoi à la commission, afin de coordonner l'art. 64 avec les art. 120 et 121, qui présenteraient une anomalie avec la nouvelle disposition proposée par la commission. Le renvoi fut prononcé. (*Moniteur* du 25 mars 1827, Supp., p. 453 et 454.)

A la séance suivante, M. Favard de Langlade, rapporteur, a été entendu. « Nous avions pensé, a-t-il dit, que la question de savoir si le droit de pâturage dont des communes jouissent dans les forêts était d'une nécessité absolue, étant un fait à vérifier, il était à la fois plus économique et peut-être plus régulier de faire statuer sur ce point de fait par les conseils de préfecture. La chambre a renvoyé hier à la commission l'examen de la proposition faite de laisser aux tribunaux le soin de prononcer sur cette partie de la difficulté.

» La commission s'est empressée d'examiner cette proposition : la majorité a pensé qu'il ne pouvait y avoir deux juridictions différentes pour un fait identique ; et que le projet de loi, par l'art. 120, ayant attribué et dû attribuer à l'autorité judiciaire la connaissance du même fait, lorsque la contestation s'élève entre particuliers, il était d'une bonne législation de laisser à cette autorité la même attribution, lorsqu'une difficulté pareille s'élève entre l'Etat et des usagers. La commission a pensé, en outre, que la juridiction judiciaire étant la juridiction ordinaire du droit commun, et la juridiction administrative n'étant qu'exceptionnelle, il était plus convenable de rentrer dans le droit commun que d'étendre la juridiction exceptionnelle ; en conséquence, elle propose la nouvelle rédaction suivante :

« Néanmoins, le rachat ne pourra être requis par l'ad-
» ministration, dans les lieux où l'exercice du droit de
» pâturage est devenu d'une absolue nécessité pour les
» habitans d'une ou de plusieurs communes. Si cette né-
» cessité est contestée, les tribunaux prononceront sur
» la question préjudicielle. »

Cette proposition nouvelle fut appuyée par plusieurs orateurs et par le ministre des finances. « Voyons, disait-il, en répondant aux partisans de l'opinion contraire, s'il y a dans le renvoi proposé l'inconvénient de faire passer l'administration dans les tribunaux. Si ce reproche pouvait être fait, il s'appliquerait, selon moi, à la totalité de l'amendement : cet amendement n'était pas nécessaire ; je crois que l'on devait s'en rapporter au gouvernement, qui, pour le mince intérêt de se dégager d'un droit de pâturage, ne voudra jamais compromettre l'existence d'une commune, et lui demander une chose qui serait en opposition avec la nécessité absolue. Mais il y a là une question de gouvernement, et non une question d'administration. S'il y avait question d'administration, ce serait question d'administration contre question d'administration; car l'administration des forêts est celle qui demande, et l'administration communale est celle qui défend. Cependant, Messieurs, tout cela ne se résout-il pas en une véritable question de propriété? Et sous ce rapport, obligé que nous sommes par l'incident survenu à la suite de cet amendement, de prendre un parti entre la juridiction administrative et la juridiction ordinaire, je crois qu'il y aura plus d'ensemble dans la loi, plus de garantie, si nous adoptons l'amendement qui renvoie devant les tribunaux, que si nous nous jetons dans cette anomalie qui nous mènerait devant les conseils de préfecture.

» Mais j'avoue que l'embarras est très-grave, et qu'il est malheureux que dans l'intérêt de quelques localités on ait voulu chercher dans la loi une garantie qui se trouve dans l'intérêt premier du gouvernement. Car jamais le gouvernement ne peut vouloir blesser à mort des populations tout entières dans le seul but d'avoir une forêt qui sera mieux conservée quand il aura racheté un droit que quand ce droit subsistait. Mais si vous admettez l'amendement de la commission comme nécessaire, je suis disposé à penser qu'il vaut mieux prendre la juridiction des tribunaux que d'adopter celle du conseil d'Etat. J'ai donné mes motifs à la chambre. »

Le renvoi devant les tribunaux a, au contraire, été fortement combattu par MM. de Kergariou, Pavy, de l'Horme et Dudon.

« Peut-on nier, disait M. de Kergariou, que déterminer ce qui est d'utilité publique ne soit du domaine, je dirai plus, ne soit du devoir de l'administration ?.... Que les communes soient propriétaires comme tous autres, ce n'est pas moi qui le contesterai jamais; mais ce n'est plus d'une question de propriété dont il s'agit, c'est de l'utilité de conserver un droit d'usage ou d'en subir le rachat. Ce n'est pas tant de le conserver à raison de la valeur qu'il pourrait avoir pour un simple propriétaire qui jouirait d'un tel droit, puisque ce sont les tribunaux qui détermineront la valeur réelle de ce droit; mais il s'agit de déterminer si ce droit doit être conservé comme absolument nécessaire à l'existence et la prospérité d'une population considérable, et même comme nécessaire dans certains cas à la paix publique. Je le répète : je m'abuse étrangement, ou jamais il ne s'est présenté une question plus essentiellement, plus complétement, plus purement administrative.... Jusqu'à présent les chambres ont évité soigneusement de s'immiscer dans l'administration ; elles feraient chose pire, à mon avis, si elles donnaient à la magistrature ce qui appartient à l'administration.... L'article 120 ne complique nullement, selon moi, la question qui nous occupe. C'est l'administration qui juge dans tous les cas s'il y a lieu à expropriation pour cause d'utilité publique, et veuillez observer que la *nécessité absolue* à juger dans les circonstances prévues par les art. 64 et 120 appartient d'autant plus à l'administration que ces mots de *nécessité absolue* sont plus forts encore que ceux *d'utilité publique* ou *d'intérêt public*, consacrés dans nos Codes et dans notre pacte fondamental. Je demande donc le maintien de la première rédaction de l'amendement de la commission et je vote le rejet de la nouvelle. »

M. Dudon soutenant l'avis de M. de Kergariou, disait qu'il s'agissait d'une question analogue à celle d'expropriation pour cause d'utilité publique, sur laquelle l'administration seule pouvait légalement prononcer ; que la commission avait été bien inspirée en proposant, dans la première rédaction de son amendement, de renvoyer ces sortes de questions à l'administration ; qu'au surplus on n'examinait actuellement la question que dans ses rapports avec l'Etat, ce qui était bien différent de l'examiner dans ses rapports avec les intérêts privés. (Voyez *Moniteur* du 26 mars 1827, p. 456 et suiv.)

L'amendement de la commission consistant à renvoyer aux tribunaux le jugement des contestations sur l'absolue nécessité de maintenir l'exercice du pâturage a été rejeté après une double épreuve. La chambre a adopté l'amendement que la commission avait proposé en premier lieu. On verra plus tard que M. de Kergariou, qui avait dit que l'art. 120 ne compliquait pas la question, essaya, mais inutilement, par un amendement sur l'article 121, de faire admettre aussi le recours devant le conseil de préfecture, pour les contestations entre usagers et particuliers sur la nécessité de conserver un droit de pâturage.

— Dans l'exposé des motifs à la chambre des pairs, M. de Martignac, rendant compte de l'amendement de la chambre des députés sur l'article 64, dit « que plusieurs voix s'élevèrent pour désigner les tribunaux, mais que la chambre se détermina pour les conseils de préfecture, par des motifs faciles à indiquer. » Néanmoins, M. le comte Roy, dans son rapport, émit l'avis « que l'amendement n'était pas nécessaire ; qu'on ne pouvait supposer que le gouvernement, tuteur et administrateur suprême des communes, voulût jamais prescrire ou autoriser le rachat d'un droit dont l'exercice serait d'une indispensable nécessité pour une ou plusieurs communes; que, dans tous les cas, la reconnaissance d'un fait de cette nature, et les conséquences qu'elle devait entraîner, ne pouvaient donner lieu à une question contentieuse et de propriété dont la connaissance pût être attribuée aux conseils de préfecture; que si elle était une question de propriété, elle serait de la compétence des tribunaux; que les conseils de préfecture ne pouvaient être constitués juges des cas où le rachat, admis par des considérations d'intérêt général et d'un ordre supérieur, devrait recevoir des exceptions par des considérations d'intérêts particuliers; que de telles questions étaient d'abord des questions de haute administration; que, sous ce rapport, elles ne pouvaient être renvoyées qu'au gouvernement, qui avait d'ailleurs, par ses agens, tous les moyens de se procurer les renseignemens nécessaires pour pouvoir apprécier des demandes d'exception à un rachat qui n'était pas commandé par la loi et qui n'était que facultatif. »

Quoi qu'il en soit, l'Etat, d'après l'art. 64, les communes et les établissemens publics, d'après l'art. 112, et les particuliers, d'après l'article 120, ont le droit de racheter, moyennant indemnité, tous les droits d'usage autres que ceux en bois. Mais il est évident que les dispositions qui règlent la juridiction compétente pour décider si le pâturage est d'absolue nécessité ne sont pas d'accord entre elles, puisque, s'il s'agit d'un pâturage dans les bois de l'Etat ou des communes, les usagers devront se pourvoir au conseil de préfecture, tandis que s'il s'agit de pâturage dans les bois d'un particulier, ils devront se pourvoir devant les tribunaux.

— Un député remarquant que, d'après les termes du 2ᵉ paragraphe, l'exception résultant de l'absolue nécessité de l'exercice du droit d'usage ne s'appliquait qu'au pâturage, demanda qu'elle fût étendue à tous les droits d'usage indiqués au premier paragraphe, et proposa cette rédaction : « *Néanmoins, le rachat ne pourra être requis par l'administration, dans les lieux où l'exercice des droits relatifs au présent article est devenu d'une absolue nécessité pour les habitans d'une ou de plusieurs communes.* » (*Moniteur* du 26 mars 1827, pag. 456.) Cet amendement ayant été rejeté, il faut en conclure que, hors le cas où il s'agit d'exercer un droit de pâturage, une commune ne serait pas fondée à prétendre que l'exercice d'un droit de même nature, du panage, ou de la glandée, est d'absolue nécessité, et à refuser le rachat.

ART. 65.

Dans toutes les forêts de l'État qui ne seront point affranchies au moyen du cantonnement ou de l'indemnité, conformément aux articles 63 et 64 ci-dessus, l'exercice des droits d'usage pourra toujours être réduit par l'administration, suivant l'état et la possibilité des forêts, et n'aura lieu que conformément aux dispositions contenus aux articles suivans.

En cas de contestation sur la possibilité et l'état des forêts, il y aura lieu à recours au conseil de préfecture.

« C'est la première fois, dit M. le président Henrion de Pansey, *Du Régime des bois communaux selon le nouveau Code forestier*, pag. 34, que nous voyons cette faculté de détruire les droits des usagers érigée en loi; mais le principe n'est pas nouveau. Nous lisons dans des auteurs très-anciens que, dès le 14e siècle, toutes les fois que des droits d'usage dans une forêt absorbaient la totalité ou la presque totalité de ses produits, le propriétaire pouvait en demander la réduction, de manière, dit Faber, qui écrivait vers l'an 1340, que la propriété ne fût jamais un titre stérile : *in tantùm quod proprietas valeat.* »

Mais ni sous le régime des maîtrises, ni même depuis, on n'avait admis les usagers à contester les déclarations des agens forestiers. Le recours au conseil de préfecture introduit par l'article 65 du Code forestier, sur la proposition de la commission de la chambre des députés, est une innovation en faveur des usagers. L'administration ayant le droit de régler seule l'état et la possibilité des forêts et de faire subir aux droits d'usage les réductions qui en seraient la conséquence, on a pensé qu'un abus n'était pas impossible et qu'une garantie devenait nécessaire.

A la chambre des députés, on avait demandé que le recours eût lieu devant les tribunaux; mais la proposition n'a pas eu de suite. (*Moniteur* des 25 et 26 mars 1827, suppl. pag. 454, 455 et 459.)

Cependant le rapporteur de la commission de la chambre des pairs a observé que la connaissance des contestations relatives à la *possibilité* et *défensabilité* des forêts n'étant attribuée aux conseils de préfecture que parce que l'on considérait qu'il s'agissait de *droits de propriété,* il était évident qu'elle ne pouvait être renvoyée que devant les tribunaux ordinaires. « D'un autre côté, a-t-il ajouté, l'art. 121, relatif aux bois des particuliers, renvoie indistinctement devant les tribunaux les difficultés qui pourront s'élever entre le propriétaire et l'usager. Ces dispositions du projet de loi, sous les rapports sous lesquels nous les discutons en ce moment, ne sont donc pas en harmonie entre elles. Elles créent une juridiction spéciale pour les droits d'usage qui peuvent appartenir aux usagers dans les bois de l'État, et elles soumettent la décision des questions de propriété qui les intéressent à des autorités administratives, et en définitive au gouvernement, qui est leur contradicteur. Enfin qu'arrivera-t-il lorsque l'une ou l'autre des parties croira devoir exercer le recours qui lui est réservé? Les pourvois administratifs ne sont pas suspensifs. Si des bois non défensables ont été déclarés défensables, ils seront ravagés quand la décision de l'administration supérieure interviendra; dans le cas, au contraire, où la délivrance de cantons défensables aurait été refusée, la saison du pâturage sera passée quand la décision sera rendue. Et encore, qui statuera sur les dommages-intérêts qui seront dus dans l'un et l'autre cas? Les tribunaux, sans doute : de manière que, pour le même fait, il faudra plaider dans tous les degrés, et par-devant les autorités administratives et par-devant les tribunaux. » (*Moniteur*, séance du 8 mai 1827.)

Malgré ces observations, la considération qu'il était important de ne pas retarder l'adoption de la loi a empêché la commission de proposer aucun amendement. Mais, le gouvernement ayant senti la nécessité de remédier, du moins en partie, aux inconvéniens signalés, il a été décidé, par l'art. 117 de l'ordonnance réglementaire, que le pourvoi contre les décisions rendues par les conseils de préfecture aurait un effet suspensif. Sous ce rapport, le contentieux administratif est rentré dans le droit commun et dans la règle posée par l'article 457 du Code de procédure civile.

ART. 66.

La durée de la glandée et du panage ne pourra excéder trois mois.

L'époque de l'ouverture en sera fixée chaque année par l'administration forestière.

V. ord. de 1669, tit. XVIII, art. 3; ord. régl., ci-après, article 118.

ART. 67.

Quels que soient l'âge ou l'essence des bois, les usagers ne pourront exercer leurs droits de pâturage et de panage que dans les cantons qui auront été déclarés défensables par l'administration forestière (1), sauf le recours au conseil de préfecture (2), et ce, nonobstant toutes possesions coutraires (3).

(1) V. ord. de 1669, tit. XIX, art. 1er, et 3; loi du 15-29 septembre 1791, tit. VI, art. 9, tit. XII, art. 16; arrêté du gouvernement du 26 septembre 1797 (5 vendémiaire an VI); décret du 7 janvier 1805 (17 nivôse an XIII); avis du conseil d'état du 9 novembre (18 brumaire), approuvé le 7 décembre 1805 (16 frimaire an XIV); *Merlin*, Rép. de jurisp., add., tom. 17, v° *Pâturage,* § 1er; et ord. régl. art. 119, ci-après.

L'art. 1er du tit. XIX de l'ord. de 1669 attribuait le droit de déclarer le temps où les bois sont défensables, aux grands-maîtres, sur les avis des officiers des maîtrises. L'administration forestière tenant la place des grands maîtres, il lui appartient aujourd'hui de déterminer dans chaque localité le temps et l'âge où les bois seront défensables. Les propositions des agens forestiers sont soumises à l'approbation du conservateur.

Les bois ne sont légalement défensables que lorsqu'ils ont été déclarés tels par l'autorité compétente; et la seule manière d'établir l'exception fondée sur ce qu'un bois est défensable, est de justifier d'un acte légal qui le déclare tel : il s'ensuit qu'en imposant à l'administration forestière l'obligation de prouver qu'un bois n'était pas défensable, un tribunal commet une violation de la loi. (Arr. cass. 22 février 1811, Bull. crim., n° 27; *Merlin,* Rép. de jurisp., t. 1, v° *Amende,* § 1er; et t. 17, add., v° *Pâturage,* § 1er, p. 271.)

Il n'est pas nécessaire que les portions de bois où le délit a été commis aient été, par une mesure particulière, mises en défens; jusqu'à la déclaration légale de défensabilité, la mise en défens résulte des dispositions mêmes de la loi. (Arr. cass. 30 avril 1824, Bull. crim., n° 61.)

La mise en défens résultant de la loi, les avertissemens donnés par les agens forestiers ne peuvent être que surabondans; ainsi, les propriétaires de bestiaux trouvés en délit de dépaissance dans un bois non déclaré défensable doivent être condamnés, lors même qu'ils prouveraient que les avertissemens n'ont été par eux connus qu'après le délit commis. (Arr. cass. 4 mai 1820, Bull. crim., n° 67.)

L'autorisation accordée par le sous-inspecteur forestier local à des usagers, de faire paître leurs bestiaux dans un canton de bois qu'il reconnaît défensable, ne suffit pas pour établir la défensabilité de ce bois, si cet avis n'a pas reçu l'approbation du conservateur local, et surtout s'il existe un arrêté des agens forestiers du lieu qui ait déclaré que ce bois ne serait défensable qu'après avoir acquis un certain âge. (Arr. cass. 23 juin 1820, Bull. crim., n° 86.)

Si le pâturage a été exercé dans un bois *non spécialement déclaré défensable*, sous le prétexte que l'administration forestière avait, les années précédentes, toléré ce pâturage, les contrevenans sont passibles des peines portées par la loi, sans que l'administration soit tenue de justifier que le pâturage avait été défendu dans le canton où il a eu lieu. (Arr. cass. 11 octobre 1822, Bull. crim , n° 144; 7 avril 1827, *Dalloz*, Jurisp. gén. du roy., 27. 1. 400.)

Des bestiaux ne peuvent, sans délit, être introduits dans les bois que dans les cantons reconnus et déclarés défensables : la déclaration de défensabilité alléguée par les prévenus doit être justifiée par eux. La peine encourue est indépendante du dommage causé. (Arr. cass. 30 mai 1818, Bull. crim., n° 67; 3 décembre 1819, Bull. crim., n° 130; 19 février 1825, Bull. crim., n° 27; 30 octobre, 26 décembre 1806, *Merlin*, Rép. de juris., v° *Délit forestier*, § 9, v° *Amende*, § 1er.)

Un arrêté pris par l'autorité locale, autorisant des particuliers à faire paître leurs bestiaux dans un bois communal, n'établit pas un droit, et ne peut prévaloir sur la loi qui défend le pâturage des bestiaux dans les bois avant qu'ils aient été légalement déclarés défensables. (Arr. cass. 28 janvier 1820, Bull. crim., n° 19.)

La commission de la chambre des députés, croyant l'art. 67 du Code forestier dépourvu de sanction pénale, avait proposé d'ajouter cette disposition : *Sous les peines prononcées par l'art.* 199. Les commissaires du Roi ont dit que l'art. 76 était applicable soit à un pâtre de l'usager, soit à l'usager lui-même s'il conduisait son troupeau. D'après cette observation l'amendement a été rejeté. (*Moniteur* du 26 mars 1827, supp. p. 459.)

Un pair, M. le duc de Praslin, a demandé qu'il fût réglé par l'ordonnance d'exécution que les bois exploités par furetage ou en jardinant ne seraient jamais déclarés défensables. Le rapporteur de la commission a répondu que ces bois ne sont par le fait jamais défensables, mais qu'il était impossible que la loi ou l'ordonnance s'expliquassent à cet égard d'une manière générale; qu'il pouvait arriver que le jardinage n'eût lieu qu'à des époques assez éloignées pour que des parties de bois devinssent défensables pendant quelques années. La demande n'a pas eu de suite. (*Moniteur* du 21 mai 1827, p. 829.)

(2) Les usagers ont le droit de se pourvoir au conseil de préfecture contre la déclaration de l'administration forestière ; mais les arrêtés des conseils de préfecture pouvant être attaqués devant le conseil d'Etat, et, d'après l'article 117 de l'ordonnance réglementaire, ce pourvoi ayant un effet suspensif, il suit de là que les déclarations recevront leur exécution jusqu'à ce que la décision définitive soit intervenue. Le recours au conseil de préfecture a été inséré sur la proposition de deux députés, après une discussion vive et prolongée. (*Moniteur* des 26 et 27 mars, su
,p., p. 460 et 462.)

(3) Par ces expressions, *nonobstant toutes possessions contraires*, la loi a-t-elle seulement voulu faire cesser des possessions abusives, ou bien a-t-elle entendu anéantir dans les mains des usagers l'effet de titres conventionnels qui les autoriseraient positivement à exercer un droit de pâturage sans déclaration préalable de défensabilité? De pareils titres n'ont-ils pas pu, par exemple, être conférés à des usagers de forêts réunies depuis au domaine de l'Etat?

Pour résoudre cette difficulté, il faut se reporter aux principes professés dans les chambres et adoptés à l'occasion des articles 58 et 78. Les droits légalement acquis doivent toujours être respectés ; les lois ne peuvent jamais y porter atteinte par un effet rétroactif ; c'est aux tribunaux qu'il appartient d'apprécier les titres qui les constituent, d'après les lois sous l'empire desquelles ils ont été contractés (Code forestier, art. 218). Si donc, pour justifier l'exercice du pâturage dans des cantons non préalablement déclarés défensables, l'usager n'a qu'une simple possession fondée sur une infraction habituelle de la loi, il est certain qu'il doit renoncer au mode d'exercice de son droit, parce qu'un délit, un acte de pure faculté ou de simple tolérance ne peuvent fonder ni possession légitime ni prescription (Code civil, art. 2232), et parce que d'ailleurs la loi proscrit formellement toutes possessions contraires au principe de déclaration préalable de défensabilité. Mais en ne parlant que des *possessions* et non des *titres*, dont il est fait mention expresse plus loin, art. 78, dans un cas semblable le législateur met évidemment une différence entre le titre et la possession. Ainsi qu'en vertu d'un titre, d'un contrat synallagmatique, réglant l'exercice de son droit de pâturage, l'usager introduise ses bestiaux dans des bois non déclarés défensables, l'art. 67 du nouveau Code ne pourra lui être opposé.

Vainement dira-t-on, avec l'arrêt de la cour de cassation du 10 septembre 1824 (*Merlin, ubi infrà*), que la prohibition est de police et d'ordre public, et que des conventions particulières ne pouvaient y déroger. On répondra, toujours dans l'hypothèse proposée, qu'il a pu être dérogé, par une convention stipulée entre les propriétaires et usagers, aux règles générales prescrites pour l'exercice du droit d'usage (Arr. cass. 4 janvier 1821, *Merlin*, Rép. de jurisp., t. 17, add., v° *Usage*, sect. 2, § 5, art. 6); qu'un propriétaire a le droit d'introduire ses bestiaux dans ses bois avant qu'ils soient défensables; que par conséquent la nécessité de déclaration préalable de défensabilité n'est pas d'ordre public, en ce sens qu'elle restreigne son droit d'user et d'abuser (Avis du conseil d'Etat du 18 brumaire an XIV); que ce qu'il peut faire lui-même, il peut le permettre à d'autres, pour un temps ou pour toujours, et que l'usage de son bois, tel qu'il jugeait convenable de l'exercer, a pu devenir l'objet d'un contrat (Code civil, 1127); qu'enfin les conventions légalement formées tiennent lieu de loi à ceux qui les ont faites, et que, si par un événement quelconque l'Etat est mis à la place de l'ancien propriétaire, l'Etat doit souffrir l'exercice du droit de pâturage suivant le mode qu'il trouve établi, sauf à user des droits de rachat et réduction que lui donnent les art. 64 et 65.

Si le titre de concession du droit d'usage ne dispensait pas expressément l'usager de la formalité de la déclaration préalable de défensabilité, mais fixait seulement l'âge auquel il faut que les bois soient parvenus pour que les bestiaux puissent y être introduits, on déciderait avec raison qu'un pareil titre ne confère pas un droit contraire à l'art. 67 du Code forestier. Voyez deux arrêts de la cour de cassation des 26 janvier et 10 septembre 1824, rapportés par *Merlin*, ibid.

ART. 68.

L'administration forestière fixera, d'après les droits des usagers, le nombre des porcs qui pourront être mis en panage et des bestiaux qui pourront être admis au pâturage.

L'ord. de 1669, titre XIX, art. 5, et le projet de code communiqué aux autorités portaient que le nombre des bestiaux serait réglé, *eu égard à l'état et possibilité des forêts*. La cour de cassation demanda qu'il le fût *d'après les droits des usagers*, ce qui fut adopté. La fixation aura donc pour base les droits des usagers, combinés avec l'état de la forêt. (Art. 65 et 68.)

Lorsque c'est une commune qui est usagère, tous les habitans qui la composent sont-ils appelés indistinctement à l'exercice du droit d'usage? Les habitans qui jouissent d'un pareil droit sont improprement nommés *usagers;* ce sont plutôt les maisons qui doivent être qualifiées d'usagères. (V. ord. de 1669, tit. XIX, art. 5 et 14.) En thèse générale, à moins que la concession ne comprenne formellement toutes les maisons qui seraient bâties à l'avenir, le nombre des maisons usagères n'est pas susceptible d'augmentation, et tous les auteurs qui ont écrit sur la matière ont conclu de là que c'est à l'époque de la concession qu'il faut se reporter pour fixer les limites de ce nombre. Si l'acte de concession comprend tant les maisons existantes que celles qui seront bâties, point de difficulté : toutes les maisons ont le même droit. Si l'acte de concession ne s'explique pas sur ce point, il faut distinguer : ou il a été dressé, dans des temps voisins de la concession, des états des maisons existantes dans la commune, ou ces états n'ont point été rédigés. Dans le premier cas, et si des états sont représentés, il faut nécessairement s'y tenir: les maisons qui y sont portées sont les seules qui doivent être admises à la jouissance des droits d'usage anciennement concédés à la commune; dans le second, les droits d'usage seront exercés par ceux des habitans dont les maisons existent depuis un espace de temps assez reculé pour que leur construction soit censée remonter à l'époque de la concession des droits, et cet espace de temps doit être fixé à quarante années. (Voyez *Merlin,* Répert. de jurisp., Add., t. 17, v° *Usage* (droit d'), sect. II, § 5, pag. 829 et suiv.)

Comment doit-il être procédé entre les habitans d'une commune usagère à la répartition des bestiaux à admettre au pâturage, après que le nombre total en a été fixé? Les fermes auront-elles une plus forte part que les simples habitations? Aura-t-on égard dans la répartition au nombre des individus dont se compose chaque famille, ou bien ont-elles toutes un droit égal? S'il y a cinquante maisons usagères et cent têtes de bétail à envoyer au pâturage, chaque maison a-t-elle le droit de mettre au pâturage deux têtes de bétail? La jouissance des biens communaux se règle par feux entre les individus chefs de famille do-

miciliés (décret du 6 juin 1811, *Merlin*, Répert. de jur.,
v° *Usage* (droit d'), sect. II, § 5, n° 4); à moins de titre
ou d'usage contraire, l'affouage a lieu par feu, c'est-à-
dire, par chef de famille ou de maison ayant domicile
(art. 105, ci-après); ne doit-on pas dès-lors en conclure
qu'entre les co-usagers d'une même commune, il n'y a
point de distinction à faire, quant au nombre des bestiaux que chaque chef de famille peut mettre au pâturage? Il n'y a aucune raison d'en douter.

Si la fixation faite par l'administration amenait une
contestation de la part des usagers, un recours leur serait-il ouvert, et devant quelle autorité serait-il porté?

« Comme l'art. 68 ne détermine pas la juridiction qui,
en cas de difficulté, devra en connaître, il faut bien penser, a dit le rapporteur de la commission de la chambre
des pairs, que cette juridiction, malgré l'analogie avec les
deux autres cas (art. 65 et 67), devra être celle des tribunaux ordinaires, seuls juges des droits de propriété, surtout lorsque l'article exprime formellement que la fixation sera faite d'après les titres. » (*Moniteur*, séance du 8
mai 1827.) Cette opinion est sans doute très-fondée, mais
elle paraît comporter une distinction, qui ne l'est peut-
être pas moins. Il ne faut pas perdre de vue que l'administration forestière peut toujours, aux termes de l'art. 65,
réduire l'exercice des droits d'usage, suivant l'état de la
possibilité des forêts, et, qu'en ce cas, le recours, s'il y a
lieu, est porté devant le conseil de préfecture. Il peut
donc s'élever, lorsqu'il s'agit de fixer le nombre des bestiaux d'après l'art. 68, ou une véritable question relative
à des droits de propriété, ou simplement une question relative à l'état et possibilité des bois.

Si l'administration méconnaît les titres des usagers en
totalité ou en partie, et prétend fixer un nombre de bestiaux inférieur à celui que les usagers ont droit d'envoyer, sans que l'état des forêts exige aucune réduction
des droits d'usage, il est évident alors qu'il s'élève une
question de propriété de la compétence des tribunaux.

Si, au contraire, sans contester les droits des usagers,
l'administration fixe un nombre de bestiaux inférieur à
celui que portent les titres, par des motifs tirés de l'état
et possibilité des forêts, et parce qu'une réduction devient
indispensable, il n'y a plus de question de propriété, mais
une question de *possibilité*, et, en cas de contestation, le
conseil de préfecture est seul compétent.

ART. 69.

Chaque année, avant le 1er mars pour le pâturage, et un mois avant l'époque fixée par l'administration forestière pour l'ouverture de la glandée et du panage, les agens forestiers feront connaître aux communes et aux particuliers jouissant des droits d'usage les cantons déclarés défensables, et le nombre des bestiaux qui seront admis au pâturage et au panage.

Les maires seront tenus d'en faire la publication dans les communes usagères.

V. ord. de 1669, tit. XIX, art. 4, et ord. réglem., ci-après, art. 119.

ART. 70.

Les usagers ne pourront jouir de leurs droits de pâturage et de panage que pour les bestiaux à leur propre usage, et non pour ceux dont ils font commerce, à peine d'une amende double de celle qui est prononcée par l'article 199.

Cet article confirme à peu près dans les mêmes termes la disposition de l'art. 14 du tit. XIX de l'ord. de 1669.

Un député fit observer que, dans les pays de petite culture, il n'existait presque aucune différence entre les bestiaux désignés dans l'article comme étant au propre usage des colons et ceux qui étaient plus spécialement un objet de commerce, et proposa de supprimer ces mots : *à leur propre usage, et non pour ceux dont ils font le commerce,* et de les remplacer par ceux-ci : *qui seront reconnus leur appartenir.* L'amendement a été rejeté ; mais il est resté bien entendu que l'on ne considérerait jamais comme bestiaux destinés au commerce, que ceux qui étaient achetés en foire pour être revendus. (*Moniteur* du 27 mars 1827, p. 463.) Des bestiaux tenus à bail ou à cheptel ne seraient pas exclus du pâturage ; l'usager n'en fait pas commerce et ils sont à son propre usage. C'est ce que décidaient deux arrêts du parlement de Paris, des 24 juillet 1628 et 13 juin 1722, cités au Répert. de jurisp. de *Merlin,* v° *Pâturage,* § 1, n° 9.

ART. 71.

Les chemins par lesquels les bestiaux devront

passer pour aller au pâturage ou au panage et en revenir, seront désignés par les agens forestiers.

Si ces chemins traversent des taillis ou des recrus de futaies non défensables, il pourra être fait, à frais communs entre les usagers et l'administration, et d'après l'indication des agens forestiers, des fossés suffisamment larges et profonds, ou toute autre clôture, pour empêcher les bestiaux de s'introduire dans les bois.

V. ci-après, l'art. 76.

En cas de contestation de la part des usagers sur la désignation des chemins, devant quelle autorité le recours leur est-il ouvert?

La solution de cette question présente quelques difficultés.

A la chambre des députés, lorsque la discussion fut arrivée à l'art. 121, M. de Montbel, sans faire aucune proposition, manifesta le regret que l'art. 71 ne contînt pas une disposition analogue à celle de l'art. 121, et qu'un recours au conseil de préfecture ne fût pas ouvert aux usagers contre la désignation des chemins. (*Moniteur* du 1er avril, suppl., pag. 498.)

Trois opinions se sont manifestées à la chambre des pairs. Un orateur a dit que de l'esprit du projet de loi il paraissait résulter que *le recours au conseil de préfecture devait être accordé* à des usagers qui avaient à se plaindre de la désignation des chemins faite par les agens forestiers. (*Moniteur* du 21 mai 1827, pag. 829.)

Le commissaire du Roi a répondu que l'art. 71 ne fait que reproduire la disposition de l'ord. de 1669, que, d'après l'art. 6 du tit. XIX, le chemin à suivre par les bestiaux pour se rendre au pâturage était désigné par les officiers de la maîtrise, sauf le recours au grand-maître; que l'on avait pensé *que, dans le cas de l'art. 71, le recours à l'administration supérieure était une garantie suffisante pour les usagers* et qu'il n'était point nécessaire d'ouvrir sur un objet aussi simple un pourvoi au conseil de préfecture et de là au conseil d'Etat. (*Moniteur*, ibid.) Le rapporteur de la commission a pris la parole, et a dit : que les droits de servitude, et particulièrement les droits d'usage dans les bois, doivent être exercés avec le moindre dommage possible pour la propriété asservie. Ce qui ne veut pas dire sans doute que les droits des usagers doivent être sacrifiés aux intérêts des propriétaires, mais qu'ils doivent être conciliés de la manière la plus

utile et la moins dommageable pour tous. On sent bien
qu'il y aurait beaucoup de désordres si les bestiaux pouvaient être conduits au pâturage par une multitude de
chemins : c'est aussi dans l'intérêt des usagers et pour
qu'ils puissent jouir plus promptement de leurs droits que
les agens forestiers sont appelés à désigner les chemins
par lesquels les bestiaux devront passer pour aller au pâturage ou au panage. Si les usagers étaient fondés à se
plaindre de la désignation des chemins, *ils pourraient
s'adresser à l'administration supérieure, et enfin aux tribunaux, juges ordinaires toutes les fois que la loi n'indique pas une juridiction d'exception.* (*Moniteur,* ibid.)

Dans cet état apparent d'incertitude, le recours aura-
t-il lieu devant le conseil de préfecture, devant l'autorité
supérieure, ou devant les tribunaux?

Il ne peut être question du conseil de préfecture, qui,
n'étant qu'un tribunal d'exception, ne peut prononcer que
sur les questions qui lui sont spécialement attribuées par
les lois ou réglemens, et non au-delà. Or, ici nulle attribution au conseil de préfecture. Ce n'est que par une sub-
tilité que l'on pourrait voir cette attribution dans l'art. 65.
La désignation d'un passage, au lieu d'un autre, change
à la vérité le mode d'exercice d'un droit d'usage, mais ce
changement dans l'exercice du droit n'est point une réduction de ce droit, puisqu'il peut arriver que le nouveau
passage offre plus d'avantages réels que le précédent. Le
droit de recourir au conseil de préfecture sur une désignation de passage ne peut donc être regardé comme une
conséquence du recours autorisé en cas de contestation
au sujet d'une réduction basée sur l'état et possibilité des
bois. Il y a mieux : à la chambre des députés, il a été proposé, par amendement, d'ajouter à la fin du 1er paragraphe
de l'article 71, ces mots : *sauf le recours au conseil de
préfecture ;* et cet amendement mis aux voix a été rejeté. (*Moniteur* du 27 mars 1827, pag. 463.) Dira-t-on qu'il
l'a été comme inutile et parce que le droit de recours au
conseil de préfecture résultait suffisamment de l'art. 65?
Ce serait là une erreur. On a pensé au contraire, comme
l'a dit le commissaire du Roi à la chambre des pairs, qu'il
ne fallait pas ouvrir des recours au conseil de préfecture
et de là au conseil-d'Etat sur un objet aussi simple.

Sous l'ord. de 1669, il y avait, pour le cas dont il s'agit,
recours au grand-maître. Le Code n'ayant sur ce point introduit aucune innovation, le recours des usagers sera
porté devant l'administration forestière mise à la place du
grand-maître ; et, dans le cas où l'administration supérieure refuserait de faire droit à des réclamations justes
et fondées, il restera aux usagers à se pourvoir devant les

tribunaux. C'est l'opinion de M. le comte Roy, indiquée plus haut, et celle de M. le président Henrion de Pansey, *Du Régime des bois communaux suivant le nouveau Code forestier*, pag. 43.

ART. 72.

Le troupeau de chaque commune ou section de commune devra être conduit par un ou plusieurs pâtres communs, choisis par l'autorité municipale : en conséquence, les habitans des communes usagères ne pourront ni conduire eux-mêmes ni faire conduire leurs bestiaux à garde séparée, sous peine de deux francs d'amende par tête de bétail (1).

Les porcs ou bestiaux de chaque commune ou section de commune usagère formeront un troupeau particulier et sans mélange de bestiaux d'une autre commune ou section, sous peine d'une amende de cinq à dix francs contre le pâtre, et d'un emprisonnement de cinq à dix jours en cas de récidive (2).

Les communes et sections de commune seront responsables des condamnations pécuniaires (3) qui pourront être prononcées contre lesdits pâtres ou gardiens, tant pour les délits et contraventions prévus par le présent titre, que pour tous autres délits forestiers commis par eux pendant le temps de leurs services et dans les limites du parcours (4).

(1) V. l'ord. de 1669, tit. XIX, art. 8 et 9 ; et ci-après, ord. régl., art. 120.

Un pair a dit qu'il pouvait exister dans une commune un ou plusieurs usagers à titre particulier, et a demandé s'il leur serait interdit de conduire leurs bestiaux eux-mêmes. Le commissaire du Roi a répondu que l'art. 72 ne saurait être applicable qu'au cas où le droit d'usage appartient à une commune ou à une section de la commune ; que s'il appartenait, au contraire, à tel ou tel individu, en vertu d'un titre particulier et non en sa qualité d'habitant de la commune, le mode de jouissance serait réglé par le titre et par les dispositions générales qui s'appliquent à tous les droits d'usage. (*Moniteur* du 21 mai 1827, page 829.)

Il n'y a de question préjudicielle que celle qui naît d'une exception dont la preuve fait disparaître le délit ou la contravention ; en conséquence, les habitans d'une commune poursuivis, à raison d'un délit de pâturage, n'ont pas de question préjudicielle à élever, s'il est constant que leurs bestiaux ont été trouvés en pâturage, gardés séparément par les enfans, les femmes ou les domestiques de ces habitans. (Arr. cass. 18 février, 24 août 1820, Bull. crim., n°s 29 et 115.)

(2) Dans le premier paragraphe l'amende est prononcée contre les usagers, dans le second elle devait l'être contre le pâtre (ord. de 1669, tit. XIX, art. 3), le mélange des troupeaux ne pouvant être imputé qu'à lui seul.

(3) La responsabilité ne s'étend plus aux amendes, comme sous le régime de l'ord. de 1669. La commission de la chambre des députés a proposé la suppression du mot *amende* qui était inséré dans le 3e § de l'art. 72 ; la délibération à cet égard a été renvoyée à l'art. 206, et l'amendement adopté. (*Moniteur* des 27 mars et 10 avril 1827, pages 464 et 570.)

(4) Ces mots : *et dans les limites du parcours*, sont un amendement de la commission de la chambre des députés, motivé, a dit le rapporteur, sur ce qu'il serait injuste que les communes fussent responsables des délits qui pourraient être commis en d'autres lieux que les portions de forêts affectées au parcours. Le rapporteur de la commission de la chambre des pairs a voulu éclaircir ce qu'il paraît y avoir d'équivoque dans cette explication. « Il est sensible, a-t-il dit, que les communes ne peuvent être responsables de leurs pâtres que pendant le temps de leur exercice, puisque, hors ce temps, ils ne sont plus les agens ou préposés des communes : mais elles ne peuvent pas n'être pas responsables des condamnations pécuniaires pour les délits et contraventions qu'ils commettent *hors des limites des parcours*, car ce n'est qu'en qualité de préposés de la commune, et pour l'exercice de ses droits d'usage, qu'ils sont admis dans la forêt : d'ailleurs, s'il en était autrement, ils pourraient impunément conduire les troupeaux de la commune dans les jeunes taillis qui ne sont pas défensables, où l'herbe est plus abondante, et où ils causeraient des dommages irréparables. »

Ne pourrait-on pas faire remarqer que le noble rapporteur a paru rattacher ces mots : *et dans les limites du parcours*, à l'ensemble du paragraphe, et qu'à cet égard il aurait peut-être pu se méprendre ? En effet, le paragraphe contient deux parties assez distinctes ; 1°. la responsabilité des condamnations prononcées contre les pâtres pour les délits et contraventions prévus par le présent titre; 2°. la responsabilité pour tous autres délits forestiers commis par eux pendant le temps de leur service et dans les limites du parcours. Dans le premier cas, la responsabilité ne peut cesser, parce que les délits ne sont jamais commis par le pâtre que dans les fonctions mêmes auxquelles on l'emploie, par exemple, s'il conduit les bestiaux des usagers hors des cantons déclarés défensables ou hors des chemins indiqués. Dans le second, au contraire, comme il s'agit d'autres délits forestiers que ceux prévus par le présent titre, il n'eût pas été juste que les communes demeurassent indéfiniment responsables. La responsabilité a lieu si le pâtre a commis le délit pendant le temps de son service et dans les limites du parcours : autrement elle cesse. Par exemple, si un pâtre, pendant qu'il garde le troupeau communal, enlève des tourbes, bruyères, etc., porte ou allume du feu, coupe ou enlève du bois, arrache des plants, dans les limites du parcours, la commune est responsable, parce que le pâtre ne se trouve dans les bois que comme préposé de la commune et pour l'exercice de ses droits d'usage : elle doit s'imputer son mauvais choix. Mais si le pâtre commet les délits dont on vient de parler, hors des limites du parcours, que ce soit ou non pendant son service, les raisons de responsabilité ne subsistent plus, car ce n'est pas dans l'intérêt et comme préposé de la commune qu'il se trouve dans une partie de la forêt où elle n'exerce pas son droit de parcours : le pâtre devient alors un délinquant ordinaire. A l'aide de la distinction que nous avons hasardée, peut-être avons-nous levé les doutes qui pouvaient exister sur le sens des derniers mots de l'art. 72.

ART. 73.

Les porcs et bestiaux seront marqués d'une marque spéciale.

Cette marque devra être différente pour chaque commune ou section de commune usagère.

Il y aura lieu, par chaque tête de porc ou de bétail marqué, à une amende de trois francs.

On a renouvelé sur l'art. 73 les observations déjà faites à l'occasion de l'art. 55, sur les inconvéniens de la marque au fer chaud. Un amendement tendant à établir une autre marque pour les bestiaux a été rejeté par la chambre des députés. (*Moniteur* du 27 mars 1827, p. 464.)

9

ART. 74.

L'usager sera tenu de déposer l'empreinte de la marque au greffe du tribunal de première instance, et le fer servant à la marque, au bureau de l'agent forestier local; le tout sous peine de cinquante francs d'amende.

On voit dans les observations de la commission de la cour de cassation, qu'il avait été proposé d'ajouter après le mot *tenu* ceux-ci, *avant l'introduction des bestiaux au pâturage*. Cette addition a passé seulement dans l'art. 121 de l'ordonnance d'exécution. V. l'article et la note.

ART. 75.

Les usagers mettront des clochettes au cou de tous les animaux admis au pâturage, sous peine de deux francs d'amende par chaque bête qui serait trouvée sans clochette dans les forêts.

L'obligation de mettre des clochettes ne s'applique pas aux porcs qui ne sont pas des animaux envoyés au *pâturage*.

Dès qu'une exception préjudicielle ne serait pas de nature à ôter au fait qui sert de base aux poursuites son caractère de délit ou de contravention, elle ne peut être admise; lors donc que les bestiaux trouvés en délit étaient dépourvus de clochettes, les usagers exciperaient vainement d'un droit de propriété ou autre droit réel pour se soustraire aux condamnations. (Arr. cass. 24 août 1820, Bull. crim., n° 115; *Merlin*, Rép. de jurisp. add. t. 17, v° *Pâturage*, § 1er, pag. 272.)

ART. 76.

Lorsque les porcs et bestiaux des usagers seront trouvés (1) hors des cantons déclarés défensables ou désignés pour le panage, ou hors des chemins indiqués pour s'y rendre, il y aura lieu contre le pâtre à une amende de trois à trente francs. En cas de récidive (2), le pâtre pourra être condamné en outre à un emprisonnement de cinq à quinze jours.

(1) V. ord. de 1669, tit. XIX, art. 3 et 6; tit. XXXII, art. 10; ci-dessus, art. 67, 69, 71, 72.

Un député avait proposé par amendement de n'appliquer l'amende au pâtre que lorsque les porcs et bestiaux seraient *à garde faite ou à l'abandon*, hors des cantons déclarés défensables et des chemins indiqués. « Du texte, tel qu'il existe, il résulterait, a-t-il dit, que le fait seul d'avoir *trouvé* les bestiaux hors des limites constituerait le délit, sans exception. Cependant le pâtre n'est pas repréhensible quand les bestiaux sont *trouvés* en divagation et que le gardien est en même temps occupé à les faire rentrer dans le canton déclaré défensable. Le pâtre n'est repréhensible que dans deux cas : celui où il abandonne ses bestiaux par négligence, et celui où il les tient hors des limites *à garde faite*, circonstance très-prononcée de culpabilité. Aussi quand les procès-verbaux des gardes n'expriment pas l'un ou l'autre de ces deux cas, le pâtre s'excuse sur la divagation des bestiaux qu'il n'a pu réprimer, et cette excuse peut être vérifiée, parce qu'elle n'est pas contraire au rapport du garde, quand il est silencieux sur ce point. » L'amendement n'étant pas appuyé n'a point été mis aux voix (*Moniteur* du 27 mars 1827, page 464). Le délit résulte en effet de la seule introduction dans les bois avant qu'ils soient défensables, et la peine est indépendante de la réparation des dommages causés (**Arrêté** du gouvernement du 18 brumaire an XIV; arr. **cass.** 19 février 1825, Bull. crim., n° 27). Cependant, si le pâtre n'avait pu empêcher le fait qui donne lieu aux poursuites, si, par exemple, son troupeau avait été épouvanté par une bête fauve, il est évident qu'il serait admis à la preuve de ce cas de force majeure.

Aucune disposition du Code forestier ne prononce d'amende contre les usagers dont les bestiaux, conduits par le pâtre de la commune, sont trouvés hors des cantons déclarés défensables; il n'y a donc pas lieu, indépendamment de l'amende portée contre le pâtre, par l'article 76, de prononcer contre les propriétaires usagers l'amende déterminée par l'art. 199, comme l'avait requis l'administration forestière dans une affaire jugée, le 28 novembre 1827, au tribunal d'Orléans. (*Gazette des tribunaux* du 3 décembre 1827, page 130.)

Mais, si les bestiaux étaient sous la garde de l'usager lui-même, il n'est pas douteux qu'il n'encourût l'amende portée par l'art. 76, contre le pâtre. (*Moniteur* du 26 mars 1827, page 462 ; et note sur l'art. 67.)

(2) L'article portait primitivement, pour le cas de récidive, *Le pâtre sera condamné*, etc. : un député a dit que, si l'article restait ainsi rédigé, un malheureux pâtre

pourrait à chaque instant être mis en prison pour un fait
fort innocent, et a proposé ce changement qui a été
adopté : *Le pâtre pourra être, etc.* (*Moniteur, ibid.*)
Ainsi, pour la récidive, l'emprisonnement est facultatif,
et il appartient aux tribunaux d'apprécier la gravité du
fait ; l'amendement est d'autant plus raisonnable que
déjà la cour de cassation, par arrêts des 22 décembre 1820
et 2 février 1827, avait décidé que l'art. 58 du Code pénal,
pour le cas de récidive prévu par ce Code, ne faisait point
obstacle à ce que la peine fût modifiée, suivant les circonstances, par l'art. 463 du même Code.

ART. 77.

Si les usagers introduisent au pâturage un plus
grand nombre de bestiaux ou au panage un plus
grand nombre de porcs que celui qui aura été fixé
par l'administration conformément à l'article 68,
il y aura lieu, pour l'excédant, à l'application des
peines prononcées par l'article 199.

ART. 78.

Il est défendu à tous usagers, nonobstant tous titres et possessions contraires, de conduire ou de faire
conduire des chèvres, brebis ou moutons dans les
forêts ou sur les terrains qui en dépendent, à peine,
contre les propriétaires, d'une amende qui sera
double de celle qui est prononcée par l'article 199,
et contre les pâtres ou bergers, de quinze francs
d'amende. En cas de récidive, le pâtre sera condamné, outre l'amende, à un emprisonnement
de cinq à quinze jours.

Ceux qui prétendraient avoir joui du pacage
ci-dessus en vertu de titres valables ou d'une possession équivalente à titre, pourront, s'il y a lieu,
réclamer une indemnité, qui sera réglée de gré à
gré, ou, en cas de contestation, par les tribunaux.

Le pacage des moutons pourra néanmoins être
autorisé dans certaines localités par des ordonnances du Roi.

Un grand nombre d'anciens règlemens avaient interdit l'entrée des forêts aux chèvres et aux moutons en tous temps. Cette prohibition se retrouvait dans l'ordonnance de 1669, tit. XIX, art. 13 ; elle fut rappelée par le décret du 7 janvier 1805 (17 nivôse an XIII), et par l'avis du conseil d'Etat du 9 novembre (18 brumaire), approuvé le 7 décembre 1805 (16 frimaire an XIV). On voulait la reproduire d'une manière générale et absolue dans le nouveau Code, et le projet du gouvernement, sans avoir égard aux observations de plusieurs conseils généraux et des cours royales du midi de la France, se bornait au 1er § de l'article.

Les mêmes observations se renouvelèrent dans le sein de la commission de la chambre des députés. Elle reconnut que la mesure d'empêcher les chèvres de pacager dans les bois était sage et indispensable ; mais elle jugea que, si cet usage était fondé sur des titres positifs, il était impossible d'admettre que le possesseur du droit ne fût pas indemnisé, et elle proposa par amendement l'addition des deux derniers paragraphes, dans le même sens, mais avec une rédaction un peu différente de celle qui a été ensuite adoptée. (*Moniteur* du 13 mars 1827, 1er supp. au n° 72.)

Lors de la discussion, un député voulut encore étendre l'amendement en demandant la suppression de ces mots, *nonobstant tous titres et possessions contraires.* Cette proposition a été rejetée. (*Moniteur* des 27 et 28 mars, pag. 464 et 466.)

Le commissaire du Roi, M. de Martignac, a combattu avec force l'amendement de la commission. « Il résulte de la jurisprudence de la cour de cassation, disait-il, que la défense d'introduire des bêtes à laine dans les forêts est d'ordre public et ne peut être couverte, qu'elle est générale et absolue, et qu'elle ne peut être tolérée, quel que soit le titre ou la possession. Dans une pareille situation, comment serait-il possible de reconnaître là un droit par une disposition législative ? Et si vous ne reconnaissez pas l'existence d'un droit, pouvez-vous accorder une indemnité ?.... Ce serait déclarer en principe qu'on doit une prime à celui qui aurait violé la loi. »

Soutenu, repoussé, modifié par divers orateurs, l'amendement, sur la proposition du ministre des finances, a été renvoyé avec tout l'article à la commission.

A la séance suivante, M. Favard de Langlade, rapporteur, a dit : « Je ne fatiguerai pas votre attention en rappelant les puissantes considérations qui nous ont déterminés à vous proposer de donner aux usagers la faculté de réclamer une indemnité, si le droit de conduire des chèvres, brebis ou moutons dans les forêts de l'Etat leur avait été concédé par un titre valable. Si l'intérêt général exige la suppression de ce droit, l'Etat ne doit pas moins une indemnité à celui qui est obligé par la loi d'en faire le sacrifice. Votre commission a toujours été dirigée dans son travail par le principe sacré que les droits légalement acquis doivent être respectés; que les lois ne peuvent jamais y porter atteinte par un effet rétroactif, et que c'est aux tribunaux qu'il appartient d'apprécier les titres qui les constituent, d'après les lois sous l'empire desquelles ils ont été contractés. Ces principes, qui dominent heureusement dans toutes les dispositions du projet, ont été consacrés d'une manière formelle par son dernier article (218) placé de manière à former la clef de la voûte de ce grand édifice. »La commission ayant proposé de nouveau son amendement, dans les termes actuels du second paragraphe de l'article 78, cette rédaction a été adoptée. (*Moniteur* des 27 et 28 mars, p. 464, 466 et 469.)

On aurait pu croire, sur la foi de l'opinion soutenue par M. de Martignac, commissaire du Roi, que la défense d'introduire des bêtes à laine dans les bois est d'ordre public. Cette opinion, il est vrai, s'appuie sur quelques arrêts et notamment sur le second *considérant* d'un arrêt de la cour de cassation du 10 septembre 1824; mais M. *Merlin*, Rép. de jurisp., add. t. 17, v° *Usage (droit d')*, sect. 2, § 5, art. 6, examinant cette même question de savoir si la prohibition de conduire les chèvres et moutons dans les bois est réellement d'ordre public, et discutant le *considérant* de l'arrêt du 10 septembre, la résout négativement, et soutient, par des raisons appuyées de plusieurs décisions, que l'usager muni d'un titre conventionnel antérieur ou postérieur à l'ordonnance de 1669, peut être fondé à envoyer des chèvres ou moutons au pâturage dans les bois.

Cette doctrine a prévalu dans le nouveau Code, puisque le pacage des moutons pourra être autorisé dans certains cas, ce qui n'eût pas été admis (V. Code civ. art. 6) si la prohibition eût été d'ordre public; et que les usagers qui auront joui valablement du pacage ne seront privés de leur droit, pour le plus grand avantage des forêts, que moyennant une juste et préalable indemnité, subordonnée à la question de validité du titre et de légitimité de la possession.

Il est à remarquer que la prohibition de mener les chèvres ou moutons au pacage dans les bois de l'Etat est expresse et absolue, sauf le droit à l'indemnité. Ainsi, pour l'avenir, la continuation du pâturage est interdite; seulement l'action eu indemnité est ouverte.

La loi ne fixe pas de délai pour l'exercer, apparemment parce qu'elle a pensé qu'il était naturel que la réclamation de l'indemnité suivît immédiatement la cessation de l'usage. Il ne nous semble pas que, par analogie, on pût tirer argument de l'art. 61, et établir une déchéance, si la réclamation n'avait pas eu lieu dans un délai de deux ans. La déchéance est de droit étroit et a besoin d'être écrite dans la loi pour être prononcée.

ART. 79.

Les usagers qui ont droit à des livraisons de bois, de quelque nature que ce soit, ne pourront prendre ces bois qu'après que la délivrance leur en aura été faite par les agens forestiers, sous les peines portées par le titre XII pour les bois coupés en délit.

Les usagers à qui l'administration forestière refuse la délivrance du bois qui leur est nécessaire, peuvent-ils le couper avant que l'autorité supérieure ait prononcé sur ce refus?

Les usagers ne peuvent, quel que soit le titre constitutif de leur droit, couper arbitrairement des bois dans les forêts soumises à leur usage; mais ils doivent préalablement solliciter et obtenir la permission de l'administration forestière; le refus de délivrance qui, dans certains cas, peut être justifié et même prescrit (Code forestier, art. 65), ne peut jamais attribuer aux usagers le droit exorbitant de couper des bois sans délivrance préalable, les voies du recours à l'autorité supérieure leur étant toujours ouverte pour faire réprimer la résistance des agens forestiers, si elle n'est pas juste. (Arr. cass. 3 septembre 18o8, *Merlin*, Rép. de jurisp., v° *Usage* (*Droit d'*), sect. 2, § 5.)

Avant d'exercer un recours contre le refus des agens forestiers, les usagers auraient à établir qu'ils ont pris les mesures légales pour faire cesser les refus dont ils se plaignent, et à prouver par un acte régulier, tel qu'une sommation faite par un notaire, ou un exploit signifié par un huissier, qu'ils ont mis l'administration en demeure. La réclamation serait d'abord soumise à l'autorité supérieure en matière forestière, et, s'il n'était pas fait droit, serait portée, suivant les circonstances, devant le conseil de préfecture ou les tribunaux. Le refus de délivrance peut être fondé, comme dans l'espèce de l'arrêt cité, sur le dépérissement de la forêt; le conseil de préfecture doit connaître alors de la contestation (Code forestier, art. 65). Le refus peut aussi porter sur le fond du droit; dans ce cas, c'est aux tribunaux qu'il appartient de décider.

L'usager serait-il soumis au préliminaire de la délivrance, si son titre même l'en dispensait? La disposition de la loi devrait fléchir devant les titres conventionnels qui auraient expressément dispensé l'usager de demander la délivrance préalable, et ce, d'après les principes développés à l'occasion des art. 67 et 78 ci-dessus. Il est à remarquer en outre que l'on ne retrouve pas à l'art. 79 ces mots, *nonobstant toutes possessions contraires* ou *tous titres et possessions contraires* insérés dans les deux autres, et qu'on ne peut les suppléer. V. au surplus, *Merlin*, Rép. de jurisp., tom. 17, add., v° *Usage (Droit d')*, sect. 2, § 5, art. 6.

ART. 80.

Ceux qui n'ont d'autre droit que celui de prendre le bois mort, sec et gisant, ne pourront, pour l'exercice de ce droit, se servir de crochets ou ferremens d'aucune espèce, sous peine de trois francs d'amende.

V. ord. de 1669, tit. XXVII, art. 33; et proclamation du Roi, pour la conservation des forêts et bois, du 3 novembre 1789, Collection de *Duvergier*, t. 1er, pag. 65.

ART. 81.

Si les bois de chauffage se délivrent par coupe, l'exploitation en sera faite, aux frais des usagers (1), par un entrepreneur spécial nommé par eux et agréé par l'administration forestière (2).

Aucun bois ne sera partagé sur pied ni abattu par les usagers individuellement (3), et les lots ne pourront être faits qu'après l'entière exploitation de la coupe, à peine de confiscation de la portion de bois abattue afférente à chacun des contrevenans.

Les fonctionnaires ou agens qui auraient permis ou toléré la contravention, seront passibles d'une amende de 50 francs, et demeureront en outre personnellement responsables, et sans aucun recours, de la mauvaise exploitation et de tous les délits qui pourraient avoir été commis.

(1) La loi ne met aux frais des usagers que *l'exploitation* lorsque les bois de chauffage se délivrent par coupe. L'ord. de 1669, tit. XIX, art. 3, voulait que les délivrances eussent lieu sans frais, ni droits : il en est de même sous le nouveau Code.

(2) L'entrepreneur étant payé par les communes, qui sont d'ailleurs responsables des condamnations encourues par lui, ne pouvait être nommé par l'administration ; c'est par ce motif que la commission de la chambre des députés a proposé l'addition de ces mots à la fin du premier paragraphe, *nommé par eux*, *etc.* L'ordon. réglem., art. 122, charge l'agent forestier local d'agréer l'entrepreneur.

(3) Par un arrêt du 29 juin 1821, rapporté au Bulletin criminel, n° 105, la cour de cassation décidait que, si, pour faciliter à une commune l'exercice de son affouage, les bois lui avaient été delivrés, *en jardinant* et sans être renfermés tous ensemble dans un terrain limité ; si même cette commune avait été dispensée de l'obligation d'avoir, soit un adjudicataire ou entrepreneur responsable, soit un garde affouager, c'était une raison de plus pour qu'elle surveillât elle-même l'exploitation, dont elle ne cessait pas d'être responsable, et qu'elle ne pouvait être affranchie de la responsabilité des délits commis, sous prétexte que, par suite d'une distribution ou d'un partage fait entre les habitans, les exploitations auraient été partielles.

Des dispositions du § 3 de l'art. 81 du Code forestier, il résulte que s'il y a eu partage sur pied, abattage individuel et fait autrement que par un entrepreneur spécial, et par suite, mauvaise exploitation de la part des usagers, et délits commis par eux, ce serait les fonctionnaires ou agens forestiers seuls sur lesquels retomberait toute la responsabilité, et non plus la commune usagère. Cependant ne serait pas considéré comme abattage individuel, dans le sens de la loi, l'abattage fait par des usagers employés comme bûcherons et ouvriers par l'entrepreneur, et agissant par ses ordres et sous sa direction, moyennant salaire.

ART. 82.

Les entrepreneurs de l'exploitation des coupes

délivrées aux usagers se conformeront à tout ce qui est prescrit aux adjudicataires pour l'usance et la vidange des ventes ; ils seront soumis à la même responsabilité et passibles des mêmes peines en cas de délits ou contraventions.

Les usagers ou communes usagères seront garans solidaires des condamnations prononcées contre lesdits entrepreneurs.

V. ci-dessus, les art. 29 à 43, 45, 46, 47 à 51, et ord. réglem., art. 92 à 99, ci-après.

La garantie solidaire, dont il est question dans ce paragraphe, ne s'étend point aux *amendes* qui seraient prononcées contre les entrepreneurs. La responsabilité a été réglée dans l'art. 206, d'après le droit commun, et ne s'étend qu'aux restitutions, dommages-intérêts et frais. Le système antérieur de responsabilité en matière forestière a été entièrement changé par la législation nouvelle. C'est par suite des principes adoptés que le mot *amende* a déjà été, comme nous l'avons dit, retranché du § 3 de l'art. 72.

Du défaut de concours des adjudicataires ou entrepreneurs au récolement, il ne peut résulter aucun moyen de nullité du procès-verbal qui le constate ; la loi ne prononce point cette nullité que les juges ne peuvent suppléer, et, d'un autre côté, la partie qui n'a pas concouru au récolement a toujours la faculté de le contredire et de se soumettre à l'épreuve d'une nouvelle vérification. (Voyez les notes sur l'art. 50 ; les six arrêts de la cour de cassation du 25 août 1808, rapportés par M. Merlin, v° *Récolement de bois*, Répert. de jurisp., 4e édit., pag. 40, Questions de droit, 3e éd.,pag. 252; et l'arrêt du 5 janvier 1810, rendu par les sections réunies, *ibid.*)

ART. 83.

Il est interdit aux usagers de vendre ou d'échanger les bois qui leur sont délivrés, et de les employer à aucune autre destination que celle pour laquelle le droit d'usage a été accordé.

S'il s'agit de bois de chauffage, la contravention donnera lieu à une amende de 10 à 100 francs.

S'il s'agit de bois à bâtir ou de tout autre bois non destiné au chauffage, il y aura lieu à une amende double de la valeur des bois, sans que cette amende puisse être au-dessous de 5o francs.

V. ci-après, l'exception introduite par l'art. 112, en faveur des habitans des communes, pour leur affouage dans leurs bois communaux.

Le projet de Code, conforme sur ce point aux anciennes ordonnances, outre l'amende portée par le paragraphe second, prononçait la privation de l'affouage pendant une année. Cette disposition a été supprimée par amendement de la commission de la chambre des députés. « En examinant l'article 83, la commission, a dit le rapporteur, a trouvé trop rigoureux de prononcer une amende contre les délinquans, et de les priver en outre de leurs droits d'affouage : comme souvent la pauvreté aura pu les porter à vendre leurs bois de chauffage pour acheter des objets de première nécessité, il y aurait de la cruauté à les priver, l'année suivante, de leur chauffage ; ce serait accroître leur misère et les porter peut-être à commettre de nouveaux délits forestiers. L'amende a paru suffisante et sera plus proportionnée au délit. » (*Moniteur* du 13 mars 1827, 1er supp. au n° 72.)

Considéré comme servitude réelle, le droit d'usage n'est établi qu'en faveur du fonds, et, par conséquent, ne peut être ni cédé, ni loué séparément ; l'usager n'a droit de réclamer que ce qui lui est nécessaire pour ses besoins et ceux de sa famille. (Cod. civ., art. 63o, ordonn. d'exécution du Code forestier, art. 123.) Il est donc juste qu'il lui soit interdit de faire le commerce des fruits provenant du fonds soumis à l'usage. Si cependant le titre de concession déterminait l'étendue du droit d'usage, avec faculté de vendre ou échanger les bois, ou de pouvoir les employer même hors de la commune usagère, il ne nous paraît pas douteux, vu la doctrine adoptée à l'occasion de l'art. 78 ci-dessus, qu'un pareil titre ne dût recevoir son exécution. L'usager poursuivi à raison d'une contravention à l'article 83, aurait alors à exciper, conformément à l'art. 182, du droit que lui conférerait son acte de concession et à en faire juger la validité par les tribunaux. (V. arr. cass. 22 juillet 182o, Répert. de jurisp., v° *Usage*, pag. 836.)

ART. 84.

L'emploi des bois de construction devra être fait dans un délai de deux ans, lequel néanmoins pourra être prorogé par l'administration forestière. Ce délai expiré, elle pourra disposer des arbres non employés.

ART. 85.

Les défenses prononcées par l'article 57 sont applicables à tous usagers quelconques, et sous les mêmes peines.

TITRE IV.

Des Bois et Forêts qui font partie du domaine de la couronne.

ART. 86.

Les bois et forêts qui font partie du domaine de la couronne, sont exclusivement régis et administrés par le ministre de la maison du Roi (1), conformément aux dispositions de la loi du 8 novembre 1814 (2).

(1) Par ordonnance royale du 23 mars 1827, le ministère de la maison du Roi a été supprimé. Un intendant général remplit, en ce qui concerne les affaires de la maison du Roi, toutes les fonctions précédemment attribuées au ministre secrétaire d'Etat de ce département, telles qu'elles sont déterminées par les lois, ordonnances et réglemens.

(2) « Les bois de la dotation de la couronne, a dit M. le comte Roy, dans son rapport à la chambre des pairs, ne cessent pas de faire partie du domaine de l'Etat, par l'affectation qui en est faite à la couronne. Il n'y a donc pas de raison pour que les règles prescrites pour les bois de l'Etat ne soient pas les mêmes que pour ceux qui dépendent de la dotation de la couronne.

» Nous devons néanmoins vous soumettre quelques observations qu'a fait naître l'examen attentif du projet.

» Une portion des bois de l'Etat a été attachée à la dotation de la couronne par la loi du 8 novembre 1814 et par celle du 15 janvier 1825 ; mais cette affectation n'a lieu que pour la jouissance : la couronne n'est qu'usufruitière et ne jouit que comme usufruitière. C'est par cette raison qu'aux termes mêmes de la loi du 8 novembre, l'échange des immeubles dépendant de la dotation de la couronne ne peut avoir lieu qu'en vertu d'une loi (art. 11); que les baux des biens qui excéderaient neuf années doivent être autorisés par une loi (art. 15); que les bois et forêts de la dotation sont exploités conformément aux lois et règlemens concernant l'administration forestière (art. 16); et enfin, qu'il doit en être fait une nomenclature exacte et dressé des plans des châteaux, bois et forêts et autres immeubles affectés à la dotation de la couronne, et que ces états et plans doivent être déposés à la chambre des pairs et à celle des députés (art. 3).

» Il existe donc, relativement à ces biens, deux intérêts: celui de l'état propriétaire et celui de la couronne usufruitière.

» La conservation de ces intérêts doit avoir également ses garanties.

» La loi pourvoit suffisamment à la conservation des intérêts de l'usufruit, puisqu'elle attribue exclusivement à la couronne la régie et l'administration des bois qui en dépendent.

» Les mêmes garanties n'existeraient pas pour la propriété de l'Etat, si, pour ce qui intéresse cette propriété, on pouvait entendre que la régie et l'administration attribuées au ministre de la maison du Roi excluent celles de l'administration publique, ainsi que semblerait le faire supposer le mot *exclusivement*, ajouté, par le projet, aux dispositions de la loi du 8 novembre 1814 (art. 14).

» Cependant telle n'a pas été l'intention de ce projet, puisque la régie et l'administration exclusives des bois de la dotation de la couronne ne sont attribuées au ministre de la maison du Roi que conformément à la loi du 8 novembre, et que les mots *régie* et *administration* ne peuvent s'entendre des actes qui auraient pour objet la disposition du fonds même de la propriété. L'administration publique n'est donc pas dispensée d'en exercer la surveillance sous ce rapport, et de faire tous les actes que cette surveillance exigerait. »

ART. 87.

Les agens et gardes des forêts de la couronne sont en tout assimilés aux agens et gardes de l'administration forestière, tant pour l'exercice de leurs fonctions que pour la poursuite des délits et contraventions.

L'assimilation des agens et gardes des forêts de la couronne aux agens et gardes des forêts de l'Etat est néces-

10

sairement soumise à des exceptions qui dérivent des dispositions particulières du tit. IV. Ainsi l'art. 39 de l'ord. réglem., qui détermine les formalités pour la mise en jugement des agens et gardes des forêts de l'Etat, ne peut s'appliquer à ceux des bois de la couronne qui ne sont point dépendans de l'administration forestière. Avant le Code forestier, l'administration des bois de la couronne, n'ayant reçu d'aucune loi la délégation que l'arrêté du 17 février 1803 (28 pluviôse an XI) avait accordée à l'administration des forêts de l'Etat, il était nécessaire de recourir au conseil d'Etat pour mettre en jugement les préposés et agens de tous grades des bois de la couronne. (V. Acte constitutionnel du 13 décembre 1799 (**22** frimaire an VIII), article 75 ; arrêts du conseil d'État des 6 mars 1819 et 19 décembre 1821, rapportés par M. *Favard de Langlade*, Répert. de la nouvelle lég., v° *Mise en jugement*, § 3, n° 11.) Il en serait encore de même aujourd'hui, puisque le Code et l'ordonnance n'ont pas de disposition qui leur soit applicable, et qu'il est impossible d'admettre que l'autorisation soit donnée par l'administration forestière. On s'étonnera sans doute qu'un simple garde des forêts de la couronne soit protégé de la même garantie qu'un conservateur des bois de l'Etat ; mais tel est le résultat de la lacune qui se rencontre dans la loi. (Voyez, au surplus, l'art. 6, et la note ci-dessus ; et l'ord. réglem., art. 124.)

ART. 88.

Toutes les dispositions de la présente loi qui sont applicables aux bois et forêts du domaine de l'État, le sont également aux bois et forêts qui font partie du domaine de la couronne, sauf les exceptions qui résultent de l'article 86 ci-dessus.

Ces exceptions, qu'il serait difficile d'énumérer exactement, dérivent du principe que la couronne n'exerce que les droits que donne l'usufruit, et de la nécessité de combiner les dispositions du Code forestier avec la loi du 8 novembre 1814. Ainsi, qu'il s'agisse, par exemple, de l'adjudication d'une coupe de bois et de difficultés avec l'adjudicataire, d'après les dispositions du Code sur les forêts de l'Etat, la couronne exercera telles actions qu'il appartiendra dans l'intérêt de sa jouissance ; mais qu'il s'agisse, au contraire, d'usurpations commises sur le fonds, elle sera tenue, d'après les lois sur l'usufruit, de les dénoncer à l'Etat, parce qu'elle n'est obligée de soutenir

que les procès relatifs à la jouissance (C. civ., art. 613),
et qu'il s'agit d'une atteinte portée aux droits du propriétaire ; que des riverains intentent une action en bornage,
ils devront la diriger contre l'Etat, et néanmoins mettre
la couronne en cause, parce qu'un bornage auquel l'usufruitier seul aurait consenti ne lierait pas le propriétaire.
Ainsi encore, toutes actions à intenter contre le domaine
de la couronne, doivent l'être suivant la forme spéciale
prescrite par l'art. 14 de la loi du 8 novembre 1814.

— A la chambre des députés, l'art. 88 du Code est devenu l'occasion d'une discussion fort animée. M. Casimir
Perrier, renouvelant l'amendement qu'il avait proposé sur
l'art. 16, demandait que « *lorsque des coupes extraordinaires auraient lieu dans des bois faisant partie du domaine de la couronne, en vertu d'une ordonnance spéciale,
ainsi qu'il est dit dans l'art. 16, il en fût rendu compte aux
chambres, à la plus prochaine session.* » La conclusion
de cette discussion fût que, le domaine de la couronne
étant considéré comme usufruitier, le ministre de la maison du Roi ne pouvait régir les bois de la couronne qu'en
se soumettant aux obligations imposées aux usufruitiers ;
et que si, par abus, il se faisait des coupes extraordinaires,
le produit devrait rentrer dans les caisses de l'Etat.

Toutefois, en rejetant l'amendement, la chambre parut admettre que des ordonnances spéciales du Roi, con-
tre-signées par le ministre de sa maison, suffiraient pour
valider des coupes extraordinaires dans les bois de la couronne, sauf répétition de l'Etat contre la liste civile et
responsabilité du ministre. (*Moniteur* du 28 mars 1827,
p. 467 à 470.)

M. le comte Roy, dans son rapport à la chambre des pairs,
est loin de partager cette opinion. « Le projet, dit-il, exprime bien que toutes les dispositions qui sont applicables
aux forêts et bois du domaine de l'Etat, le sont également
aux bois et forêts qui font partie du domaine de la couronne ;
mais l'une de ces principales dispositions est qu'il ne
pourra être fait, dans les bois de l'Etat, de coupes extraordinaires, ni aucune coupe de massifs réservés pour
croître en futaie, sans une ordonnance spéciale du Roi,
à peine de nullité des ventes. On sent bien que l'application de cette disposition aux bois de la couronne amène
la nécessité de substituer pour ces bois une loi à une ordonnance, pour le cas qu'elle prévoit : c'est la conséquence de sa qualité d'usufruitière, et de la disposition
de la loi du 8 novembre, d'après laquelle ce qui excède
les bornes d'une jouissance ordinaire doit être autorisé
par une loi. » (*Moniteur*, séance du 8 mai 1827.)

Ainsi, quand l'ord. du 23 mai 1827 n'aurait pas supprimé ce ministère, le ministre de la maison du Roi, simple administrateur d'un usufruit, excéderait ses pouvoirs en contre-signant des ordonnances de coupes extraordinaires dans les bois de la couronne, parce que lorsqu'on n'est qu'usufruitier, on est tenu de suivre l'aménagement établi et de se borner au produit des coupes réglées. (Discours de M. Hyde de Neuville, *Moniteur* du 28 mars, supp., p. 469; Code civ., art. 590, 591, 592.) Le ministre des finances ne le pourrait davantage, quoique le Code lui en donne le droit pour les bois de l'État, parce que la loi du 8 novembre 1814 contient une exception positive: la haute-futaie est considérée comme faisant partie du fonds; or, l'abattre par des coupes extraordinaires, c'est porter atteinte au fonds de la propriété, c'est excéder les bornes d'une simple jouissance, ce qu'une loi seule pourrait autoriser. (Loi du 8 novembre 1814, articles 11 et 15.)

Des adjudicataires de coupes extraordinaires quelconques dans les bois de la couronne, faites en vertu d'une simple ordonnance, devraient donc concevoir des craintes sérieuses sur le sort de leurs adjudications qui se trouveraient exposées à être déclarées nulles. Pour les bois de l'État, une ordonnance spéciale a paru suffire, car le ministre des finances doit compte aux chambres du produit des coupes extraordinaires, et sa conduite est jugée par elles. Pour les bois de la couronne, une loi est absolument indispensable. Si, par abus de coupes extraordinaires, l'usufruit venait à disparaître, il en résulterait pour les héritiers de la couronne les plus graves inconvéniens. Le ministre des finances n'a d'ailleurs émis qu'un doute devant les chambres, sur la question de savoir à qui, de l'État ou de la couronne, appartiendrait le produit des coupes extraordinaires faites dans les bois de la dotation. (*Moniteur* du 28 mars, suppl., pag. 470.) Il faut donc de toute nécessité, surtout si les coupes appartiennent au Roi, que la loi du 8 novembre reçoive son entière exécution; ce sera un moyen de prémunir la couronne contre les suprises qui pourraient lui être faites.

TITRE V.

Des Bois et Foréts qui sont possédés à titre d'apanage ou de majorats reversibles à l'État.

ART. 89.

Les bois et forêts qui sont possédés par les princes à titre d'apanage (1), ou par des particuliers à titre de majorats reversibles à l'État (2), sont soumis au régime forestier, quant à la propriété du sol et à l'aménagement des bois. En conséquence, les agens de l'administration forestière y seront chargés de toutes les opérations relatives à la délimitation, au bornage et à l'aménagement, conformément aux dispositions des sections Ire et IIe du titre III de la présente loi. Les articles 60 et 62 sont également applicables à ces bois et forêts.

L'administration forestière y fera faire les visites et opérations qu'elle jugera nécessaires pour s'assurer que l'exploitation est conforme à l'aménagement, et que les autres dispositions du présent titre sont exécutées.

(1) V. ci-dessus, art. 1er, n° 3, et la note; et l'ord. régl., art. 125, 126 et 127.

Le président Hénault dit que l'apanage, tel que nous le concevons aujourd'hui, ne commença à être dans toute sa force que sous Philippe-le-Bel, et qu'auparavant il avait eu bien des variations. En effet, sous les deux premières races, les enfans des rois partageaient également la couronne entre eux ; sous le commencement de la troisième, l'inconvénient de ces partages fit prendre le parti de démembrer quelque portion des terres, dont on donnait la propriété aux fils puînés.

Mais, à mesure que les principes de la vraie politique se perfectionnèrent, l'inconvénient du démembrement d'une partie du domaine de la couronne s'étant fait sentir davantage, les partages ou apanages, dont l'apanagiste pouvait auparavant disposer comme de son bien, devinrent une espèce de majorat ou de substitution, et furent enfin chargés de retour à la couronne, à défaut d'hoirs. Mais, dans les hoirs, les femelles, ainsi que les mâles, étaient compris, ce qui était dangereux, parce que les portions des apanages pouvaient passer à des étrangers par mariage. Philippe-le-Bel ordonna que l'apanage retournerait à la couronne à défaut d'héritiers mâles. On tient donc pour principe que ni les filles ni les collatéraux de l'apanagiste ne succèdent aux biens de l'apanage. (V. *Abrégé chronologique de l'histoire de France*, année 1283; et M. *Merlin*, Rép. de jurisp. v° *Apanage*.)

Les décrets des 22 novembre-1er décembre 1790, art. 16, et 13 août-21 septembre 1790 révoquèrent toutes les concessions d'apanages existans. Les fils puînés de France devaient être élevés et entretenus aux dépens de la liste civile, jusqu'à leur mariage ou jusqu'à l'âge de 25 ans accomplis; alors il devait leur être assigné sur le trésor national des rentes apanagères. Le décret des 21 décembre 1790 - 6 avril 1791, art. 10, détermina le taux de ces rentes, qui furent supprimées par un autre décret des 24-25 septembre 1792. Sous l'empire, le sénatus-consulte du 30 janvier 1810 avait rétabli les apanages et posé des règles relatives à leur transmission, concession, fixation, aux charges qu'ils devaient supporter, à leur conservation, et à leur extinction. A l'époque de la restauration, la loi du 8 novembre 1814, art. 23, fixa une somme annuelle à payer par le trésor aux princes et princesses de la famille royale pour leur tenir lieu d'apanage. Mais les biens qui avaient appartenu à S. A. R. le duc d'Orléans, lui ayant été rendus en vertu des ord. des 18 et 20 mai, 17 septembre et 7 octobre 1814, et par l'effet de la loi du 5 décembre suivant, il en résulta de fait le rétablissement de son apanage, confirmé plus tard par la loi du 15 janvier 1825, art. 4.

Le Code soumet les bois d'apanages au régime forestier pour toutes les mesures conservatrices de la propriété et préventives des altérations du fonds, telles que la délimitation, le bornage, l'aménagement, sans toutefois porter atteinte à la libre jouissance des princes apanagistes, qui sont de vrais propriétaires, sauf l'impossibilité d'aliéner ou de grever le fonds d'aucuns droits d'usage ou autres charges, et sauf l'éventualité du retour au domaine de l'Etat dont les forêts, possédées à titre d'apanage, n'ont pas cessé de faire partie.

De ce que les forêts apanagères ne sont soumises au régime forestier que relativement à la propriété du sol et à l'aménagement, il s'ensuit que, sous tous les autres rapports, elles restent assimilées aux forêts particulières, et que, pour l'exercice de leurs fonctions, la poursuite des délits et contraventions, et leur mise en jugement, les agens et gardes des bois d'apanages sont dans la même position que les gardes des bois des particuliers. C'est là, d'ailleurs, la conséquence nécessaire du rejet de l'amendement que la commission de la chambre des députés avait proposé en ces termes : « Les agens et gardes des forêts dépendantes des apanages et des majorats reversibles à l'Etat, seront assimilés aux agens et gardes de l'administration forestière, tant pour l'exercice de leurs fonctions que pour la poursuite des délits et contraventions. Ils seront nommés par les princes apanagés ou par les titulaires des majorats, et ne pourront toutefois entrer en fonctions qu'après avoir reçu l'institution de l'administration forestière. » Quoiqu'il ait été reconnu à la chambre qu'antérieurement à la révolution, les gardes des forêts des princes apanagistes étaient en tout assimilés aux officiers royaux, et que M. le ministre des finances ait rappelé la circulaire du garde des sceaux du mois de mai 1817, où l'on voit que les agens des princes apanagés étaient regardés comme de véritables officiers publics, ayant le même rang et les mêmes droits que les agens de l'administration forestière, et pouvant comme eux assister aux audiences de police correctionnelle et y prendre des conclusions sans être assistés d'un avoué, l'amendement n'en a pas moins été rejeté, parce qu'on n'a pas voulu introduire, en faveur des princes apanagés ou de titulaires de majorats reversibles à l'Etat, un privilége exorbitant, ni permettre que les actes judiciaires autorisés par la loi du 22 mars 1806 pussent être faits par des officiers institués par des particuliers. (*Moniteur* du 29 mars 1827, suppl., pag. 475 et 476.)

(2) Comme l'apanage, le majorat est une distraction du domaine public, destinée à y faire retour dans les cas prévus par les lois et règlemens. (Décrets des 30 mars 1806 et 1er mars 1808, art. 35 et 76.) L'expectative de la réversion étant la même pour l'Etat, les forêts possédées à titre de majorats reversibles devaient donc être assujetties aux règles prescrites pour les forêts possédées à titre d'apanage. Aussi la commission de la chambre des députés introduisit-elle dans l'art. 1er et dans l'art. 89, où il n'en était pas question d'abord, un amendement qui eut pour but de les y comprendre. L'addition, combattue par MM. Hyde de Neuville et Dudon, qui niaient l'existence de majorats reversibles à l'Etat, fut adoptée sur la déclaration du ministre des finances que de pareils majorats existaient. (*Moniteur* du 29 mars 1827, suppl., pag. 475.)

Le décret du 4 mai 1809, art. 2, 26 et 28, et l'avis du conseil d'Etat du 18 juillet 1809, approuvé le 5 août suivant, réglaient pour le titulaire le mode de jouissance des bois concédés à titre de majorat, avec clause de retour à défaut de descendans mâles; ils devaient rester soumis au régime forestier, et les agens de l'administration générale des forêts étaient chargés de veiller à ce que le titulaire jouît en bon père de famille et sans dégrader. Le Code forestier, et l'ord. régl., art. 125, 126 et 127, loin de changer cette législation, tracent au contraire d'une manière plus précise les attributions de l'administration.

Mais il est à remarquer que l'administration forestière

était investie du même droit de surveillance sur les bois faisant partie des majorats qu'il avait été permis aux particuliers de former, et que le nouveau Code ne soumet plus, sous aucun rapport, ces bois au régime forestier. Il faut en conclure qu'ils sont à l'avenir assimilés aux bois des particuliers, que les titulaires sont libres d'en changer l'aménagement, sans le concours de l'administration, et que le législateur s'est reposé sur l'intérêt particulier du soin qu'auront les familles à conserver les biens affectés au maintien de leurs titres.

TITRE VI.

Des Bois des communes et des établissemens publics.

ART. 90.

Sont soumis au régime forestier, d'après l'article 1er de la présente loi, les bois taillis ou futaies appartenant aux communes et aux établissemens publics, qui auront été reconnus susceptibles d'aménagement ou d'une exploitation régulière par l'autorité administrative, sur la proposition de l'administration forestière, et d'après l'avis des conseils municipaux ou des administrateurs des établissemens publics.

Il sera procédé dans les mêmes formes à **tout** changement qui pourrait être demandé, **soit** de l'aménagement, soit du mode d'exploitation.

En conséquence, toutes les dispositions des six premières sections du titre III leur sont applicables, sauf les modifications et exceptions portées au présent titre.

Lorsqu'il s'agira de la conversion en bois et de l'aménagement de terrains en pâturages, la proposition de l'administration forestière sera communiquée au maire ou aux administrateurs des établissemens publics. Le conseil municipal ou ses administrateurs seront appelés à en délibérer : en cas de contestation, il sera statué par le conseil de préfecture, sauf le pourvoi au conseil d'État.

L'Etat ne peut espérer de ressources pour ses constructions de tout genre que dans ses propriétés, dont l'insuffisance est manifeste, et dans celles des communes. D'un autre côté, la bonne administration des bois des communes, et un aménagement régulier qui en assure la conservation et en élève les produits, sont du plus grand intérêt pour les communes elles-mêmes. Le projet a donc dû maintenir sur ce point le principe actuellement existant (v. ord. de 1669, tit. XXIV et XXV; loi du 29 septembre 1791, tit. Ier, art. 4 et 5, tit. XII et XIII; arrêté du 10 mars 1802 (19 ventôse an XII); ord. des 7 mars 1817 et 11 octobre 1820); mais il fait à son application toutes les modifications que le bien des communes pouvait réclamer. D'abord, on ne comprend dans l'application de la règle que les bois taillis et futaies susceptibles d'une exploitation régulière; on en affranchit par conséquent les arbres épars, ceux des promenades et des places publiques. On appelle les administrateurs des communes et des établissemens publics à toutes les opérations qui les intéressent : ils choisissent leurs gardes; ils nomment leurs experts; ils assistent aux adjudications; ils délibèrent sur les travaux extraordinaires. Le projet ne réserve au gouvernement qu'une administration de précaution et de garantie, qui ne doit être exercée que pour le compte et au profit des communes. (Exposé des motifs à la chambre des députés, par M. de Martignac, séance du 29 décembre 1826.)

La commission de la chambre des députés, tout en applaudissant à ces mesures, trouva néanmoins que l'art. 90 du projet tel qu'il était présenté, appliquait d'une manière trop absolue aux bois des communes le système établi pour la conservation des bois de l'Etat. Les bois communaux sont de deux sortes : les uns forment des masses propres à être aménagées; les autres ne sont que des buissons, des arbres épars sur les terres communales et particulièrement sur celles livrées aux pâturages.

A l'égard des premiers, c'est à l'autorité administrative qu'il appartient de reconnaître que les bois taillis ou futaies sont susceptibles d'aménagement ou d'une exploitation régulière; l'administration forestière n'intervient que pour faire la proposition qu'elle juge convenable pour la meilleure exploitation des bois des communes ou des établissemens publics, qui doivent eux-mêmes donner leur avis sur cette proposition. Mais s'il y a contestation, comment l'administration publique s'éclaire-t-elle? Dans quelle forme devra-t-elle procéder? C'est ce que règle l'art. 128 de l'ord. d'exécution.

A l'égard des seconds, qui sont même connus sous la

dénomination de *prés-bois*, s'ils sont trouvés susceptibles d'aménagement, et s'il s'agit de les soumettre au régime forestier, la commission a pensé qu'il fallait donner aux communes ou établissemens publics toutes les garanties convenables pour que le parti pris à cet égard ne pût jamais nuire à leurs véritables intérêts. D'un côté, la conversion des pâturages en bois proposée par l'administration forestière peut être réclamée par l'intérêt public; de l'autre, elle peut choquer l'intérêt des communes. En conséquence, conformément au dernier paragraphe de l'art. 90, sa proposition doit être communiquée aux corps municipaux ou aux administrateurs des établissemens publics qui, après en avoir délibéré, l'adoptent ou la rejettent. Dans le premier cas, l'affaire est terminée; dans le second, elle est soumise au conseil de préfecture, et, en cas d'appel, au conseil d'État. On a jugé qu'il valait mieux donner cette attribution aux conseils de préfecture qu'aux préfets; elle leur est déjà accordée par la loi du 29 février 1804 (19 ventôse an XII), article 6, et par le décret du 21 septembre 1805 (4e jour complémentaire an XIII), pour le partage des biens communaux. Dans ce cas, comme dans celui de la conversion des pâturages en bois, il s'agit des intérêts des communes, et la compétence du conseil de préfecture doit dès-lors être la même. (V. *Moniteur* du 30 mars 1827, suppl., p. 483.)

ART. 91.

Les communes et établissemens publics ne peuvent faire aucun défrichement de leurs bois sans une autorisation expresse et spéciale du gouvernement; ceux qui l'auraient ordonné ou effectué sans cette autorisation, seront passibles des peines portées au titre XV contre les particuliers pour les contraventions de même nature.

Lors de la discussion à la chambre des députés, M. Méchin fit remarquer que le mot *gouvernement* était bien vague, et demanda si, pour autoriser un défrichement, une ordonnance royale serait nécessaire, ou si une simple décision ministérielle serait suffisante. Le ministre des finances répondit que jusqu'à présent ces sortes d'autorisation avaient été données par des décisions ministérielles, et que l'esprit de l'article était qu'il ne fût rien innové à cet égard. (*Moniteur* du 30 mars 1827, suppl., pag. 482; arr. cass. 29 mars 1811, Bull. crim., n° 39.)

Il ne faut pas confondre la défense de défrichement faite aux communes et aux établissemens publics, avec la défense faite aux particuliers par le tit. XV du Code forestier. Pour les particuliers, la prohibition n'est que temporaire: à l'expiration des vingt années fixées, elle cessera de plein droit d'avoir son effet; il n'en est pas de même pour les communes et les établissemens publics: à leur égard, elle est perpétuelle; ils resteront soumis aux peines portées par le tit. XV, quand ses dispositions transitoires ne seront plus applicables aux particuliers.

Delà plusieurs conséquences : 1º. Pour effectuer un défrichement quelconque, les communes ou établissemens publics, ayant besoin d'une autorisation expresse et spéciale, ne pourraient se prévaloir des exceptions introduites en faveur des particuliers par l'art. 213; 2º. la prescription des poursuites pour l'application de l'amende, étant celle de l'art. 185, la prescription de deux ans établie par l'art. 224, pour les actions en réparation des défrichemens, est applicable à ceux qui auraient eu lieu dans les bois des communes ou des établissemens publics; 3º. l'amende étant calculée dans l'art. 220, sur l'étendue du terrain défriché, il est évident que ceux qui, dans le cas prévu par l'art. 71, auraient donné des ordres non suivis d'exécution pour un défrichement ne seraient point passibles de l'amende.

ART. 92.

La propriété des bois communaux ne peut jamais donner lieu à partage entre les habitans (1).

Mais lorsque deux ou plusieurs communes possèdent un bois par indivis, chacune conserve le droit d'en provoquer le partage (2).

(1) Le décret du 10 juin 1793, sect. Iʳᵉ, art. 4, défendait de comprendre les bois dans le partage des biens communaux, mais ses dispositions ne furent pas exactement suivies.

Lors de la discussion de l'art. 92 du Code forestier, à la chambre des députés, M. Gauthier proposa de retrancher le mot *jamais* du 1ᵉʳ paragraphe, et de le terminer par ceux-ci : *qu'en vertu d'une ordonnance formelle du Roi.* Il pensait que l'empire de la loi, en semblable matière, ne pouvait s'étendre jusque dans un avenir indéfini, et que son expression ne devait pas être si absolue qu'elle n'admît, en aucun cas, aucune exception. Il lui semblait qu'il n'était pas impossible qu'il survînt en faveur du partage des motifs de nécessité évidente, et qu'on n'eût alors à regretter de s'être placé, par une disposition si impérative, dans l'alternative, ou de se refuser à un partage manifestement utile, ou de violer la loi. M. de Martignac, commissaire du Roi, répondit : « La disposition établie dans l'art. 92 tient à la nature même des propriétés auxquelles cet article se rattache. Les propriétés communales appartiennent aux habitans des communes, et non pas à la génération actuelle. Les générations en sont successivement usufruitières : c'est une substitution perpétuelle qui doit durer autant que la commune. Par conséquent aucune des générations qui passent n'a le droit de dénaturer son titre et de se constituer propriétaire de son autorité privée. Voilà pourquoi le projet de loi déclare que la propriété des bois communaux ne pourra jamais donner lieu à partage entre les habitans. L'art. 91 prévoit le cas où il pourra être utile à la commune de changer la nature ou le mode d'exploitation ; et cet article indique de quelle manière on pourra procéder pour provoquer un défrichement et substituer un autre genre d'exploitation à celui qui serait préjudiciable à la commune. Mais quant au principe en lui-même, il est absolu. Les habitans des communes sont dans l'impuissance de faire le partage des biens communaux, et je ne crois pas même que la loi puisse faire une pareille concession. » (*Moniteur* du 30 mars 1827, suppl., pag. 482.)

(2) Cette disposition est conforme à l'art. 815 du Code civil, d'après lequel nul n'est tenu de rester dans l'indivision, et qui autorise la demande en partage, nonobstant prohibitions et conventions contraires. Si donc une commune, dûment autorisée, provoque le partage d'un bois indivis, une commune copropriétaire ne peut s'y opposer. C'est ce que la cour de cassation avait jugé par arrêt du 4 thermidor an VII, rapporté par M. *Merlin*, Rép. de jurisp., v° *Communaux*, § 6.

Mais comment le partage d'un bois indivis doit-il être fait entre deux communes ? On a douté s'il ne devait pas avoir lieu à raison du nombre respectif des habitans. Ce doute, fondé sur la loi du 15 janvier 1794 (26 nivôse an II) et du 10 décembre 1801 (19 frimaire an X), a été levé par les avis du conseil d'Etat des 20 juillet 1807 et 26 avril 1808, et par les arrêts de la cour de cassation des 12 septembre 1809 et 1er février 1814, rapportés par *Dalloz*, Jurisp. génér. du royaume, v° *Communes*, sect. IV, qui décident que le partage de bois communaux, dont les communes veulent faire cesser l'indivision, se fera par feux, c'est-à-dire, par chef de famille ayant domicile, et sans avoir égard à l'étendue du territoire de chacune d'elles.

Toutefois, le partage, en raison du nombre de feux, n'a lieu que dans le cas où il n'existerait pas de titres ou de règlemens conventionnels, attribuant des droits inégaux à chaque commune. (Arr. cass. 26 août 1816, 19 juillet 1820, *Dalloz*, ibid; *Sirey*, 21. 1. 145.)

Le droit de statuer sur les contestations qui peuvent s'élever à raison du mode de partage entre les communes, appartient exclusivement à l'autorité administrative. (Décret du 10 juin 1793, sect. 5, art. 1er; décret du 21 décembre 1808.) Mais toute question relative à la proportion respective des droits de deux communes, sur des biens communaux indivis, est de la compétence de l'autorité judiciaire. (Décret du 28 novembre 1809, *Merlin*, Rép. de jurisp., v° *Communaux*, § 7.)

ART. 93.

Un quart des bois appartenant aux communes et aux établissemens publics sera toujours mis en réserve, lorsque ces communes ou établissemens posséderont au moins dix hectares de bois réunis ou divisés.

Cette disposition n'est pas applicable aux bois peuplés totalement en arbres résineux.

D'après le projet de loi, la réserve devait toujours avoir lieu quelle que fut l'étendue des bois; la commission de la chambre des députés proposa une exception, qui fut adoptée, pour le cas où la commune ne possède pas au moins dix hectares de bois réunis ou divisés.

Un député avait demandé le retranchement de ce second paragraphe, comme inutile, et offrant de graves inconvéniens. « Des quarts de réserve existaient, disait-il, dans la plupart des forêts de sapins et offraient de grands avantages: les supprimer, ce serait enlever aux communes des ressources qu'il leur importe de conserver. » Il a été répondu, que, dans les lieux où les quarts de réserve existaient déjà, il ne fallait certainement pas les détruire; que le but de la loi était seulement de ne pas imposer aujourd'hui cette obligation aux communes dont l'exploitation ne le permet pas; que les forêts peuplées d'arbres résineux s'exploitent d'une manière très-différente des autres; et qu'il ne fallait pas que le gouvernement pût venir changer le mode de jouissance des communes dans ces sortes de forêts. D'après ces observa-

11

tions, le paragraphe a été maintenu. (*Moniteur* du 3o mars 1827, suppl., pag. 482.)

ART. 94.

Les communes et établissemens publics entretiendront, pour la conservation de leurs bois, le nombre de gardes particuliers qui sera déterminé par le maire et les administrateurs des établissemens, sauf l'approbation du préfet, sur l'avis de l'administration forestière.

V. ord. de 1669, tit. XXV, art. 14; lois des 15-29 septembre 1791, tit. XII, art. 1er, et 29 avril 1803 (9 floréal an XI), art. 10.

ART. 95.

Le choix de ces gardes sera fait, pour les communes, par le maire, sauf l'approbation du conseil municipal; et pour les établissemens publics, par les administrateurs de ces établissemens.

Ces choix doivent être agréés par l'administration forestière, qui délivre aux gardes leurs commissions.

En cas de dissentiment, le préfet prononcera.

V. lois des 15-29 septembre 1791, tit. XII, art. 3, et 29 avril 1803 (9 floréal an XI), art. 10.

La commission de la chambre des pairs a exprimé la crainte que les dispositions de l'art. 95 ne fussent insuffisantes. Lors de la discussion, M. le comte d'Haubersart a présenté de graves considérations, pour démontrer combien il serait préférable que le choix des gardes fût fait par l'administration forestière et que les gardes fussent pris hors des habitans des communes; mais le noble pair n'a fait aucune proposition. (*Moniteur* du 21 mai 1827, pag. 829.)

ART. 96.

A défaut, par les communes ou établissemens publics, de faire choix d'un garde dans le mois de la vacance de l'emploi, le préfet y pourvoira, sur la demande de l'administration forestière.

ART. 97.

Si l'administration forestière et les communes
ou établissemens publics jugent convenable de
confier à un même individu la garde d'un canton
de bois appartenant à des communes ou établissemens publics, et d'un canton de bois de l'État, la
nomination du garde appartient à cette administration seule. Son salaire sera payé proportionnellement par chacune des parties intéressées.

V. loi du 29 avril 1803 (9 floréal an XI), art. 11.

ART. 98.

L'administration forestière peut suspendre de
leurs fonctions les gardes des bois des communes
et des établissemens publics : s'il y a lieu à destitution, le préfet la prononcera, après avoir pris
l'avis du conseil municipal ou des administrateurs
des établissemens propriétaires, ainsi que de l'administration forestière.

Le salaire de ces gardes est réglé par le préfet,
sur la proposition du conseil municipal ou des
établissemens propriétaires.

Le projet de loi, conforme à l'ord. de 1669, tit. III, articles 6 et 7, à la loi du 15-29 septembre 1791, tit. XII, art. 3,
et à celle du 9 floréal an XI, art. 14, donnait à l'administration forestière le droit de destitution, après avoir pris
l'avis du conseil municipal ou des administrateurs des
établissemens propriétaires. La commission de la chambre des députés proposa la rédaction qui se trouve aujourd'hui dans la loi. Son amendement a été inutilement
combattu par M. de Bouthillier, directeur-général des forêts, comme destructif de tout moyen d'administrer les
bois communaux. (*Moniteur* du 30 mars 1827, supplém.,
pag. 482 et 483.)
À la chambre des pairs, M. le comte d'Haubersart a
demandé comment il serait pourvu à la garde des bois
pendant le temps de la suspension? Le directeur-général
des forêts a dit que l'ordonnance d'exécution du Code au-
toriserait l'administration forestière à nommer un garde

provisoire. (*Moniteur* du 21 mai 1827, p. 829; ordonn. d'exécution, art. 38.)

ART. 99.

Les gardes des bois des communes et des établissemens publics sont en tout assimilés aux gardes des bois de l'État, et soumis à l'autorité des mêmes agens; ils prêtent serment dans les mêmes formes, et leurs procès-verbaux font également foi en justice pour constater les délits et contraventions commis même dans des bois soumis au régime forestier autres que ceux dont la garde leur est confiée.

V. les lois des 15-29 septembre 1791, tit. XII, art. 6, et tit. XIII, 29 avril 1803 (9 floréal an XI), art. 12; les notes sur les art. 3, 5 et 6, ci-dessus; et l'ord. régl., art. 39.

L'assimilation absolue des gardes des bois des communes et des établissemens publics aux gardes des bois de l'Etat, les met sous la protection de la garantie constitutionnelle établie en faveur de ces derniers : comme agens de l'administration, ils ne peuvent être mis en jugement sans autorisation préalable; comme officiers de police judiciaire, ils ne peuvent être poursuivis que conformément au Code d'instruction criminelle.

Le garde des bois d'une commune, au moment où il visite et parcourt les triages confiés à sa surveillance, est dans l'exercice de ses fonctions d'officier de police judiciaire; par conséquent, s'il commet lui-même, dans l'étendue de sa garde, des délits qu'il est de son devoir de prévenir et de constater, il doit être procédé à son égard suivant le mode établi par le Code d'instr. crim., art. 479 et 483. (Arr. cass. 19 juillet 1822, Bull. crim., n° 102.)

Avant le Code forestier, et depuis la loi du 19 ventôse an X, on n'admettait pas de distinctions relativement aux biens communaux connus sous le nom de *prés-bois*. Ils étaient assujettis, comme les autres bois communaux, au même régime que les bois de l'Etat, quoiqu'ayant pour objet principal le pâturage, et ne produisant que des bois de peu de valeur, qui, par cette raison, n'étaient pas compris dans des aménagemens. (V. arr. cass. 9 avril 1813, Bull. cr., n° 73, *Sirey*, 20. 1. 494.) Aujourd'hui, d'après l'art. 90 du Code forestier, les *prés-bois* ou terrains en pâturage ne sont pas soumis au régime forestier, s'ils n'ont pas été reconnus susceptibles d'aménagement, et sont administrés comme les autres biens et revenus communaux. Il suit de là que les gardes préposés à la surveillance de ces terrains en pâturage ne sont que de véritables gardes champêtres étrangers à l'administration forestière; que, sous aucun rapport, ils ne peuvent être regardés comme des gardes forestiers des communes, et, à ce titre, assimilés aux gardes des bois d'Etat, aux termes de l'art. 99 du Code.

ART. 100.

Les ventes des coupes, tant ordinaires qu'extraordinaires, seront faites à la diligence des agens forestiers, dans les mêmes formes que pour les bois de l'État, et en présence du maire ou d'un adjoint pour les bois des communes, et d'un des administrateurs pour ceux des établissemens publics; sans toutefois que l'absence des maires ou administrateurs, dûment appelés, entraîne la nullité des opérations (1).

Toute vente ou coupe effectuée par l'ordre des maires des communes ou des administrateurs des établissemens publics en contravention au présent article, donnera lieu contre eux à une amende qui ne pourra être au-dessous de 300 francs, ni excéder 6,000 francs, sans préjudice des dommages-intérêts qui pourraient être dus aux communes ou établissemens propriétaires.

Les ventes ainsi effectuées seront déclarées nulles (2).

(1) Les formes à suivre sont déterminées par les articles 17 à 28 du Code, 32 à 91 de l'ord. réglem., et par le cahier des charges approuvé par le gouvernement.

Un député, M. Breton, avait proposé un amendement tendant à ce que les maires et administrateurs fussent appelés par un avis dûment signifié au moins quinze jours avant l'adjudication. Le rapporteur de la commission répondit que les mots *dûment appelés* sont ceux qui sont usités pour constater la nécessité d'avertir les personnes qui ont intérêt à l'opération; que le projet exigeait que la publication fût faite quinze jours à l'avance; que les intéressés auraient donc une double connaissance de l'adjudication, d'abord, par l'affiche, ensuite par l'avis qui leur sera donné, et que l'addition proposée ne serait qu'une répétition inutile. L'amendement mis aux voix a été rejeté.

(*Moniteur* du 3o mars 1827, suppl., pag. 484.) Il suit delà, qu'une grande latitude est laissée à l'administration, tant sur le délai, que sur le mode de l'avertissement.

(2) A l'exception de l'amende, les dispositions des deux derniers paragraphes de l'art. 100 sont renouvelés de l'arrêté du gouvernement du 26 juillet 1796 (8 thermidor an IV), qui interdisait les ventes sans autorisation, à peine de nullité et de tous dommages-intérêts, envers ceux qui les ordonneraient et adjugeraient, et même envers les adjudicataires. Mais, si à la contravention de la part des maires et administrateurs, prévue et punie par l'art. 100, se réunissaient en outre les cas prévus par les art. 18 et 19 du Code forestier, la clandestinité ou le défaut d'affiches, il est évident qu'il y aurait lieu, tant contre les maires et administrateurs que contre les acquéreurs, à l'application des peines portées par ces articles, et même, suivant les circonstances, à celles des art. 205 et 207.

La défense d'abattre et de vendre, sans autorisation, des arbres sur pied dans les forêts des communes ou établissemens publics, s'applique, non seulement aux arbres parfaitement sains, mais encore à ceux qui sont viciés, secs et dépérissans. (Arr. cass. 13 décembre 1811, Bull. crim., n° 172 ; ord. réglem., art. 103 et 104.)

Un enlèvement de fagots composés de broussailles et geniévres, fait d'après l'autorisation d'une fabrique dans un bois de futaie et de taillis dont elle a l'usufruit, constitue une entreprise sur le bois, laquelle ne peut avoir lieu sans autorisation. (Arr. cass. 13 février 1812, Bull. crim., n° 28.)

ART. 101.

Les incapacités et défenses prononcées par l'article 21 sont applicables aux maires, adjoints et receveurs des communes, ainsi qu'aux administrateurs et receveurs des établissemens publics, pour les ventes des bois des communes et établissemens dont l'administration leur est confiée.

En cas de contravention, ils seront passibles des peines prononcées par le paragraphe 1er de l'article précité, sans préjudice des dommages-intérêts, s'il y a lieu ; et les ventes seront déclarées nulles.

V. art. 21 et 205; Code civil, art. 1596; et Code pénal, art. 175.

ART. 102.

Lors des adjudications des coupes ordinaires et extraordinaires des bois des établissemens publics, il sera fait réserve en faveur de ces établissemens, et suivant les formes qui seront prescrites par l'autorité administrative, de la quantité de bois, tant de chauffage que de construction, nécessaires pour leur propre usage.

Les bois ainsi délivrés ne pourront être employés qu'à la destination pour laquelle ils auront été réservés, et ne pourront être vendus ni échangés sans l'autorisation du préfet. Les administrateurs qui auraient consenti de pareilles ventes ou échanges, seront passibles d'une amende égale à la valeur de ces bois, et de la restitution, au profit de l'établissement public, de ces mêmes bois ou de leur valeur. Les ventes ou échanges seront en outre déclarés nuls.

V. ci-après, art. 205, et ord. régl., art. 142.

M. Baudrillart, dans son Commentaire sur le Code forestier, 2e partie, pag. 172 et 192, avance qu'il existe une contradiction entre les art. 102 et 112; que le premier défend la vente ou l'échange des bois délivrés aux établissemens publics, tandis que le second permet, au contraire, cette vente ou cet échange. En apportant quelqu'attention à l'examen de l'art. 112, on reconnaîtra que cette prétendue contradiction n'a rien de réel.

Cet article rend applicable à la jouissance des communes et des établissemens publics dans leurs propres bois toutes les dispositions relatives aux droits d'usage dans les bois de l'Etat, sauf les modifications résultant du titre *des bois des communes et établissemens publics*, et à l'exception de l'art. 83, qui interdit aux usagers de vendre ou échanger les bois qui leur sont délivrés. C'est à des usagers ayant un droit sur la chose d'autrui que l'art. 83 interdit la vente ou l'échange. Quant aux habitans d'une commune, usagers dans leurs bois communaux, l'art. 112 introduit une exception en leur faveur, « parce qu'il eût été injuste, a dit le rapporteur de la commission de la chambre des députés, que celui des habitans propriétaires qui ne brûlerait pas tout le bois qui lui aurait été délivré fût privé du droit de disposer de l'excédant ; et que l'on doit faire une grande différence entre les droits d'usage qu'ont les habitans d'une commune dans les forêts de l'Etat, et celui qu'ils ont dans leurs bois communaux, l'un étant un droit sur une chose qui ne leur appartient pas, et l'autre, un droit qui n'est qu'un mode de jouissance de leur propre chose. » (*Moniteur* du 13 mars 1827, 1er suppl., pag. 4.) On peut déjà remarquer, d'après ces motifs, que le législateur, en introduisant l'exception dans l'art. 112, n'a point eu en vue les établissemens publics : loin de leur permettre la vente ou l'échange des bois qui leur sont délivrés pour leurs besoins, il les prive au contraire d'une manière expresse par les dispositions spéciales de l'art. 102, du bénéfice de l'exception introduite dans l'art. 112.

Dira-t-on, en comparant les établissemens publics aux habitans d'une commune, usagers de bois communaux, qu'ils sont aussi propriétaires de leurs bois, et que, s'ils n'ont pas employé tout celui qui leur a été délivré, il est juste de leur laisser vendre l'excédant et de leur permettre de tirer le meilleur parti de ce qui leur appartient ? On répondra qu'il y a la plus grande différence entre la position des habitans usagers et des établissemens publics. Si le particulier qui a reçu sa part dans l'affouage communal n'a pas tout consommé, la loi le laisse profiter de son économie, et ne l'empêche pas de vendre son superflu ; peut-être pour soutenir sa famille a-t-il besoin de choses plus indispensables que le bois. Mais quand un établissement public, un hospice, un séminaire, par exemple, reçoit la quantité de bois nécessaire à ses besoins, les administrateurs en surveillent l'emploi le plus convenable pour le service. S'il arrive que, sur la quantité délivrée, l'établissement ait du bois à vendre, ce fait seul signale l'existence d'un abus dans le mode d'administration : on a exagéré les besoins de l'établissement ; on a dressé et transmis à l'agent forestier local des états inexacts ; les administrateurs sont ou trompeurs ou trompés. On conçoit alors combien il importe que l'autorité, par son intervention, éclaircisse les faits, redresse les erreurs et réforme les abus. Voilà pourquoi l'art. 102 prohibe la vente ou l'échange, sans autorisation préalable, des bois dont les établissemens publics ont reçu la délivrance. Il devient donc évident, que la faculté laissée par l'art. 112 à l'habitant d'une commune de vendre ou échanger le bois d'affouage provenant de la forêt communale ne reçoit aucune application lorsqu'il s'agit de bois délivrés à un établissement public ; qu'il n'y a aucune contradiction entre les art. 102 et 112 ; et que seulement le premier contient pour les établissemens publics une exception à la disposition introduite dans le second.

ART. 103.

Les coupes des bois communaux destinées à être partagées en nature pour l'affouage des habitans ne pourront avoir lieu qu'après que la délivrance en aura été préalablement faite par les agens forestiers, et en suivant les formes prescrites par l'article 81 pour l'exploitation des coupes affouagères délivrées aux communes dans les bois de l'État; le tout sous les peines portées par ledit article.

Le partage sur pied et l'abattage individuel étaient une source d'abus et de dégradations que le nouveau Code devait faire cesser entièrement. Cependant, lors de la discussion à la chambre des députés, M. de Courtivron demanda que l'on conservât le mode d'exploitation des coupes affouagères établi dans chaque localité, soit que le bois se distribuât sur pied aux habitans, soit qu'il ne leur fût délivré que coupé et débité. Cet amendement ayant été rejeté, il en fut présenté deux autres qui tendaient au même but. M. Méchin proposa d'ajouter cette disposition à la fin de l'art. 103 : « Sauf néanmoins les modifications que les besoins et l'usage des localités rendront nécessaires. » M. de Martignac la fit rejeter par les considérations suivantes : « On vous propose, messieurs, une disposition vague et restrictive qui ferait qu'en réalité la loi n'aurait rien prescrit. Nous avons reconnu la nécessité d'empêcher les exploitations individuelles; nous les avons considérées comme une chose infiniment fâcheuse pour les bois, et par conséquent pour les communes à qui ces bois appartiennent. Nous avons entendu leur appliquer une disposition qui n'est pas nouvelle, c'est-à-dire, les obliger à présenter un entrepreneur spécial. On nous indique maintenant des localités où des communes exploitent par elles-mêmes. Nous n'entendons pas porter préjudice à cet usage. Seulement, comme l'administration forestière est responsable des bois des communes, il faut qu'il y ait un entrepreneur spécial qui soit responsable envers elle. Cet entrepreneur pourra ensuite s'entendre avec les habitans comme il le voudra; il pourra faire exploiter par les habitans, et pour leur compte, mais sous sa surveillance et sous sa responsabilité. De cette manière, nous arrivons au but que nous voulions atteindre et nous ne gênons en rien les usages des communes. » (*Moniteur* des 30 et 31 mars 1827, pag. 484 et 489.)

Ainsi, dans le cas prévu par l'art. 103, la délivrance, l'exploitation et le partage n'auront lieu que dans les formes prescrites par l'art. 81 du Code et 141 de l'ordonn. réglem. Cependant, s'il est vrai, comme on l'a avancé à la chambre des députés, que les habitans de quelques communes trouvent plus d'avantage et d'économie à mettre eux-mêmes la main à l'œuvre ; s'ils ont à craindre que les bois ne soient tous débités en chauffage, et qu'on ne les prive par là des perches et des échalas qui leur sont nécessaires, l'entrepreneur responsable s'entendra avec eux à cet égard, comme il lui plaira ; il pourra les faire travailler eux-mêmes, et les employer comme ouvriers sous ses ordres à une exploitation qui, en définitive, se fait pour leur compte et dans leur intérêt. Voilà tout ce que M. le commissaire du Roi a voulu dire ; et on ne peut supposer, avec MM. Coin-Delisle et Frédérich, Commentaire sur le Code forestier, p. 393, qu'au moment même où il combattait des amendemens propres à conserver l'abus, il ait reconnu le droit de partager sur pied et d'exploiter individuellement, dans les localités où cet usage dangereux s'était introduit.

Jamais aucune exploitation dans les bois communaux ne peut être faite que dans l'intérêt commun de tous les habitans, et en observant les formalités prescrites ; en conséquence, aucun habitant de commune ne peut, dans son intérêt particulier, faire des coupes de fagots dans lesdits bois sans contrevenir à la loi. (V. Arr. cass. 27 février 1807, 13 novembre 1810, *Merlin*, Rép. de jurisp. vᵒ *Délit forestier*, § 7 ; et ci-après, art. 194.)

ART. 104.

Les actes relatifs aux coupes et arbres délivrés en nature, en exécution des deux articles précédens, seront visés pour timbre et enregistrés en débet, et il n'y aura lieu à la perception des droits que dans le cas de poursuites devant les tribunaux.

La délivrance faite à une commune d'une coupe dans un bois qui lui appartient n'est point une translation de propriété qui donne ouverture au droit déterminé par l'art. 69, § 5, nᵒ 1, de la loi du 12 décembre 1798 (22 frimaire an VII), ou l'art. 78 de la loi du 15 mai 1818 ; ce n'est qu'un acte de police administrative qui, seulement dans le cas de poursuites exercées contre l'entrepreneur pour délits ou malversations, donne lieu au recouvrement des droits de timbre et d'enregistrement, conformément à l'art. 74 de la loi du 25 mars 1817.

ART. 105.

S'il n'y a titre ou usage contraire, le partage des bois d'affouage se fera par feu, c'est-à-dire, par chef de famille ou de maison ayant domicile réel et fixe dans la commune (1); s'il n'y a également titre ou usage contraire, la valeur des arbres délivrés pour constructions ou réparations sera estimée à dire d'experts et payée à la commune (2).

(1) Le partage par feux, déjà consacré par les avis du conseil d'Etat des 20 juillet 1807 et 26 avril 1808, qui renversèrent en l'interprétant, le système établi par la loi du 19 juin 1793, a été avec raison regardé comme le mode le plus équitable en matière d'affouage. Mais la loi n'intervient dans le partage qu'en l'absence de titres, d'usage ou de possession immémoriale équivalent à titre.

La discussion qui a eu lieu à la chambre des députés est utile à connaître pour saisir exactement la valeur de plusieurs des expressions insérées dans l'art. 105.

Un député, M. de Montbel, proposa de substituer aux mots *chef de famille*, ceux-ci, *chef de maison*, qui d'abord ne se trouvaient pas dans l'article. Il disait qu'un célibataire, un curé, un desservant, par exemple, n'était pas, dans le sens habituel du moins, dans le sens restreint, un chef de famille ; et qu'il y avait à craindre que cette désignation, si on la maintenait, ne pût quelquefois donner lieu à de mauvaises difficultés. Après diverses explications, le rapporteur de la commission dit qu'elle avait été unanimement d'avis que dans les mots *chef de famille* se trouvaient nécessairement compris les curés et les desservans, parce qu'ils sont, comme on l'a observé, chefs de maison ; que toutefois, pour trancher la difficulté, on pouvait ajouter aux mots *chef de famille*, ceux-ci : *ou de maison;* ce qui fut adopté.

Un autre député, M. de Berthier, demanda la suppression du mot *fixe*, parce qu'il pourrait être mal interprété, opposé aux desservans qui n'ont pas de domicile fixe, et que l'expression *domicile réel* devait suffire. Le rapporteur de la commission et M. de Kergariou s'opposèrent à la suppression : le premier dit que tout fonctionnaire public qui habite une commune a bien un domicile réel et fixe. Le second représenta que, du moment que la commission avait proposé que les titres et usages contraires fussent maintenus partout, on ne pouvait rien souhaiter de plus ; que, dans beaucoup de départemens, les communes étaient remplies de casernes de douaniers qui n'y sont que temporairement, et qu'au moyen de la suppression demandée on donnerait l'affouage à des étrangers. La proposition n'eut pas de suite. (*Moniteur* du 31 mars 1827, supp., pag. 489 et 490.)

On peut demander depuis combien de temps le domicile devra être établi pour donner droit à l'affouage dans les bois communaux. Une cour royale avait proposé de fixer à une année le laps de temps nécessaire pour constituer le domicile. Mais les rédacteurs du Code se sont abstenus de rien déterminer à cet égard. En n'attribuant l'affouage qu'aux chefs de famille ou de maison ayant domicile réel et fixe, la loi a fait tout ce qu'elle devait faire ; elle laisse sagement aux tribunaux à décider les questions de savoir si tel individu, réclamant sa part de l'affouage, est ou non domicilié. (V. loi du 10 juin 1793, sect. 2, art. 3 ; arr. du conseil d'Etat du 21 décembre 1825, rapporté par M. de *Cormenin*, Questions de droit administratif, v° *Communes*, pag. 368.) Les circonstances seules peuvent servir à déterminer le jugement. On a donc lieu de s'étonner que M. Baudrillart, 2ᵉ partie, pag. 178, de son Commentaire sur le Code forestier, ait avancé, comme règle générale, que le séjour d'un an dans une commune suffit pour y acquérir domicile et avoir droit à l'affouage. Se fondant à tort sur un décret du 15 octobre 1793 (24 vendémiaire an II), relatif à l'extinction de la mendicité, où on lit, tit. V, art. 2, que pour acquérir le domicile de secours il faut un séjour d'un an dans une commune, il prétend que l'affouage est un véritable secours accordé sur les propriétés de la commune. C'est là une grave erreur que M. Baudrillart n'a sûrement professée que par inadvertance, car il ne conteste pas d'ailleurs le principe proclamé par le rapporteur de la commission de la chambre des députés, que le droit d'affouage, qu'ont les habitans d'une commune dans leurs bois communaux, n'est qu'un mode de jouissance de leur propre chose, et non pas une aumône qu'ils reçoivent. (V. Rapport de M. le baron *Favard de Langlade* à la chambre des députés, *Moniteur* du 13 mars 1827, 1ᵉʳ suppl., pag. 4 ; Dictionnaire universel de droit français, par *Pailliet*, v° *Affouage*, pag. 238 et suiv.)

(2) Le droit d'affouage des habitans s'applique soit aux taillis, soit aux futaies qui se trouvent dans leurs assiettes en usance. La distribution de l'affouage des futaies pour la

construction ou la réparation des maisons, n'a pas lieu, d'après le Code, d'une autre manière que le partage du chauffage. Sans doute on ne peut s'empêcher de reconnaître que la délivrance des futaies concerne plus directement les choses, les bâtimens, tandis que le chauffage semble plutôt dû aux ménages. Mais il ne faut pas en conclure que, pour donner part dans les bois de construction ou de réparation, on n'a point à examiner si le réclamant est domicilié dans la commune ou ailleurs, parce que c'est uniquement à la maison et pour la maison qui est toujours là, et non pour la consommation de l'homme, que cette espèce de bois est due. Cette théorie, professée avant le Code forestier, par l'auteur de l'article *Affouage*, dans le Dictionnaire universel de droit français, par M. Pailliet, p. 228, et répétée depuis par MM. Coin-Delisle et Frédérich, Comm. sur le Code forestier, tom. 1er, p. 399, ne peut prévaloir contre le texte de l'art. 105. Dire que, dans sa seconde partie, cet article n'exige ni la qualité de chef de famille, ni le domicile fixe, c'est avancer une opinion dénuée de tout fondement. Lors de la discussion à la chambre des députés, M. Terrier de Santans proposait à la fin de l'article l'addition que voici : « Maintenant, toutefois, dans les pays où elle a lieu, la distribution qui s'en fait par étendue de maisons. » Il disait : « L'administration ne décidera-t-elle pas que la distribution des futaies se fera aussi par feux! C'est ce qu'il me paraît effrayant d'imaginer, et ce qui m'a engagé à monter à cette tribune. Vous partagerez sans doute mon inquiétude sur le sort à venir de l'usage que je défends : la commission et le gouvernement voulant le maintenir, pourquoi ne pas le dire clairement dans la loi? Je demande seulement qu'on exprime ce qu'on désire. » M. le rapporteur répondit : « L'article contient absolument tout ce que désire notre honorable collègue. Nous avons ajouté à l'article du gouvernement que le partage serait fait par feu, à moins qu'il n'y ait un usage contraire. Il est difficile de s'expliquer plus cathégoriquement. » D'après cette explication, l'amendement fut retiré. (*Moniteur* du 31 mars 1827, suppl., pag. 489.) Il est donc évident qu'à moins de titre ou d'usage contraire, le partage de l'affouage en bois de construction ou de réparation ne peut avoir lieu que par feu; en d'autres termes, qu'il n'y a que les chefs de famille ou de maison, ayant domicile réel et fixe dans la commune, qui puissent y être admis. Le conseil-d'État, d'ailleurs, lorsqu'il a eu à décider la question de savoir si les fruits des biens communaux entre les habitans propriétaires pouvaient se répartir proportionnellement à l'étendue des propriétés, a constamment écarté cette proposition.

12

Les individus, chefs de famille domiciliés, qui ne sont pas propriétaires de maisons, ont-ils droit à l'affouage des bois de construction ou de réparation? Cette question est résolue négativement dans le Dictionnaire universel de droit français, v° *Affouage*, pag. 230. Mais il est évident que l'on peut être domicilié sans avoir actuellement une maison en propriété : or, le Code n'exige pas autre chose que le domicile réel et fixe; donc l'affouage des futaies, de même que le chauffage, à moins de titre ou usage contraire, appartiendra à tout chef de famille domicilié, qu'il soit ou non propriétaire d'une maison. Il n'a pas, dit-on, de bâtimens à entretenir. Qu'importe : il peut en faire construire; et, d'ailleurs, on a vu, sur l'art. 102, que, par exception à la règle générale, l'habitant usager dans les bois de la commune dont il fait partie a le droit de vendre ou d'échanger sa portion d'affouage, ou d'acheter celle d'un autre. Ainsi, en matière d'affouage des bois de construction et réparation, ou les habitans auront droit à un partage en nature dont le mode sera réglé par titres ou usages, ou bien les titres ou usages qui donneront le droit d'exiger un partage n'en régleront pas le mode. Dans le premier cas, la loi n'entend rien innover; dans le second, le partage aura lieu par feu, conformément à la première partie de l'art. 105. Si les habitans ne sont pas suffisamment fondés par titres ou usages à exiger un partage quelconque, alors, d'après la seconde disposition du même article et l'art. 142 de l'ordonnance réglementaire, il y aura estimation par experts et paiement à la commune.

Il est à observer qu'en cas de contestation sur le mode de jouissance et de répartition de l'affouage, il n'appartiendrait qu'à l'autorité administrative de statuer, tandis que les tribunaux seraient seuls compétens pour décider les difficultés qui intéresseraient la propriété des habitans. (V. Questions de droit administratif, par M. de *Cormenin*, v° *Communes*, pag. 366 à 372; et *Dalloz*, Jurispr. gén. du royaume, v° *Communes*, sect. IV.)

ART. 106.

Pour indemniser le gouvernement des frais d'administration des bois des communes ou établissemens publics, il sera ajouté annuellement à la contribution foncière établie sur ces bois une somme équivalente à ces frais. Le montant de cette somme sera réglé chaque année par la loi de finances; elle sera répartie au marc le franc de la-

dite contribution, et perçue de la même manière.

La première rédaction de cet article était ainsi conçue :
« Pour indemniser le gouvernement des frais d'administration des bois des communes et des établissemens publics, il sera payé, au profit du trésor, par les adjudicataires des coupes tant ordinaires qu'extraordinaires, un décime par franc en sus du prix principal de leur adjudication.

» Quant aux coupes et portions de coupes qui se délivrent en nature aux communes et aux établissemens propriétaires, il sera perçu par le trésor un vingtième de la valeur des bois délivrés, laquelle sera fixée par le préfet, sur les propositions respectives du maire ou des administrateurs et des agens forestiers. »

La commission de la chambre des députés est entrée, à l'occasion de cette proposition, dans les calculs les plus étendus ; elle a posé en principe que le décime et le vingtième ne pouvaient être proposés, comme des aggravations d'impôt, mais seulement comme la représentation exacte des frais faits par l'Etat pour l'administration des bois des communes ; elle a établi en fait que le montant de ce prélèvement excédait la part proportionnelle que devaient supporter les communes dans les frais généraux de régie, et elle a demandé qu'une autre base fût adoptée. Le gouvernement a reconnu la justice de ces observations, et l'on a remplacé l'article du projet par la disposition qui forme l'article 106 du Code. Au moyen de la contribution établie, tous les frais autres que le salaire des gardes resteront à la charge de l'Etat. (V. le rapport de M. Favard de Langlade à la chambre des députés ; l'exposé des motifs par M. de Martignac à la chambre des pairs ; et le rapport de M. Roy à la même chambre ; séances des 12 mars, 11 avril et 8 mai 1827.)

ART. 107.

Moyennant les perceptions ordonnées par l'article précédent, toutes les opérations de conservation et de régie dans les bois des communes et des établissemens publics seront faites par les agens et préposés de l'administration forestière, sans aucuns frais.

Les poursuites, dans l'intérêt des communes et des établissemens publics, pour délits ou contraventions commis dans leurs bois, et la perception des restitutions et dommages-intérêts prononcés en leur faveur, seront effectuées sans frais par les agens du gouvernement, en même temps que celles qui ont pour objet le recouvrement des amendes dans l'intérêt de l'État.

En conséquence, il n'y aura lieu à exiger à l'avenir des communes et établissemens publics, ni aucun droit de vacation, d'arpentage, de réarpentage, de décime, de prélèvement quelconque, pour les agens et préposés de l'administration forestière, ni le remboursement soit des frais des instances dans lesquelles l'administration succomberait, soit de ceux qui tomberaient en non-valeurs par l'insolvabilité des condamnés.

Cet article et le précédent ne seront exécutoires qu'à partir du 1er janvier 1829, ainsi qu'il résulte de la loi du 6 juin 1827, ainsi conçue :

« Les perceptions autorisées pour indemniser le gouvernement des frais d'administration des bois des communes ou établissemens publics, sous la dénomination de droit de vacation, de décime, d'arpentage, de réarpentage, ainsi que le remboursement des frais d'instances avancés par l'administration des forêts, continueront de s'opérer comme par le passé jusqu'au 1er janvier 1829.

» En conséquence, les dispositions des articles 106 et 107 du Code forestier, ne seront exécutoires qu'à partir de ladite époque du 1er janvier 1829. »

ART. 108.

Le salaire des gardes particuliers restera à la charge des communes et des établissemens publics.

ART. 109.

Les coupes ordinaires et extraordinaires sont principalement affectées au paiement des frais de garde, de la contribution foncière et des sommes qui reviennent au Trésor en exécution de l'art. 106.

Si les coupes sont délivrées en nature pour l'affouage, et que les communes n'aient pas d'autres ressources, il sera distrait une portion suffisante des coupes, pour être vendue aux enchères avant toute distribution, et le prix en être employé au paiement desdites charges.

V. loi du 1er décembre 1798 (11 frimaire an VII), article 5; Code civil, art. 2102, n° 3; ord. régl., art. 1440.

ART. 110.

Dans aucun cas et sous aucun prétexte, les habitans des communes et les administrateurs ou employés des établissemens publics ne peuvent introduire ni faire introduire dans les bois appartenant à ces communes ou établissemens publics, des chèvres, brebis ou moutons, sous les peines prononcées par l'article 199 contre ceux qui auraient introduit ou permis d'introduire ces animaux, et par l'article 78 contre les pâtres ou gardiens.

Cette prohibition n'aura son exécution que dans deux ans, à compter du jour de la publication de la présente loi, dans les bois où, nonobstant les dispositions de l'ordonnance de 1669, le pâturage des moutons a été toléré jusqu'à présent (1).

Toutefois le pacage des brebis ou moutons pourra être autorisé, dans certaines localités, par des ordonnances spéciales de Sa Majesté (2).

(1) La commission de la chambre des députés proposa sur le 2e § de l'art. 110 un amendement ainsi conçu : « Cette prohibition n'aura son exécution que dans deux ans à dater de la promulgation de la présente loi. » M. de Courtivron le combattit, parce que le délai lui parut devoir être réduit à un an pour les moutons, et qu'il ne pouvait être accordé aucune tolérance pour les chèvres. M. de Martignac, commissaire du Roi, prit aussi la parole contre l'amendement de la commission : « La chambre peut se souvenir, dit-il, que toute introduction de moutons, brebis et chèvres, dans les bois des communes, est sévèrement défendue par la législation existante.

L'ord. de 1669 contient même des peines sévères contre la violation de cette prohibition ; mais, malgré cette législation, il est des localités où l'introduction des brebis et des moutons a continué d'avoir lieu. La commission propose d'accorder un délai de deux ans pour la cessation de cet abus. Il paraîtrait assez difficile de faire déclarer par la loi, licite pendant deux ans, ce que la législation prohibe entièrement. Toutefois, nous reconnaissons que les considérations qui ont fait admettre une exception à l'art. 78 (v. les notes sur cet article.), paraissent de nature à la faire admettre dans l'art. 110. Mais il ne faut pas que cette exception soit conçue en termes tels qu'elle entraîne la reconnaissance d'un droit, au lieu de n'être qu'une simple tolérance; il ne faudrait pas que, pendant deux ans, l'introduction des moutons pût être faite, dans les localités mêmes où elle n'avait pas lieu jusqu'à présent. En conséquence, je crois que l'amendement devrait être ainsi rédigé : *cette prohibition*, etc. » La rédaction proposée par M. de Martignac a été adoptée, et forme le deuxième alinéa de l'article 110. (V. *Moniteur* du 31 mars 1827, suppl., pag. 490.)

(2) Le pacage des brebis ou moutons pourra être autorisé, à l'exclusion du pacage des chèvres qui ne le sera jamais. Des art. 78, 110 et 112 combinés, il résulte, d'ailleurs, qu'une semblable autorisation ne peut être donnée qu'à des habitans d'une commune exerçant un droit de pâturage sur leurs bois communaux; de simples usagers du même droit sur un bois appartenant à une commune ou un établissement public ne pourraient en aucun cas y introduire des moutons.

On a demandé, à la chambre des députés, si le mot *autorisation* était synonyme de *concession*. M. Favard de Langlade, rapporteur de la commission a répondu : « Il ne faut pas confondre avec les concessions des autorisations qui ne sont que temporaires. Je prie la chambre de se rappeler qu'à l'art. 78 j'ai donné pour principal motif que c'était seulement pour certaines localités et pour certaines circonstances qu'il fallait donner au gouvernement la faculté d'accorder un délai. Il est impossible de supposer que, quand le gouvernement aura donné une autorisation qui ne sera que temporaire et toute de bienveillance, on ait la pensée de demander une indemnité lorsque l'autorisation viendra à être retirée. » (*Moniteur* du 31 mars 1827, suppl., pag. 490.)

ART. III.

La faculté accordée au gouvernement par l'article 63, d'affranchir les forêts de l'État de tous droits d'usage en bois, est applicable, sous les mêmes conditions, aux communes et aux établissemens publics, pour les bois qui leur appartiennent.

V., ci-dessus, l'art. 63 et les notes ; et, ci-après, l'ord. régl., art. 145.

Non-seulement les communes et les établissemens publics peuvent, au moyen du cantonnement, affranchir leurs forêts de tous droits d'usage en bois ; ils peuvent aussi, conformément à l'art. 64, racheter, moyennant indemnité, tous autres droits quelconques, tels que ceux de pàturage, panage et glandée. C'est ce qui résulte de l'art. 112, qui ne mentionne pas l'art. 64 parmi ceux qui demeurent inapplicables à la jouissance des communes et des établissemens publics dans leurs bois. Le même droit, d'après l'art. 120, appartient aux particuliers.

ART. 112.

Toutes les dispositions de la huitième section du titre III sur l'exercice des droits d'usage dans les bois de l'État sont applicables à la jouissance des communes et des établissemens publics dans leurs propres bois, ainsi qu'aux droits d'usage dont ces mêmes bois pourraient être grevés (1) ; sauf les modifications résultant du présent titre, et à l'exception des articles 61, 73, 74, 83 et 84 (2).

(1) Les communes et les établissemens publics ne pourront plus, à l'avenir, faire aucunes concessions de droits d'usage (art. 62) ; ils pourront demander le cantonnement pour s'affranchir des droits d'usage en bois (art. 63), et racheter les droits de pàturage, parcours, panage, glandée et autres de même nature (art. 64). L'administration forestière pourra toujours réduire, suivant l'état et possibilité des forêts, la jouissance des communes et des établissemens publics dans leurs propres bois, et l'exercice des droits d'usage dont elles ne seront pas affranchies par le cantonnement ou le rachat (art. 65) ; la glandée et le panage ne dureront pas plus de trois mois (art. 66) ; le pàturage et droits de même nature ne seront exercés que dans les cantons défensables (art. 67) ; l'administration forestière fixera le nombre des animaux à y envoyer

(art. 68), et fera connaître les cantons déclarés défensables et le nombre des bestiaux admis au pâturage ou panage (art. 69); ceux qui sont destinés au commerce en sont exclus (art. 70); les chemins pour aller au pâturage ou en revenir seront désignés (art. 71); les troupeaux seront sous la conduite d'un pâtre commun (art. 72); les animaux admis au pâturage auront des clochettes (art. 75); s'ils sont trouvés hors des cantons déclarés défensables ou des chemins désignés, le pâtre sera punissable (art. 76); les usagers encourront l'amende s'ils envoient plus d'animaux que l'administration n'en aura admis (art. 77); il est défendu à tous usagers d'introduire des chèvres ou des moutons dans les forêts des communes ou des établissemens publics, sauf indemnité, s'il y a lieu (art. 78), et sans préjudice de la défense faite aux communes et établissemens publics d'introduire ces animaux dans leurs propres bois (art. 110). Les usagers ne prendront jamais de bois qu'après délivrance préalable (art. 79), ne se serviront d'aucuns ferremens pour ramasser le bois mort (art. 80), et ne pourront partager sur pied les bois d'affouage ni les abattre individuellement (art. 81); l'exploitation sera faite par un entrepreneur responsable et soumis aux obligations des adjudicataires pour l'usance et vidange des ventes (art. 81 et 82); enfin il est défendu aux usagers d'abattre et emporter les glands et autres productions des forêts (art. 57 et 85).

(2) Ces mots : « *sauf les modifications résultant du présent titre, et à l'exception des art.* 61, 73, 74, 83 *et* 84, doivent-ils être entendus en ce sens que les modifications et l'exception dont il s'agit tombent à la fois, et sur la jouissance des communes et des établissemens publics dans leurs propres bois, et sur l'exercice des droits d'usage dont ces mêmes bois pourraient être grevés?

Il faut remarquer d'abord que dans tout le titre VI, depuis l'art. 90 jusqu'à l'art. 112 exclusivement, il n'y a pas une seule disposition qui concerne l'exercice des droits d'usage dont pourraient être grevés les bois des communes ou des établissemens publics. L'art. 111 fait seul mention des droits d'usage en bois, pour dire que les forêts pourront en être affranchies, comme dans le cas de l'art. 63, par le cantonnement. Il est donc suffisamment démontré que ces expressions de l'art. 112, *sauf les modifications résultant du présent titre,* n'ont trait qu'à la jouissance des communes et des établissemens publics dans leurs propres bois, et nullement aux droits d'usage dont ces mêmes bois pourraient être grevés. C'est là, d'ailleurs, la confirmation de la législation et de la jurisprudence antérieures (ord. de 1669, tit. XXIV et XXV; loi du 15-29 septembre 1791, tit. XII et XIII; arrêté du gouvernement du 10 mars 1802-19 ventôse an X), qui, sauf quelques modifications résultant nécessairement de la qualité du propriétaire, assujettissaient les communes et les établissemens publics, pour la jouissance de leurs bois, aux règles prescrites pour l'Etat lui-même.

Maintenant, pour savoir jusqu'où doit s'étendre l'exception insérée à la fin de l'art. 112, il faut se reporter aux motifs qui l'ont fait introduire, et aux dispositions que renferment les articles 61, 73, 74, 83 et 84. — Nul n'est admis à exercer un droit d'usage quelconque dans les bois de l'Etat que ceux dont les droits auront été reconnus fondés (art. 61). Les porcs et bestiaux seront marqués (art. 73), et l'usager doit déposer au greffe l'empreinte de la marque, et le fer au bureau de l'agent forestier local (art. 74). Il est interdit aux usagers de vendre ou échanger les bois qui leur sont délivrés (art. 83); l'emploi des bois de construction doit être fait dans un délai fixé, qui néanmoins peut être prorogé (art. 84). « Il a été observé, dit M. Favard de Langlade, dans son rapport à la chambre des députés, que l'art. 112 appliquait aux bois des communes tous les articles de la 8e section du tit. III, excepté les dispositions de l'art. 61; mais il a paru nécessaire d'en excepter aussi les art. 73, 74, 83 et 84 : l'indication des deux premiers a pour objet d'excepter les communes et les établissemens publics de l'obligation de marquer d'une marque spéciale les bestiaux qui pacagent dans leurs propres forêts ; l'énonciation des deux autres nous a paru nécessaire, car il serait injuste, si un des habitans propriétaires ne brûlait pas tout le bois qui lui serait délivré, de le priver de disposer de l'excédant. On doit faire une grande différence entre les droits d'usage qu'ont les habitans d'une commune dans les forêts de l'Etat, et celui qu'ils ont dans leurs bois communaux, l'un étant un droit sur une chose qui ne leur appartient pas, et l'autre, un droit qui n'est qu'un mode de jouissance de leur propre chose. » (*Moniteur* du 13 mars 1827, 1er suppl. au n° 72.)

De ce qui précède, on doit conclure, 1°. que l'art. 61 ne pouvait s'appliquer à la jouissance des communes dans leurs propres bois, puisque les habitans de la commune propriétaire le sont réellement eux-mêmes, et qu'ils n'exercent sur leurs bois ni droits d'usage ni droits de servitude. Voilà le motif de l'exception qui se trouvait dans le projet de loi, et qui a été conservée. Mais ce motif n'existe plus pour des usagers, particuliers ou autres, dont les droits d'usage greveraient les bois d'une commune ou d'un établissement public : il est certain que l'art. 112 ne les autorise pas à continuer d'exercer de pareils droits, s'ils n'étaient pas fondés. 2°. Les art. 73, 74, 83 et 84 ont pu aussi ne pas s'appliquer à la jouissance des communes ou établissemens publics, par les motifs déduits dans le rapport présenté à la chambre des députés. Il est évident, toutefois, d'après les considérations mêmes qui ont motivé l'exception, qu'elle se lie à celle que proposait le gouvernement pour l'art. 61, et se restreint à la jouissance des communes ou des établissemens publics, dans leurs bois, et qu'il est impossible de l'étendre à des étrangers, usagers dans ces mêmes bois. Il serait absurde, en effet, de soutenir que de tels usagers sont affranchis des obligations imposées par les art. 73, 74, 83 et 84, lorsqu'on voit, dans l'art. 120, que les usagers, même dans les bois des particuliers, sont tenus de marquer leurs bestiaux d'une empreinte spéciale, et qu'ils ne peuvent vendre ou échanger les bois de chauffage ou de construction qui leur sont délivrés. Assurément la loi ne sera pas plus favorable à de simples propriétaires qu'aux communes et aux établissemens publics.

Toutes les dispositions de la section VIII du tit. III, sur l'exercice des droits d'usage dans les bois de l'Etat, régleront donc absolument l'exercice des droits d'usage dont seraient grevés les bois des communes ou des établissemens publics; mais il a été dans l'intention manifeste du législateur que ces mots qui forment la seconde partie de l'art. 112, « sauf les modifications résultant du présent titre, et à l'exception des art. 61, 73, 74, 83 et 84, » ne s'appliquassent qu'à la jouissance des communes ou établissemens publics, dans leurs bois. Un simple vice de rédaction a pu faire naître le doute : il ne saurait être d'aucune considération pour motiver une opinion différente de celle que nous avons émise.

Avant le Code forestier, la cour de cassation, d'après les lois de la matière, décidait (Arr. cass. 13 octobre 1809, *Merlin*, Rép. de jurisp., v° *Affouage*) qu'il était interdit aux habitans qui recevaient leurs portions d'affouage dans leurs bois communaux de la vendre, et que la prohibition s'étendait non-seulement aux ventes que feraient les communes elles-mêmes, mais encore aux ventes faites de particulier à particulier. Aujourd'hui que cette défense est levée, on peut demander quel serait l'effet de règlemens administratifs qui prohiberaient la vente, en forêt, des portions d'affouages communaux. L'autorité municipale, ou le préfet, à son défaut, peuvent avoir de justes motifs de faire de tels règlemens pour éviter les désordres qu'on pourrait commettre dans les bois des communes, si les habitans y introduisaient des étrangers pour y prendre, en leur lieu et place, leurs

portions d'affouage. Un arrêté de ce genre étant tout-
à-fait dans les attributions de l'autorité municipale ou
administrative, et ayant pour objet, non pas d'interdire
une vente d'affouages autorisée par la loi, mais de prévenir ou de réprimer des dévastations sur les propriétés
communales, devrait être exécuté de même que tout
autre règlement de police, et donner lieu contre les
contrevenans à l'application des art. 5, tit. XI, de la loi
du 16-24 août 1790, 600 et 606 du Code du 3 brumaire
an IV. C'est ce qui a été jugé par arrêt de la cour de
cassation, du 6 février 1824. (V. *Dalloz*, Jurisp. génér.
du royaume, v° *Autorité municipale*, pag. 123; et *Pailliet*, Dictionnaire universel de droit français, v° *Affouage*,
pag. 254 et suiv.)

TITRE VII.

Des Bois et Forêts indivis qui sont soumis au régime forestier.

ART. 113.

Toutes les dispositions de la présente loi relatives à la conservation et à la régie des bois qui
font partie du domaine de l'État, ainsi qu'à la poursuite des délits et contraventions commis dans ces
bois, sont applicables aux bois indivis mentionnés
à l'article 1er, §6, de la présente loi, sauf les modifications portées par le tit. VI pour les bois des
communes et des établissemens publics.

« Il était impossible, a dit M. de Martignac, dans l'exposé des motifs à la chambre des députés, séance du 29 décembre 1826, d'assujettir l'Etat, la couronne et les communes à la volonté des particuliers copropriétaires, ni de
laisser entre eux une cause toujours renaissante de discussion. Il a paru plus naturel et plus sage d'adopter pour
leur intérêt commun le mode déjà réglé pour les possesseurs de l'une des parties. Le copropriétaire ne peut s'en
plaindre, puisqu'aux termes de l'art. 815 du Code civil, il
est toujours libre de faire cesser l'indivision en requérant
le partage.

» La loi nouvelle ne fait, d'ailleurs, que maintenir la législation établie par l'ord. de 1669, tit. XXIII, et par la loi
du 15-29 septembre 1791, tit. 1er, art. 3, et tit. XI. »

Ces mots, *sauf les modifications*, etc., qui terminent l'art. 113, ont été ajoutés sur la proposition de la chambre des députés. « Vous remarquerez, a dit M. Favard de Langlade, rapporteur, que si un bois appartient indivisément à l'Etat et à un particulier, ou bien à la couronne et à un particulier, il est tout simple d'appliquer les règles relatives aux bois de l'Etat; mais il faut que ces règles soient modifiées par celles relatives aux bois des communes et des établissemens publics, lorsqu'il s'agit d'un bois qui appartient par indivis à une commune ou établissement public et à un particulier. L'Etat y est alors étranger, et il ne peut avoir plus de droit sur un bois ainsi possédé par indivis entre une commune et un particulier, que s'il appartenait à la commune seule. »

Dans son rapport à la chambre des pairs au nom de la commission, M. le comte Roy a fait observer que le projet de loi assujettissant au régime forestier, sans aucune restriction, les bois indivis avec le domaine de la couronne, lorsque pourtant les bois de la couronne sont généralement exceptés de ce régime pour leur régie et administration, il pourrait exister des embarras, si des bois de particuliers se trouvaient indivis avec des bois de la couronne; mais, a-t-il ajouté, l'embarras pourrait être surmonté, puisque, pour le faire cesser, il suffirait, de part ou d'autre, de demander le partage.

L'observation du noble pair paraît avoir été prise en considération lors de la rédaction de l'ordonnance réglementaire: d'après l'art. 147, § 2, les dispositions relatives aux forêts de l'Etat ne s'appliqueront à des bois indivis avec le domaine de la couronne que sauf les modifications qui résultent du tit. IV du Code et du tit. III de l'ordonnance.

— Comment doit-il être pourvu aux frais de régie des bois et forêts indivis? On ne peut admettre, comme le fait M. Baudrillart, Code forestier, 2e partie, page 197, que le gouvernement puisse aujourd'hui prélever le décime pour franc sur le produit des ventes. Il avait proposé cette attribution pour s'indemniser des frais d'administration des bois des communes et des établissemens publics; mais elle excita les plus vives réclamations dans les divers bureaux de la chambre des députés : on la trouva arbitraire, et on parut croire qu'elle excédait la portion pour laquelle les communes et les établissemens publics devaient contribuer dans les dépenses de l'administration forestière. La commission, en conséquence, écarta la proposition du gouvernement, et la remplaça par les dispositions actuelles de l'art. 106; elle amenda ensuite l'art. 107, en y ajoutant qu'il ne serait plus exigé à l'avenir *de droit d'ar-*

*pentage, de réarpentage, de décime, de prélèvement quel-
conque*, etc.; et elle fit disparaître de l'art. 116 du projet
de loi, les mots : *décime compris*, qui s'y trouvaient insérés. (V. rapp. de M. *Favard de Langlade* à la chambre des
députés, *Moniteur* du 13 mars 1827, 1er suppl., p. 3 et 4.) Il
est donc bien évident, surtout d'après le retranchement
qu'a subi l'art. 116, que ce n'est point en imposant le décime pour franc, sur les ventes des bois indivis, que le
gouvernement doit s'indemniser des frais de régie. Un
pareil prélèvement, sous l'empire du Code forestier, constituerait une concussion. La loi veut que l'indemnité soit
la représentation exacte des frais d'administration et
qu'on n'aille pas la chercher dans une taxe arbitraire.

Il faut donc pourvoir aux frais de régie des bois indivis, de la manière prescrite par les art. 106 et 107. Si l'indivision existe entre l'Etat et un particulier, ce dernier
ajoutera annuellement à sa contribution foncière sa quote
part de la somme qui aura été fixée comme l'équivalent
des frais; si l'indivision a lieu entre une commune ou un
établissement public et un particulier, celui-ci supportera partie de la contribution spéciale assise sur le bois
indivis, à raison des frais d'administration; si c'est l'Etat
et une commune qui sont en indivision, la commune ac-
quittera un supplément d'impôt proportionnel à ses droits.

ART. 114.

**Aucune coupe ordinaire ou extraordinaire, ex-
ploitation ou vente, ne pourra être faite par les
possesseurs copropriétaires, sous peine d'une
amende égale à la valeur de la totalité des bois
abattus ou vendus; toutes ventes ainsi faites seront
déclarées nulles.**

Les dispositions de la sect. III du tit. III du Code, et des
art. 82 et suiv. de l'ord. régl., qui déterminent la forme des
adjudications, sont applicables aux bois indivis entre l'Etat
ou des communes et des particuliers : il suit de là, qu'indépendamment des peines portées par l'art. 114, il peut encore, suivant les circonstances, y avoir lieu contre les
agens qui auraient effectué la vente et contre les adjudicataires, aux amendes, dommages-intérêts et restitutions
déterminés par les art. 18, 19, 205.

ART. 115.

Les frais de délimitation, d'arpentage et de

13

garde, seront supportés par le domaine et les copropriétaires, chacun dans la proportion de ses droits.

L'administration forestière nommera les gardes, réglera leur salaire, et aura seule le droit de les révoquer.

Si l'indivision a lieu entre l'Etat et des particuliers, le § 2 de cet article recevra son entière exécution. Il n'en sera pas de même, si l'indivision existe entre un particulier et le domaine de la couronne. Dans ce cas, l'administration des forêts de la couronne nommera seule les gardes, parce qu'ils dépendent d'elle, et que, d'après l'article 147 de l'ord. régl., les dispositions relatives aux bois de l'Etat ne deviennent applicables que sauf les modifications apportées par le tit. IV du Code. S'il y a indivision entre des communes ou établissemens publics et un particulier, il est évident que pour le choix d'un garde il faut se reporter aux dispositions du tit. VI, art. 95 et suivans. En effet, l'administration forestière ne choisit pas les gardes des bois des communes ou établissemens publics, elle les agrée seulement; d'un autre côté, d'après l'art. 99, les gardes des bois des communes et des établissemens publics étant assimilés en tout aux gardes des bois de l'Etat; le particulier copropriétaire indivis ne peut seul nommer un garde investi de pareilles attributions, quand ce droit a été positivement refusé aux princes apanagistes.

ART. 116.

Les copropriétaires auront dans les restitutions et dommages-intérêts la même part que dans le produit des ventes, chacun dans la proportion de ses droits.

TITRE VIII.

Des Bois des particuliers.

ART. 117.

Les propriétaires qui voudront avoir, pour la conservation de leurs bois, des gardes particuliers, devront les faire agréer par le sous-préfet de l'arrondissement; sauf le recours au préfet, en cas de refus (1).

Ces gardes ne pourront exercer leurs fonctions qu'après avoir prêté serment devant le tribunal de première instance (2).

(1) Les gardes champêtres et forestiers des particuliers sont des agens de la force publique, dans le sens des art. 230 et 231 du Code pénal; c'est ce que la cour de cassation a jugé par deux arrêts des 19 juin 1818 et 9 septembre 1819, rapportés au Bulletin criminel, nos 81 et 106. Ils ont aussi le caractère d'officiers de police judiciaire, aux termes des art. 9, 16, 17 et 20 du Code d'instruction criminelle. Mais ils ne sont pas agens du gouvernement, et ne peuvent invoquer la garantie établie par l'art. 75 de l'acte constitutionnel du 13 décembre 1799 (22 frimaire an VIII), en faveur des gardes des bois de l'Etat et des communes, garantie maintenue, ainsi que nous l'avons dit plus haut, page 5. Seulement, en leur qualité d'officiers de police judiciaire, ils ne sont poursuivis, pour les délits commis dans l'exercice de ces fonctions, que suivant le mode prescrit par les art. 479 et 483 du Code d'instruction criminelle. (Arr. cass. 16 février 1821, Bull. crim., n° 22.)

Pour qu'un particulier puisse faire donner au garde de ses propriétés un caractère public, il doit s'adresser à un agent de l'autorité publique. Lors de la discussion à la chambre des députés, il s'éleva la question de savoir si le garde devait être agréé par l'administration forestière, comme sous la loi du 29 avril 1803 (9 floréal an XI), ou par le sous-préfet de l'arrondissement. Le projet de loi proposait l'agrément de l'agent forestier local; M. de Martignac, commissaire du Roi, le ministre des finances et M. Favard de Langlade, rapporteur de la commission, appuyèrent cette disposition. M. de Martignac disait que la question était déjà décidée par l'art. 95, pour les bois des communes, et qu'il ne pouvait pas en être autrement pour ceux des particuliers. M. Favard de Langlade représentait « que ce que l'on demandait pour les gardes forestiers n'était autre chose que ce qui se faisait journellement pour les gardes champêtres. Un garde champêtre, poursuivait-il, ne peut être nommé que par le conseil municipal. Le garde champêtre nommé par un particulier ne peut exercer ses fonctions qu'autant qu'il est agréé par le maire de la commune. Et vous voulez qu'un garde forestier soit dans le cas d'exercer des fonctions plus importantes, sans l'assentiment de l'administration forestière! » (*Moniteur* du 31 mars 1827, supp., pag. 491.)

Cette argumentation renferme une erreur que l'honorable rapporteur n'a sans doute avancée que par inadvertance. Les gardes champêtres des particuliers *ne sont point agréés par le maire de la commune*. Il résulte de l'art. 4 de la loi du 8 juillet 1795, de l'art. 40 de la loi du 25 octobre 1795, qui, après avoir confirmé le droit de tout propriétaire d'avoir un garde champêtre particulier, ajoute : « Il sera tenu de le faire agréer par l'administration municipale, » et de l'art. 9 de celle du 17 février 1800, ainsi conçu : « Le sous-préfet remplira les fonctions exercées maintenant par les administrations municipales, » que les gardes champêtres des particuliers doivent être agréés par les sous-préfets seuls, sans le concours des conseils municipaux. (Arr. cass. 8 avril 1826, Bull. crim., n° 66, *Dalloz*, 26. 1. 341.) C'est aussi le sous-préfet qui agréera les gardes forestiers des particuliers, sans le concours de l'administration forestière. La chambre, sur la proposition de M. Sébastiani, a substitué cette disposition à celle qui existait dans le projet de loi. Le recours au préfet a été ajouté par suite de l'adoption d'un amendement de M. Cornet d'Incourt. (*Moniteur*, ibid., page 491 et 492.)

L'art. 117 du Code, tel qu'il est rédigé, offre un avantage aux propriétaires de terres et bois qui veulent préposer un seul garde à la surveillance de leurs biens. L'homme qu'ils présenteront ne sera point obligé de se pourvoir devant plusieurs autorités; il n'aura besoin que de l'agrément du sous-préfet, qui, donné sur la même commission, vaudra en même temps et pour le garde champêtre et pour le garde forestier. M. Baudrillart se trompe donc lorsqu'il dit, pag. 200 de son Commentaire sur le Code forestier, que le garde forestier d'un particulier, quoiqu'agréé conformément à la loi, ne peut légalement constater des délits sur les propriétés rurales de ce particulier, s'il n'a été agréé par le conseil municipal et confirmé par le sous-préfet. L'arrêt du 21 août 1823, rapporté au Bull. crim., n° 120, dont M. Baudrillart s'appuie, contient une doctrine que la cour de cassation a rétractée avec raison dans l'arrêt postérieur du 8 avril 1826.

(2) Le ministère public peut seul requérir la prestation de serment. La commission est visée par le sous-préfet, timbrée et enregistrée. (V. ord. régl., art. 150, et, ci-dessus, les notes sur les art. 3, 5 et 6.)

ART. 118.

Les particuliers jouiront, de la même manière que le gouvernement et sous les conditions déterminées par l'article 63, de la faculté d'affranchir leurs forêts de tous droits d'usage en bois.

ART. 119.

Les droits de pâturage, parcours, panage et glandée dans les bois des particuliers, ne pourront être exercés que dans les parties de bois déclarées défensables par l'administration forestière, et suivant l'état et la possibilité des forêts, reconnus et constatés par la même administration (1).

Les chemins par lesquels les bestiaux devront passer pour aller au pâturage et pour en revenir seront désignés par le propriétaire (2).

(1) V., ci - dessus, art. 67, 68 et les notes ; et, ci-après, ord. réglem., art. 151.

L'art. 119 trouve sa sanction pénale dans les art. 76 et 121 : il est, à l'égard des bois des particuliers, ce que l'article 67 est pour les bois de l'Etat. C'est ce que répondit M. de Martignac, commissaire du Roi, à un député qui paraissait craindre que, faute de pénalité, l'article 119 restât sans exécution. (*Moniteur* du 31 mars 1827, suppl., pag. 492.)

La contravention à la défense faite aux usagers d'introduire leurs bestiaux dans les bois des particuliers, avant qu'ils aient été déclarés défensables, n'est couverte, ni par la preuve que les bois étaient parvenus à un âge qui les mettait en état de résister à la dent des bestiaux, ni par la preuve que le propriétaire des bois y avait lui-même introduit ses bestiaux, ni par la preuve qu'il aurait affermé précédemment le droit de pacage dans ses bois, ni enfin par le défaut de preuve qu'il y ait eu dommage causé. (Arr. cass. 25 mai 1810, *Merlin*, Répert. de jurispr., tom. 9, v° *Pâturage*, § 1, et tom. 17, add., v° *Pâturage*, § 1er.)

— A la chambre des pairs, M. le duc de Praslin croit devoir renouveler l'observation qu'il avait faite sur l'article 67, relativement aux bois exploités par furetage qui ne devraient jamais être déclarés défensables. M. le directeur-général des forêts déclare « que jamais l'administration n'a considéré comme défensables, à aucune époque, les bois qui s'exploitent de cette manière, et que si l'exercice du pâturage y a quelquefois été toléré, c'est un abus qui devra être réprimé. »

Un pair observe « qu'indépendamment des droits de pâturage, parcours, panage et glandée, dont l'art. 119 interdit l'exercice dans les bois non défensables, il est encore d'autres usages, tels, par exemple, que celui d'enlever les feuilles pour faire de la litière, qui sont également préjudiciables pour les jeunes bois ; il serait donc à désirer que l'article portât une disposition générale, telle que celle de l'art. 64 qui traite du rachat des usages, et qui, tout en spécifiant certains droits plus généralement répandus, comprend ceux qu'il ne spécifie pas dans cette locution générale *les autres droits d'usage quelconques.* » M. le rapporteur de la commission « estime que la disposition de l'art. 119 doit, en effet, s'appliquer à tous les droits dont l'exercice préjudicierait à la pousse des bois. Mais il suffit que le principe soit posé, et son application à toutes sortes d'usages analogues ne saurait être douteuse, alors même qu'ils ne se trouveraient pas compris dans la disposition littérale de l'article. » (*Moniteur* du 22 mai 1827, pag. 838.)

— On aura sans doute remarqué que l'art. 120 ne rend point applicables aux bois des particuliers les dispositions des art. 68, 69 et 77. C'est parce que l'administration forestière, investie du droit de déclarer dans les bois des particuliers les cantons défensables, et de reconnaître et constater l'état et possibilité de ces bois, ne peut néanmoins fixer le nombre d'animaux à envoyer au pâturage ou panage. A cet égard, le Code forestier n'a fait que maintenir ce qui existait. Les difficultés relatives à l'étendue des droits d'usage prétendus par des usagers dans les bois des particuliers, sont de la compétence des tribunaux et non de celle de l'administration forestière ; les tribunaux conservent le droit de déterminer le nombre des bestiaux à envoyer au pâturage, nonobstant toute décision de l'administration forestière qui aurait limité ce nombre. Ainsi jugé, par la cour de cassation, dans un arrêt du 8 novembre 1826, rapporté par *Dalloz*, Jurispr. gén. du royaume. 27, 1. 39. (V. d'ailleurs, l'article 121, ci-après.)

Déjà la question avait été résolue, dans le même sens, par une décision du ministre des finances, dans l'espèce suivante. L'administration forestière avait fixé le nombre d'animaux que les habitans d'une commune enverraient dans les bois d'un particulier. La commune assigna le propriétaire devant le tribunal civil, sans avoir été préalablement autorisée. Jugement qui surseoit jusqu'après l'autorisation du conseil de préfecture. Refus d'autorisation et recours de la commune au conseil-d'Etat qui rejette sa requête. Elle s'adresse alors au ministre des finances qui, après avoir pris l'avis de l'administration forestière, décide, le 5 novembre 1823, que cette administration, lorsqu'elle a constaté dans les bois des particuliers quels sont les cantons défensables, a consommé son ministère; et que, s'il s'élève des contestations entre les particuliers et les usagers sur le nombre des animaux, c'est aux tribunaux seuls à statuer. Le propriétaire se pourvoit contre cette décision devant le conseil d'Etat; mais, le 4 février 1824, sa requête est rejetée, parce que, n'ayant pas été partie dans la décision ministérielle, avant de l'attaquer par appel, il devait y former opposition devant le ministre. Il suit cette marche, et adresse au ministre des finances un mémoire tendant au rapport de sa décision. Ce fut sans succès : la décision du 5 novembre 1823 fut maintenue. (V. *Merlin*, Rép. de jurisp., tom. 17, add. , v° *Pâturage*, § 1er.) Ce court exposé fait voir que c'est à tort que l'ordonnance du Roi, du 4 février 1824, est rapportée par *Sirey*, 24. 2. 382, avec les motifs qu'il lui suppose; la vérité est qu'elle est uniquement motivée sur une fin de non-recevoir. Ce serait aussi par erreur que la cour de cassation, dans son arrêt du 8 novembre 1826, l'aurait citée comme ayant déjà décidé la question qui avait fait l'objet du pourvoi.

(2) V., ci-dessus, l'art. 71, et, ci-après, l'art. 121.

ART. 120.

Toutes les dispositions contenues dans les articles 64; 66, § 1er; 70, 72, 73, 75, 76; 78, § 1er et 2; 79, 80 83 et 85 , de la présente loi, sont applicables à l'exercice des droits d'usage dans les bois des particuliers, lesquels y exercent, à cet effet, les mêmes droits et la même surveillance que les agens du gouvernement dans les forêts soumises au régime forestier.

Les particuliers pourront, moyennant indemnité, racheter tous droits d'usage quelconques, autres que les usages en bois, dont ils ont la faculté de s'affranchir par le cantonnement. (Art. 64 et 118.) Un député, M. Mestadier, avait proposé de retrancher l'art. 64 de la nomenclature des articles rappelés dans l'art. 120. Il disaît que l'intérêt public n'exige pas que les bois des particuliers soient conservés comme les bois de l'Etat ; qu'entre les particuliers les contrats deviennent d'exécution forcée. Un particulier propriétaire d'une forêt a été le maître, et il l'est encore de céder à une commune ou à des particuliers un droit d'usage sur sa propriété. Comment la loi pourrait-elle intervenir pour ordonner la violation d'un tel contrat? En annullant ce droit, donne-t-on une indemnité équivalente? Non : puisqu'il y a un grand nombre de communes qui ne peuvent subsister que par le pacage ; le supprimer, ce serait les réduire à la misère. Est-ce qu'une somme d'argent remplacera jamais pour elles un droit réel et perpétuel? Le rapporteur de la commission a rappelé que, lors de la discussion sur l'article 64, la chambre avait pris toutes les précautions convenables pour réserver aux communes la faculté de garder leurs pacages, lorsqu'ils seraient jugés d'une absolue nécessité. L'amendement mis aux voix a été rejeté. (*Moniteur* du 31 mars 1827, suppl., pag. 492.)

Malgré les termes généraux de l'art. 120, il ne faudrait pas croire qu'en cas de contestation sur la nécessité de conserver pour une commune l'exercice d'un droit de pâturage, les parties eussent à se pourvoir, conformément à l'art. 64, § 2, devant le conseil de préfecture. Le recours leur est ouvert devant les tribunaux. (V. ci-après l'art. 121 et les notes.)

La durée du panage et de la glandée n'excédera pas trois mois dans les bois des particuliers. (Art. 66, § 1er.) Les usagers n'exerceront leurs droits que conformément à l'art. 119.

Les bestiaux, dont les usagers font le commerce, sont exclus du pâturage ou du panage (art. 70). L'usager ne peut céder, louer, ni vendre à un tiers le droit qu'il a comme habitant d'envoyer au pâturage ou panage un nombre déterminé d'animaux à son propre usage. (V. Répert. de jurisp. de M. *Merlin,* tom. 14 et 17, v° *Usage,* sect. 2, § 5.)

Les dispositions relatives à la conduite et à la garde des troupeaux dans les bois de l'Etat s'appliquent à l'exercice des droits d'usage dans les bois des particuliers (art. 72); les porcs et bestiaux seront marqués (art. 73); les animaux admis au pâturage auront des clochettes (75); l'amende ou même l'emprisonnement pourront être prononcés dans les cas que prévoit l'art. 76.

L'application de l'art. 78 aux bois des particuliers a souffert quelques difficultés. Un député, M. de Ricard, a demandé son retranchement du nombre des articles énumérés dans l'art. 120. Il argumentait de l'avis du conseil d'Etat du 18 brumaire an XIV, et invoquait la jurisprudence de la cour de cassation, qui décide qu'un particulier peut, malgré la prohibition de la loi, envoyer des brebis ou moutons dans ses bois, et, par conséquent, autoriser les autres à le faire. Ces décisions, disait-il, sont l'application du droit de propriété, qui donne celui d'user et d'abuser de sa chose, pourvu que l'ordre public n'y soit pas intéressé. Or, l'ordre public exige-t-il que des conventions intervenues entre particuliers, souscrites le plus souvent dans l'intérêt des communautés d'habitans après de longues contestations et des transactions répétées, que des conventions jusqu'ici exécutées, soient détruites? Le pacage ne peut s'exercer que dans les bois déclarés défensables, il y a là suffisante garantie. (*Moniteur* du 31 mars, suppl., pag. 492.)

La cour de cassation, par deux arrêts des 16 octobre et 5 novembre 1807, avait jugé qu'un particulier ne pouvait permettre l'introduction de chèvres et de moutons dans les bois. Mais elle revint bientôt sur cette jurisprudence; et, dans deux autres arrêts des 26 juillet et 18 octobre 1811, elle décide, au contraire, comme le disait M. de Ricard, que le droit de propriété entraîne, pour le propriétaire d'un bois défensable ou non, celui d'y introduire ses moutons et ses chèvres, et celui de permettre, par conséquent, qu'on y introduise des moutons et des chèvres appartenant à autrui. (V. *Merlin*, Rép. de jurisp., tom. 9, v° *Pâturage*, § 1er, n°s 7 et 8.) Cette opinion, fondée sur l'avis du conseil d'Etat du 18 brumaire an XIV, avait jusqu'à ce jour prévalu. Quel que fût l'intérêt de l'Etat à la conservation des bois, on avait dû s'en remettre à celui des particuliers de ne pas dégrader les leurs.

Mais il faut bien remarquer qu'en s'appliquant aux bois des particuliers, les § 1er et 2 de l'art. 78 ne contiennent aucune prohibition qui concerne les propriétaires eux-mêmes; ils n'ont rapport qu'à l'exercice des usages, et non à l'exercice de la propriété. Un député, M. de Rosny, avait proposé, à la séance du 31 mars, deux articles additionnels au titre VIII, dont le premier portait : « les particuliers propriétaires de bois, soit que les bois soient ou non assujettis à des droits d'usage, ne pourront y introduire pour leur propre compte, ni autoriser l'introduction dans ces bois, de chèvres, moutons ou brebis, à peine, etc. » Cette proposition, n'ayant pas été appuyée, ne fut pas même mise aux voix. Il suit delà que le propriétaire d'un bois pourra, depuis le Code forestier, comme il le pouvait avant, introduire, s'il lui convient, des chèvres ou des moutons dans ses bois, parce qu'il n'exerce, ni un usage, ni une servitude. Il aura le droit d'autoriser son fermier, ou tout autre, à faire ce qu'il ferait lui-même ; il pourra encore, sans qu'on l'accuse de faire de sa propriété un usage prohibé par les lois ou règlemens, louer le droit de mener paître des chèvres ou des moutons dans ses bois, parce que le louage diffère essentiellement d'un droit d'usage qui est une servitude, et que les art. 78 et 120 ne défendent qu'aux usagers seuls de conduire à l'avenir des chèvres ou brebis dans les bois des particuliers.

Mais de cette prohibition naît une question dont la solution paraît offrir quelqu'embarras. Sans doute, si les bois d'un propriétaire sont dégradés par des étrangers, il saura les poursuivre et obtenir la réparation du dommage : mais, si des usagers, par l'effet de titres, transactions ou arrangemens quelconques, continuent d'introduire des chèvres et des moutons dans les bois d'un particulier, sans qu'il s'en plaigne, comment la contravention sera-t-elle constatée et réprimée ? En ce cas, le garde au service du particulier ne dressera point de procès-verbaux, et les gardes forestiers des bois de l'Etat ne pourront y suppléer, parce que les particuliers exercent eux-mêmes dans leurs bois la surveillance dont les agens forestiers sont chargés dans les bois de l'Etat. Sous l'ancienne législation, on avait jugé, il est vrai, que les gardes forestiers de l'Etat pouvaient constater des délits de pâturage dans les bois des particuliers, mais sur la réquisition formelle des propriétaires (loi du 29 avril 1803, article 12 ; arr. cass. 3 septemb. 1808, Rép. de jurisp. de M. *Merlin*, add., t. 17, v° *Pâturage*, § 1er, n° 15) ; mais on était, à ce qu'il paraît, revenu bientôt à une opinion contraire (Arr. cass. 27 avril 1812, *Bourguignon*, Jurispr. des Codes crim., tom. 1er, pag. 115). Or, dans l'hypothèse du consentement ou de la tolérance du propriétaire, ils ne seront point requis : ils ne peuvent même pas l'être ; car le Code forestier, qui détermine et circonscrit leurs attributions, ne les autorise pas, excepté dans les cas prévus par les art. 134, 143 et 219, à rechercher et constater des délits dans les propriétés privées, et ne donne nulle part aux particuliers le droit de les distraire de leurs fonctions pour les occuper de leurs affaires. Bien plus, le second des articles additionnels proposés par M. de Rosny avait pour objet de confier aux agens de l'administration forestière le soin de constater et de poursuivre les délits de pâturage des chèvres et des moutons dans les bois des particuliers, lorsque ceux-ci l'auraient autorisé. Dans les communes où il n'existerait pas de bois soumis au régime forestier, M. de Rosny voulait que ces mêmes délits fussent constatés par le garde champêtre et poursuivis d'office par le ministère public. Mais la proposition eut le sort de la première, et ne fut pas mise aux voix. Ainsi donc, bien que l'art. 78, § 1er et 2, s'applique à l'exercice des droits d'usage dans les bois des particuliers, il nous paraît qu'il ne recevra réellement son exécution que dans le cas où le propriétaire jugera convenable d'en invoquer le bénéfice ; mais que, s'il aime mieux souffrir le pâturage des chèvres et des moutons que de payer l'indemnité qui pourrait être due aux usagers, il n'y a pas alors dans la loi de moyen certain de faire cesser ce genre de pâturage.

L'art. 79, en tant qu'il s'applique aux usages dans les bois des particuliers, donne lieu aux observations qui suivent :

L'usager ne serait point soumis au préliminaire de la délivrance, si un titre valable l'en dispensait (V. les notes sur l'art. 79); sauf au propriétaire à exiger le cantonnement (art. 63 et 118).

On voit dans l'art. 79, déclaré applicable aux bois des particuliers, que la délivrance est faite aux usagers par les agens forestiers. Cependant ce n'est certainement pas à l'administration forestière qu'il peut appartenir de faire aucune délivrance dans des bois particuliers. L'art. 120 n'a fait qu'étendre aux forêts particulières un principe applicable à celles de l'Etat, et il conserve aux particuliers le droit ancien d'exercer dans leurs bois les mêmes droits que les agens du gouvernement exercent dans les bois soumis au régime forestier. La délivrance sera donc faite par les propriétaires, comme sous la législation précédente; ils vérifieront les besoins allégués, accorderont ou restreindront la délivrance suivant l'étendue de ces besoins reconnus, et selon que l'état de la forêt sujette à l'usage le permet ou ne le permet pas. (V. arr. cass. 21 nov. 1812, *Merlin*, Rép. de jurisp., v° *Usage*, sect. 2, § 5; arr. cass. 24 août 1820, et 9 mai 1822, Bull. crim, n°s 116 et 72.)

S'il s'élève des contestations entre les propriétaires et les usagers, elles ne peuvent être portées que devant les tribunaux (art. 121).

Les usagers ne peuvent se servir de crochets ou instrumens de fer pour enlever le bois mort, sec ou gisant (article 80); il leur est interdit de vendre ou d'échanger les bois qui leur sont délivrés (art. 83), à moins qu'ils n'aient en leur faveur des titres qui les y autorisent positivement (V. les notes sur l'art. 83); enfin il leur est défendu d'abattre, ramasser ou emporter des glands, faînes ou autres productions des forêts (art. 57, 85, 144).

ART. 121.

En cas de contestation entre le propriétaire et l'usager, il sera statué par les tribunaux.

Des contestations peuvent s'élever entre les usagers et le propriétaire, sur le cantonnement (art. 63 et 118), sur l'indemnité estimative des droits de pâturage dont le rachat sera demandé (64, § 1er, et 120). Dans ces deux cas, les tribunaux, appelés à statuer entre les usagers et l'Etat, le sont aussi entre les usagers et les particuliers. Mais une explication est nécessaire pour concilier les art. 120 et 121 qui paraissent renfermer une contradiction. L'article 120 déclare sans restriction l'art. 64 applicable à l'exercice des usagers dans les bois particuliers; or, en cas de contestation sur la nécessité absolue de maintenir le pâturage dans une forêt de l'Etat, il est statué par le conseil de préfecture. Il devrait donc en être de même si cette nécessité est contestée par un particulier. Mais l'article 121 dit que les tribunaux statueront sur les contestations entre usagers et particuliers; donc il existe dans la loi une disposition contradictoire. Il est de fait que, dans le projet de loi, l'art. 64 se bornait au premier paragraphe, et que le second fut ajouté sur la proposition de la commission de la chambre des députés. On perdit de vue cette addition lorsque l'on discuta l'art. 120, que l'on aurait évidemment dû modifier, en ajoutant après le chiffre 64, ces mots, *sauf le § 2*; mais il résulte clairement de la discussion qui s'établit sur le § 2 de l'art. 64 que la chambre n'entendit soumettre aux conseils de préfecture que les contestations élevées entre l'Etat et des communes, sur la nécessité du pâturage. Toute difficulté sur le moyen de concilier les art. 64, 120 et 121 s'aplanit d'ailleurs, si l'on se rappelle que M. de Kergariou proposa d'ajouter ces mots à l'art. 121 : *sauf le cas prévu par le 2e § de l'art.* 64, et que cet amendement fut rejeté. (*Moniteur,* du 1er avril 1827, supp., pag. 498.) Ainsi les tribunaux seuls jugeront, entre communes et particuliers, les contestations sur la nécessité de conserver l'exercice du pâturage.

Les usagers et les propriétaires peuvent encore se trouver en contestation sur l'époque de l'ouverture du panage et de la glandée, sur le nombre d'animaux à envoyer au pâturage ou panage (V. pag. 91), sur l'indemnité pour la suppression du pacage des moutons et des chèvres, sur le refus de délivrance des bois de chauffage ou autres, sur la déclaration de défensabilité, sur l'état et possibilité des forêts, sur la désignation des chemins pour le passage des bestiaux, dans tous ces cas, et les autres qui pourront se présenter, il sera statué par les tribunaux.

TITRE IX.

Affectations spéciales des Bois à des services publics (1).

SECTION PREMIÈRE.

Des Bois destinés au service de la marine.

ART. 122.

Dans tous les bois soumis au régime forestier, lorsque des coupes devront y avoir lieu, le département de la marine pourra faire choisir et marteler par ses agens les arbres propres aux constructions navales, parmi ceux qui n'auront pas été marqués en réserve par les agens forestiers (2).

(1) Les affectations dont il est question dans ce titre et le suivant, sont une véritable servitude imposée par la loi (Code civil, art. 649). Elle existait pour la marine, les ponts et chaussées, l'artillerie, les poudres et salpêtres. Le Code l'a supprimée à l'égard de ces deux derniers services.

Lors de la discussion à la chambre des pairs, M. le comte d'Haubersart rappela le droit qu'exerçait l'administration des poudres, en vertu des arrêtés du gouvernement des 25 fructidor an XI et 16 floréal an XIV, de prendre les bois de bourdaine pour la fabrication de la poudre, dans le rayon de 15 myriamètres autour des poudreries et au prix de 25 centimes la botte. Il demanda si l'on devait conclure du silence du Code à l'égard de ce privilége, qu'il devait être considéré comme supprimé, et il lui parut nécessaire qu'une explication positive levât toute incertitude sur ce point. Le directeur général des forêts déclara « que c'était en toute connaissance de cause, et à la suite d'une longué correspondance entre l'administration des poudres, le ministère de la guerre et les rédacteurs du projet de Code, qu'il a été reconnu par l'administration elle-même que le mode d'approvisionnement par le commerce libre était préférable au mode actuel; que cette administration avait donc renoncé à son privilége, et que c'é-

tait dans ce sens que devait être interprêté le silence du
Code. » Le ministre d'Etat, commissaire du Roi, ajouta
« qu'il en était de même des affectations auxquelles avait
droit le train d'artillerie, et qu'elles étaient également
supprimées. » (*Moniteur* du 22 mai 1827, pag. 839.)

La discussion qui a eu lieu sur ce titre à la chambre
des députés, n'offre d'intérêt, en général, que comme
monument historique. On peut consulter le *Moniteur* des
2, 4 et 5 avril 1827, nᵒˢ 92, 94, 95, pag. 504, 505, 506, 518,
519, 520, 521, 522, 524, 525, 526, 527, 528; et voir l'ord.
de 1669, tit. XXI, art. 1 et 2, tit. XXVI, art. 3; les arrêts
du conseil, des 2 mai 1695, 28 septembre 1700, 23 juillet
1748, 1ᵉʳ mars 1757, 16 décembre 1786; les lois des 29 septembre 1791, tit. Iᵉʳ, art. 6, 27 juillet 1793, 20 septembre
1793; le décret du 4 octobre 1793; l'arrêté du 4 février
1794; la loi du 29 avril 1803; l'arrêté du 18 mai suivant;
le décret du 15 avril 1811; l'ordonnance et le règlement
du 28 août 1816; l'ord. du 22 septembre 1819.

(2) V. l'ord. régl., art. 152, ci-après.

ART. 123.

Les arbres ainsi marqués seront compris dans
les adjudications et livrés par les adjudicataires à
la marine, aux conditions qui seront indiquées
ci-après.

V. l'ord. régl., art. 158.

ART. 124.

Pendant dix ans, à compter de la promulgation
de la présente loi, le département de la marine
exercera le droit de choix et de martelage sur les
bois des particuliers, futaies, arbres de réserve,
avenues, lisières et arbres épars.

Ce droit ne pourra être exercé que sur les arbres
en essence de chêne, qui seront destinés à être coupés, et dont la circonférence, mesurée à un mètre du sol, sera de 15 décimètres au moins.

Les arbres qui existeront dans les lieux clos attenant aux habitations, et qui ne sont point aménagés en coupes réglées, ne seront point assujétis
au martelage,

L'article du projet de loi était conçu en termes tout différens :

« Le département de la marine exercera le même droit
de choix et de martelage sur les bois des particuliers,
futaies, arbres de réserve, avenues, lisières et arbres
épars qui seront destinés à être coupés.

» Ce droit ne pourra néanmoins être exercé sur les arbres qui existeront dans les lieux clos, attenant aux habitations, et qui ne sont point aménagés en coupes réglées. »

Ce fut la commission de la chambre des députés qui
proposa de n'admettre la servitude du martelage dans les
bois des particuliers, que comme charge temporaire, et
non comme principe immuable, et d'en limiter la durée
à dix ans. Elle pensa qu'il était convenable d'élever la
dimension des arbres soumis au martelage, de 13 à 15 décimètres ; et de n'y assujétir que les arbres essence de
chêne destinés à être coupés, lesquels seront mesurés à
un mètre du sol.

Dans le cas où des arbres dont il est question dans l'article 124, auront été abattus en contravention, c'est-à-
dire sans déclaration préalable, les agens désignés par
l'art. 134 en mesureront le tour sur la souche, conformément à l'art. 193, si les arbres ont disparu ou ont été
façonnés.

Il ne serait pas exigé alors que la mesure eût été prise
à un mètre du sol ; il suffirait, pour établir la contravention, que le procès-verbal constatât que la circonférence
de la souche excède la dimension marquée par l'art. 124.
(V. arr. cass. 12 juin 1812, Bull. criminel, n° 143.)

— On peut demander ce qu'il faut entendre par *lieux
clos* attenant aux habitations. (V. Code pénal, art. 391.)

ART. 125.

Tous les propriétaires seront tenus, sauf l'exception énoncée en l'article précédent, et hors le cas
de besoins personnels pour réparations et constructions, de faire, six mois d'avance, à la sous-
préfecture, la déclaration des arbres qu'ils ont
l'intention d'abattre, et les lieux où ils sont situés.

Le défaut de déclaration sera puni d'une amende
de dix-huit francs par mètre de tour pour chaque
arbre susceptible d'être déclaré.

Cet article, dans le projet de loi, était ainsi conçu :

« Tous les propriétaires seront tenus, sauf l'exception énoncée en l'article précédent, et hors le cas d'urgente nécessité, de faire, six mois d'avance, la déclaration des coupes qu'ils auront l'intention d'effectuer, et des lieux où sont situés les bois ou arbres qu'ils veulent abattre.

» Quant aux arbres épars, les propriétaires ne seront assujétis à faire la déclaration prescrite que pour les chênes ayant au moins treize décimètres de tour, mesurés à un mètre du sol.

» Le défaut de déclaration sera d'une amende de 45 fr. par mètre de tour pour chaque arbre susceptible d'être déclaré. »

La rédaction définitive a été adoptée sur la proposition de la commission de la chambre des députés. (*Moniteur* du 13 mars, 1er suppl. au n° 62, et du 5 avril 1827, 1er suppl. au n° 95, pag. 528.)

Un député, M. Reboul, a dit, sur le 1er § de l'article amendé par la commission : « Il me paraît que les mots, *besoins personnels*, ne remplacent pas, dans tous les cas, les mots *urgente nécessité*. Par exemple, un arbre meurt, il faut le remplacer; voilà un cas d'urgence. Un arbre est abattu par le vent, il faut le relever; voilà encore un cas d'urgence. Cependant il n'y a pas là de besoin personnel : il me semble que les mots, *en cas d'urgence*, ne seraient pas superflus dans l'article. (*Voix diverses :* c'est inutile; cela s'entend.) Si le gouvernement entend qu'on puisse couper, sans autorisation, les arbres dont je viens de parler, je n'insiste pas pour cette addition. (*Moniteur* du 5 avril 1827, 1er suppl., pag. 528.)

— Le particulier sur la propriété duquel il a été coupé, sans déclaration préalable, un chêne de la dimension prescrite par la loi, ne peut être affranchi des peines, qu'autant que le chêne aurait été coupé à son insu. (Arr. cass. 23 janvier 1813, Bull. crim., n° 11.)

Le procès-verbal dressé contre un particulier prévenu d'avoir coupé, sans déclaration, sur ses propriétés, un chêne de la dimension déterminée, n'est pas nul pour n'avoir pas déterminé cette dimension conformément au système métrique. (Arr. cass. 11 décembre 1812, Bull. cr., n° 264.)

La faculté concédée dans un bail par un propriétaire de bois à son fermier, d'y couper les bois nécessaires à l'exploitation de sa ferme, ne peut affranchir ce fermier, ni de l'obligation de faire la déclaration préalable, le cas échéant, ni de remplir les formalités prescrites en cas d'urgente nécessité. (Arr. cass. 17 mai 1816, Bull. crim., n° 29.)

V. d'ailleurs, l'art. 131, ci-après, et l'ord. régl., art. 159.

ART. 126.

Les particuliers pourront disposer librement des arbres déclarés, si la marine ne les a pas fait marquer pour son service dans les six mois à compter du jour de l'enregistrement de la déclaration à la sous-préfecture.

Les agens de la marine seront tenus, à peine de nullité de leur opération, de dresser des procès-verbaux de martelage des arbres dans les bois de l'État, des communes, des établissemens publics et des particuliers, de faire viser ces procès-verbaux par le maire dans la huitaine, et d'en déposer immédiatement une expédition à la mairie de la commune où le martelage aura eu lieu.

Aussitôt après ce dépôt, les adjudicataires, communes, établissemens ou propriétaires, pourront disposer des bois qui n'auront pas été marqués.

V. l'ord. régl., art. 155.

« L'article 126, a dit M. Favard de Langlade, dans son rapport à la chambre des députés, autorise les particuliers à disposer librement des arbres déclarés par eux, si la marine ne les a pas fait marquer pour son service dans les six mois, à compter du jour de la déclaration ; mais si la marine a marqué des arbres, il est utile pour les propriétaires d'avoir officiellement connaissance de ce martelage dans le plus court délai possible, afin qu'ils puissent disposer de ce qu'on leur laisse et en tirer parti en temps opportun pour la vente. Il n'est pas moins important pour eux de faire constater la date certaine de ce martelage pour jouir du bénéfice de la loi, à l'expiration du délai qui suit le martelage. Pour obtenir ce double avantage, la commission a proposé, par amendement, les deux derniers § de l'art. 126 qui n'existaient pas dans le projet. » (*Moniteur* du 13 mars 1827, 1er suppl. au n° 72.)

Si les formalités prescrites au second § de l'article 125 n'avaient pas été remplies, il y aurait nullité de l'opération ; il en serait alors comme s'il n'y avait pas eu de martelage. Mais le propriétaire ne serait pas autorisé, pour cela, à se constituer seul juge de cette nullité, et à abattre les arbres frappés du marteau. Il aurait préalablement à se pourvoir devant le tribunal, pour y faire déclarer contradictoirement avec les agens de la marine, ou eux dûment appelés, la nullité de leur opération. Autrement il pourrait arriver qu'il se mît dans le cas d'encourir l'amende portée par l'art. 133.

Lors de la discussion à la chambre des pairs, l'un des membres a estimé « que l'art. 126 présentait une lacune à laquelle il serait peut-être difficile de remédier, et qu'il croyait devoir signaler, afin qu'à une autre époque il pût y être pourvu. L'art. 125, en obligeant les propriétaires de bois à faire leur déclaration six mois avant l'abattage, prononce une amende pour le cas où la déclaration n'aurait pas été faite; d'un autre côté, l'article 133 prononce également une amende pour le cas où, après le martelage, les arbres marqués pour la marine seraient distraits de leur destination; mais aucune disposition pénale ne s'applique précisément au cas où le propriétaire, après avoir fait sa déclaration, disposerait des arbres sans attendre le martelage. Or, comme en matière pénale tout est de droit strict, les tribunaux se trouveront dans l'impossibilité de prononcer aucune peine. » — Le ministre de la marine répond « que celui qui disposerait des arbres déclarés, avant le martelage, c'est-à-dire, avant les six mois, puisqu'il ne peut être régulièrement exercé que dans ce délai, se trouverait, par là même, n'avoir pas fait sa déclaration en temps utile. Il serait donc passible de l'amende portée par l'art. 125, pour défaut de déclaration six mois d'avance. La contravention indiquée par le noble pair est donc réprimée, et la lacune qu'il avait cru remarquer n'existe pas. » (*Moniteur* du 22 mai 1827, pag. 839.)

ART. 127.

Les adjudicataires des bois soumis au régime forestier, les maires des communes, ainsi que les administrateurs des établissemens publics, pour les exploitations faites sans adjudication, et les particuliers, traiteront de gré à gré du prix de leurs bois avec la marine.

En cas de contestation, le prix sera réglé par experts nommés contradictoirement, et, s'il y a partage entre les experts, il en sera nommé un d'office par le président du tribunal de première instance, à la requête de la partie la plus diligente; les frais de l'expertise seront supportés en commun.

V. ord. de 1669, tit. XXI, art. 1 et 2, et arrêt du conseil du 21 septembre 1700.

Par *exploitations faites sans adjudication*, on entend dans l'art. 127 les coupes délivrées en nature, les coupes affouagères faites dans les bois des communes et des établissemens publics. Quoique, d'après cet article, les maires des communes doivent traiter directement du prix des bois avec la marine, il faut remarquer néanmoins, qu'ils ne sauraient consommer le marché, qu'autant que le conseil municipal l'aurait accepté par une délibération soumise à l'approbation du préfet. Le maire a la gestion des biens communaux, mais n'en a pas la disposition; ce qui est très différent. Le représentant naturel, véritable et légal de la commune, pour ses besoins locaux, pour ses biens, pour ses intérêts privés, c'est le conseil municipal; en ce sens, le maire n'est, vis-à-vis du conseil municipal, qu'un gérant, qu'un administrateur comptable et responsable. Et, dès lors, il ne peut, sans l'autorisation du conseil municipal, transiger, emprunter, aliéner, payer, disposer. V. la loi du 17 février 1800 (28 pluviôse an VIII), art. 15; et l'ordonnance du Roi du 8 août 1821, art. 1er.

De même, les administrateurs des établissemens publics, des hospices, par exemple, et des bureaux de bienfaisance, ne pourraient traiter avec la marine qu'après que le conseil d'administration aurait accepté le marché par une délibération, approuvée par le préfet. V. ord. du 31 octobre 1821, art. 8 et suiv.

ART. 128.

Les adjudicataires des bois soumis au régime forestier, les maires des communes, ainsi que les administrateurs des établissemens publics, pour les exploitations faites sans adjudication, et les particuliers, pourront disposer librement des arbres marqués pour la marine, si, dans les trois mois après qu'ils en auront fait notifier à la sous-préfecture l'abattage, la marine n'a pas pris livraison de la totalité des arbres marqués appartenant au même propriétaire, et n'en a pas acquitté le prix.

V. ci-après, art. 133; ord. régl., art. 156, 157 et 158; arr. cass. 30 juillet 1813, Bull. crim., n° 168.

ART. 129.

La marine aura, jusqu'à l'abattage des arbres, la faculté d'annuler les martelages opérés pour son service; mais, conformément à l'article précédent, elle devra prendre tous les arbres marqués qui auront été abattus, ou les abandonner en totalité.

Cet article et celui qui le précède étaient autrement conçus dans le projet de loi. La commission de la chambre des députés, qui a cherché à diminuer, autant qu'il était possible, la gêne et l'importunité du martelage, a proposé de les rédiger tels qu'ils le sont actuellement, par les considérations qui suivent :

« Suivant le projet, a dit M. Favard de Langlade, rapporteur de la commission, dans les six mois après que l'abattage lui a été notifié par le propriétaire ou l'adjudicataire, la marine a le droit de prendre livraison ou d'abandonner les arbres par elle marqués. Le propriétaire ou l'adjudicataire restent, pendant ces deux intervalles, dans l'indécision la plus complète. La marine peut annuler tout ou partie de son martelage, pour les arbres qui sont debout; elle peut également annuler tout ou partie de son martelage, pour les arbres qui sont abattus. Le propriétaire ou l'adjudicataire, pendant ce temps, ne peuvent disposer d'aucun des arbres marqués; toutes chances commerciales, toutes spéculations, sont évanouies pour eux; ils sont complètement à la merci des agens de la marine.

» Le droit qu'elle exerce ne pouvant être, avec raison, considéré que comme un droit de préférence, il serait naturel de forcer ses fournisseurs à prendre tous les arbres qui ont été marqués par ses agens et abattus pour son service. On n'en use pas autrement avec tous les marchands de bois : on leur vend sur pied; ils font abattre eux-mêmes à leurs risques et périls, et doivent le prix de tout ce qu'ils ont fait abattre. C'est à eux à juger des arbres sur pied, et il est de fait qu'ils se trompent rarement.

» Si, au lieu de ce mode naturel, et auquel tous les marchands et adjudicataires n'ont jamais eu la pensée de se soustraire, les fournisseurs de la marine conservaient le droit de choisir parmi les arbres abattus, et de mettre au rebut, sous de vains prétextes, une partie de ces arbres, ce serait ordonner par la loi la continuation des abus sans nombre qui ont donné lieu à de si nombreuses réclamations; ce serait maintenir la possibilité de toutes ces transactions clandestines, au moyen desquelles les propriétaires cherchent à échapper à l'exercice d'un droit qui, trop facilement, peut dégénérer en vexations, quels que soient les soins et les précautions de l'administration supérieure pour y porter remède.

» Votre commission s'est convaincue qu'il ne peut être dans l'intention du législateur de porter atteinte aux principes de notre droit public actuel, en transformant un droit de préférence déjà très ancien en un droit de préhension ou de réquisition, payé à la vérité, mais trop dommageable envers le propriétaire. Elle pense, que dès l'instant que les arbres ont été martelés par la marine, qui, pendant les longs délais de la déclaration, a eu tout le temps nécessaire pour faire ses choix et les rectifier, il serait trop dur de maintenir ses fournisseurs dans le droit de faire un nouveau triage parmi les arbres abattus.

» Il n'est personne qui ne sache que les arbres ainsi mis au rebut à tort ou à raison, restent trop souvent en pure perte entre les mains du propriétaire ou de l'adjudicataire, et forment un véritable déficit dans le produit de l'adjudication, dont les marchands ne manquent jamais de faire la déduction au propriétaire dans la fixation du prix principal de la vente.

» Votre commission pense donc que l'on ne peut consacrer un pareil état de choses dans un Code qui doit être empreint du caractère de la justice : elle croit que la marine doit prendre en livraison tous les arbres qu'elle a choisis, en grande connaissance de cause, et qu'elle a marqués et fait abattre ; et elle lui réserve l'immense avantage d'abandonner la totalité des arbres portés sur la même déclaration, dans le cas où, trois mois après l'abattage, elle jugerait convenable de le faire dans ses intérêts. » (*Moniteur* du 13 mars 1827, suppl. au n° 72.)

Lors de la discussion à la chambre des pairs, on a observé qu'une fois le martelage exercé, il faudrait au moins que le contrat fût formé, et qu'il ne pût pas dépendre de la marine de le rompre, sous prétexte que les arbres qu'elle avait d'abord crus propres à son service ne lui conviennent plus ; et que, dans tous les cas, elle devrait être obligée de prendre les bois marqués pour elle. — M. de Martignac, commissaire du Roi, a répondu : « Que cette obligation absolue dénaturerait le droit de martelage ; que si on l'admettait, il faudrait alors que, par réciprocité, la marine eût le droit de contraindre le propriétaire à abattre les arbres qui auraient été marqués ; mais qu'on ne voulait pas aller jusque là ; qu'il était évident que, même après le martelage, le propriétaire a toujours le droit de conserver ses arbres sur pied; qu'il n'y avait donc pas de contrat, pas d'obligation réciproque; que la marine devait donc être autorisée à conserver le droit qu'elle a toujours eu de refuser les arbres après l'abattage. » (*Moniteur* du 22 mai 1827, pag. 839.)

ART. 130.

Lorsque les propriétaires de bois n'auront pas fait abattre les arbres déclarés, dans le délai d'un an, à dater du jour de la déclaration, elle sera considérée comme non avenue, et ils seront tenus d'en faire une nouvelle.

ART. 131.

Ceux qui, dans les cas de besoins personnels pour réparations ou constructions, voudront faire abattre des arbres sujets à déclaration, ne pourront procéder à l'abattage qu'après avoir fait préalablement constater ces besoins par le maire de la commune.

Tout propriétaire convaincu d'avoir, sans motifs valables, donné, en tout ou en partie, à ses arbres, une destination autre que celle qui aura été énoncée dans le procès-verbal constatant les besoins personnels, sera passible de l'amende portée par l'article 125 pour défaut de déclaration.

V. ordon. régl., art. 159.

ART. 132.

Le gouvernement déterminera les formalités à remplir, tant pour les déclarations de volonté d'abattre, que pour constater, soit les besoins, dans le cas prévu par l'article précédent, soit les martelages et les abattages. Ces formalités seront remplies sans frais.

V. ord. régl., art. 154, 155, 156, 157, 158, 159.

De ce que les formalités doivent être remplies sans

frais, on peut conclure que les déclarations de volonté
d'abattre, faites conformément à l'art. 125, ne sont point
assujéties à être mises sur papier timbré, comme aurait
paru l'exiger l'art. 12, n° 1, de la loi du 3 novembre 1798
(13 brumaire an VII). Et en effet, le propriétaire n'adresse
pas une pétition, une demande à une autorité constituée,
à une administration publique; il se borne à faire une déclaration prescrite dans l'intérêt de l'Etat.

ART. 133.

Les arbres qui auront été marqués pour le service de la marine dans les bois soumis au régime
forestier, comme sur toute propriété privée, ne
pourront être distraits de leur destination, sous
peine d'une amende de 45 francs par mètre de
tour de chaque arbre, sauf néanmoins les cas prévus par les articles 126 et 128. Les arbres marqués
pour le service de la marine ne pourront être écarri-
ris avant la livraison, ni détériorés par ses agens
avec des haches, scies, sondes ou autres instrumens, à peine de la même amende.

V. ord. régl., art. 158.

L'amende prononcée par l'article du projet de loi était
de 90 francs. La commission de la chambre des députés
l'a réduite de moitié. « Il ne faut pas perdre de vue, a dit
M. Favard de Langlade, rapporteur, qu'il n'y a ici que
des contraventions au droit de servitude imposé à des
propriétaires, qu'il serait trop dur de punir avec la même
sévérité que des délinquans qui dérobent le bien d'autrui. »

Pour prévenir quelques abus dont on s'était plaint dans
les bureaux de la chambre, la commission aussi propose
l'addition du 2e § de l'article. (*Moniteur* du 13 mars 1827,
2e suppl. au n° 72.) Le but de cette disposition est d'o-
bliger les agens de la marine à prendre ou à refuser les
arbres d'après leur examen extérieur, et sans qu'il leur
soit permis, contre le gré du propriétaire, de faire aucun
soudage ou aucune entaille pour reconnaître l'intérieur.

ART. 134.

Les délits et contraventions concernant le service de la marine seront constatés, dans tous les
bois, par procès-verbaux, soit des agens et gardes

forestiers, soit des maîtres, contre-maîtres et ai-des-contre-maîtres assermentés de la marine : en conséquence, les procès-verbaux de ces maîtres, contre-maîtres et aides-contre-maîtres feront foi en justice comme ceux des gardes forestiers, pourvu qu'ils soient dressés et affirmés dans les mêmes formes et dans les mêmes délais.

V. ord. régl., art. 160; et Code forestier, art. 165, 170, 176, 177.

ART. 135.

Les dispositions du présent titre ne sont applicables qu'aux localités où le droit de martelage sera jugé indispensable pour le service de la marine, et pourra être utilement exercé par elle.

Le gouvernement fera dresser et publier l'état des départemens, arrondissemens et cantons qui ne seront pas soumis à l'exercice de ce droit.

La même publicité sera donnée au rétablissement de cet exercice dans les localités exceptées, lorsque le gouvernement jugera ce rétablissement nécessaire.

V. ord. régl., art. 161. — L'état dont il est question dans l'art. 135 a été publié le 26 août 1827; Bull. des lois, 183, n° 6890.

SECTION II.

Des Bois destinés au service des ponts et chaussées pour les travaux du Rhin.

ART. 136.

Dans tous les cas où les travaux d'endigage ou de fascinage sur le Rhin exigeront une prompte fourniture de bois ou oseraies, le préfet, en constatant l'urgence, pourra en requérir la délivrance, d'abord dans les bois de l'Etat; en cas d'insuffisance de ces bois, dans ceux des communes et des établissemens publics, et subsidiairement enfin dans ceux des particuliers : le tout à la distance de cinq kilomètres des bords du fleuve.

« Il s'agit tout à la fois d'une mesure de sûreté publique et d'intérêt privé, a dit M. Favard de Langlade, dans son rapport à la chambre des députés, que commande une nécessité réelle et pressante, et à laquelle la chambre n'hésitera pas, sans doute, à donner son assentiment. Comme il s'agit d'une dérogation au droit de propriété, il était essentiel de la limiter autant que le péril pourrait le permettre, et de la combiner avec les divers genres d'intérêts qu'elle est destinée à protéger, d'en renfermer l'exécution dans le territoire menacé; et c'est ce que les rédacteurs du projet de Code nous paraissent avoir fait. » (*Moniteur* du 13 mars 1827, 2ᵉ suppl. au nº 72.)

Cependant, en conformité du décret du 6 novembre 1813, l'article du projet portait à 15 kil. la distance dans laquelle les réquisitions de bois pourraient avoir lieu. La commission, pour se mettre mieux en état d'apprécier cette disposition, en conféra avec les députés du Haut et du Bas-Rhin, et crut pouvoir proposer de réduire cette distance à 5 kilomètres; ce qui fut adopté.

Un député proposa un article additionnel pour définir ce qu'il fallait entendre par urgence; l'addition n'eut pas lieu : elle était ainsi conçue : « L'on entend par urgence les invasions du fleuve sur un ou plusieurs points, et les accidens imprévus qui menaceraient d'envahissement subit le territoire. Dans toutes les autres circonstances, et pour l'exécution des travaux ordinaires et annuels, toute réquisition ou délivrance de bois est interdite. » (*Moniteur* du 6 avril 1827, suppl., pag. 542.)

ART. 137.

En conséquence, tous particuliers propriétaires de bois taillis ou autres, dans les îles, sur les rives, et à une distance de cinq kilomètres des bords du fleuve, seront tenus de faire, trois mois d'avance, à la sous-préfecture, une déclaration des coupes qu'ils se proposeront d'exploiter.

Si, dans le délai de trois mois, les bois ne sont pas requis, le propriétaire pourra en disposer librement.

ART. 138.

Tout propriétaire qui, hors les cas d'urgence,

effectuerait la coupe de ses bois sans avoir fait la déclaration prescrite par l'article précédent, sera condamné à une amende d'un franc par are de bois ainsi exploité.

L'amende sera de 4 francs par are contre tout propriétaire qui, après que la réquisition de ses bois lui aura été notifiée, les détournerait de la destination pour laquelle ils auraient été requis.

ART. 139.

Dans les bois soumis au régime forestier, l'exploitation des bois requis sera faite par les entrepreneurs des travaux des ponts et chaussées, d'après les indications et sous la surveillance des agens forestiers. Ces entrepreneurs seront, dans ce cas, soumis aux mêmes obligations et à la même responsabilité que les adjudicataires des coupes de bois de l'Etat.

ART. 140.

Dans les bois des particuliers, l'exploitation des bois requis sera faite également, et sous la même responsabilité, par les entrepreneurs des travaux, si mieux n'aime le propriétaire faire exploiter lui-même; ce qu'il devra déclarer aussitôt que la réquisition lui aura été notifiée.

A défaut par le propriétaire d'effectuer l'exploitation dans le délai fixé par la réquisition, il y sera procédé à ses frais, sur l'autorisation du préfet.

ART. 141.

Le prix des bois et oseraies requis en exécution de l'article 136 sera payé par les entrepreneurs des travaux à l'État et aux communes ou établissemens publics, comme aux particuliers, dans le délai de trois mois après l'abattage constaté, et d'après le même mode d'expertise déterminé par l'article 127 de la présente loi pour les arbres marqués par la marine.

Les communes et les particuliers seront indemnisés, de gré à gré ou à dire d'experts, du tort qui pourrait être résulté pour eux de coupes exécutées hors des saisons convenables.

Comme il arrive que l'urgence des travaux exige des coupes à des époques où cela nuit essentiellement à la végétation, la commission de la chambre des députés a cru devoir proposer l'addition du 2e § de cet article qui n'était pas dans le projet.

Un député, M. Humann, a demandé, à l'occasion de cette addition, si l'intention de la loi était que le gouvernement ne réclamât des fascines par voie de réquisition que dans les bois où s'effectuent des coupes, ou si, au contraire, l'administration pourrait porter sa hache indistinctement dans les forêts, lorsqu'elle le jugerait nécessaire. Il a été répondu par M. Becquey, directeur-général des ponts et chaussées, que, sans aucun doute, les bois placés dans le rayon soumis à la servitude, pourraient toujours être requis, soit que le propriétaire ait ou n'ait pas fait la déclaration qu'il se propose de couper ; qu'autrement la mesure serait illusoire. (*Moniteur* du 6 avril 1827, suppl., pag. 542.)

ART. 142.

Le gouvernement déterminera les formalités qui devront être observées pour la réquisition des bois, les déclarations et notifications, en conséquence de ce qui est prescrit par les articles précédens.

V. l'ord. régl., art. 162 à 168.

ART. 143.

Les contraventions et délits en cette matière seront constatés par procès-verbaux des agens et gardes-forestiers, des conducteurs des ponts et chaussées et des officiers de police assermentés, qui devront observer à cet égard les formalités et délais prescrits au titre XI, section Ire, pour les procès-verbaux dressés par les gardes de l'administration forestière.

Cet article, qui reproduit l'art. 6 du décret du 6 novembre 1813, ne s'expliquant pas, comme l'a fait l'article 134 à l'égard des agens de la marine, sur la question de savoir quelle foi doit être accordée en justice aux procès-verbaux des conducteurs des ponts et chaussées, on demandera si ces procès-verbaux feront foi jusqu'à inscription de faux, avec les distinctions établies par le Code (art. 176 et 177), ou s'ils ne doivent faire foi que jusqu'à preuve contraire. Il paraît bien difficile de penser que la loi ait voulu attribuer aux conducteurs des ponts et chaussées, et à des officiers de police tels que les gardes champêtres, maires ou adjoints, le droit de dresser en cette matière des procès-verbaux pouvant faire foi jusqu'à inscription de faux. Une attribution de ce genre ne peut s'induire par analogie et a besoin d'être écrite dans la loi (Code d'instr. crim., art. 154): or, rien n'était plus facile que de reproduire dans l'art. 143 les dispositions de l'art. 134 sur la foi due en justice aux procès-verbaux. Le silence de la loi, dans le premier de ces deux articles, ne doit donc pas être le résultat d'une omission ; mais comme il y est question d'agens d'un caractère et d'un ordre entièrement différens, il a paru plus convenable sans doute de ne point établir de règle commune et de les laisser agir chacun dans l'étendue de leurs attributions. Ainsi, que des agens forestiers constatent les contraventions, la foi due à leurs procès-verbaux est réglée par le Code forestier ; que les contraventions soient constatées par des conducteurs des ponts et chaussées ou des officiers de police, leurs procès-verbaux en matière forestière n'étant classés nulle part dans la catégorie de ceux qui peuvent être crus jusqu'à inscription de faux, leur contenu pourra être combattu ou corroboré par toutes les preuves légales, conformément à l'art. 154 du Code d'instruction criminelle.

TITRE X.

Police et Conservation des Bois et Forêts.

SECTION PREMIÈRE.

Dispositions applicables à tous les Bois et Forêts en général.

ART. 144.

Toute extraction ou enlèvement (1) non autorisé (2) de pierres, sable, minerai, terre ou gazon, tourbes, bruyères, genêts, herbages, feuilles vertes ou mortes, engrais existant sur le sol des forêts, glands, faînes, et autres fruits ou semences des bois et forêts, donnera lieu à des amendes qui seront fixées ainsi qu'il suit (3) :

Par charretée ou tombereau, de dix à trente francs, pour chaque bête attelée;

Par chaque charge de bête de somme, de cinq à quinze francs;

Par chaque charge d'homme, de deux à six francs (4).

(1) Le Code forestier réunit dans un seul article des délits d'un même genre que prévoyait et punissait l'ord. de 1669, tit. III, art. 18, tit. XXVII, art. 11 et 12, et tit. XXXII, art. 12. L'amende pouvant varier du minimum au maximum, les agens forestiers devront, lors des poursuites, établir la différence des délits entre eux, la nature et l'étendue du dommage qu'ils peuvent causer, afin que les tribunaux, suivant la gravité des cas, élèvent l'amende et le montant des dommages alloués d'après l'art. 202.

Un député, prétendant que les juges se croiraient peut-être fondés, d'après ces termes de l'art. 202 : *Dans tous les cas où il y aura lieu à adjuger des dommages-intérêts*, à ne les accorder que dans les cas prévus par la loi, c'est-à-dire, lorsque la loi l'exprime formellement, comme dans les art. 147 et 148, avait demandé que l'on ajoutât à l'art. 144 une disposition portant qu'il y aurait lieu, outre l'amende, à des dommages-intérêts. L'amendement a été rejeté, parce qu'il est évident que l'article 202 suffit pour assurer, dans tous les cas, aux propriétaires de bois le droit de réclamer des dommages-intérêts. (*Moniteur* du 7 avril 1827, suppl., pag. 547.)

(2) Un député, M. Humann, dans le but d'accélérer les décisions à rendre sur les demandes en extraction de minerai dans les bois communaux, avait demandé que les communes pussent délibérer sur la convenance d'accorder des concessions, qu'elles en référassent ensuite au préfet, et que le préfet pût les autoriser à accepter un marché avantageux pour elles. « Il ne s'agissait, disait M. Humann en soutenant son amendement, que de donner aux communes la faculté de faire valoir la superficie et le fonds de leurs forêts d'une manière conforme à la fois à l'intérêt des communes et aux intérêts de l'industrie. » Cette proposition, soutenue par M. Sébastiani, et combattue par le directeur-général des forêts, et M. de Martignac, commissaire du Roi, a été rejetée par le motif qu'il ne convenait pas de s'occuper dans une loi forestière d'un objet étranger, et qui se trouvait réglé par la loi du 21 avril 1810. (*Moniteur* du 7 avril 1827, n° 97, pag. 546.)

Les art. 169 à 175 de l'ord. d'exécution du Code forestier déterminent les formalités relatives aux extractions de productions quelconques du sol forestier et de matériaux pour des travaux publics.

(3) Lorsqu'il s'agit des extractions ou enlèvemens prévus par cet article, ainsi que des cas spécifiés dans les articles 147 et 194, il ne doit pas être prononcé autant d'amendes qu'il y a d'individus qui ont pris part au délit; mais il faut leur appliquer une seule amende solidaire, dont le montant est déterminé suivant le mode d'enlèvement qu'ils ont employé. (Arr. cass. 24 avril 1828, *Gazette des Tribunaux*, n° 848, pag. 650.)

(4) Pour donner lieu à l'application de la peine, il suffit que le sable ait été fouillé et enlevé de son assiette; l'action du transport n'est pas nécessaire. (Arr. cass. 22 prairial an VII, Bull. crim., n° 452.)

Le droit d'enlever des gazons dans une forêt, lorsqu'il a le caractère d'un droit d'usage, ne peut être légitimement exercé que dans les temps et sur les lieux qui auraient été préalablement déterminés et assignés. (Arr. cass. 24 janvier 1812, Bull. crim., n° 15.)

La coupe et l'enlèvement des genièvres et des liserons dans les forêts ne peuvent avoir lieu sans autorisation. (Arr. cass. 14 août 1812, Bull. crim., n° 88.)

Les souches mortes, en général, le bois mort, ayant une valeur quelconque comme bois de chauffage, ne peut être enlevé sans délit. (Arr. cass. 24 octobre 1806, Bull. crim., n° 170.)

La présence de bestiaux en délit dans une forêt et l'enlèvement d'herbages constituent deux délits punis chacun d'une peine particulière; l'individu qui introduit un âne dans une forêt, et y coupe des herbages, ne peut pas n'être condamné qu'à la peine encourue pour ce dernier délit. (Arr. cass. 14 octobre 1826, *Dalloz,* jurisp. génér., 27. 1. 31.)

Avant le Code forestier, la jurisprudence de la cour de cassation n'était nullement fixée sur le point de savoir si le fait de ramasser dans les forêts et d'emporter des glands, des faines, ou des feuilles mortes, constituait un délit. La loi du 29 août 1794 (12 fructidor an II) avait dérogé à l'art. 12 du tit. XXXII de l'ord. de 1669, et on a cru pendant long-temps que cette dérogation n'était pas absolue, et n'avait eu d'effet que pour l'an II. La cour suprême a jugé dans ce sens par arrêts des 16 avril, 22 mai, 3 septembre, 1er octobre 1807, Bull. crim., nos 79, 114, 194, 195, 196, et 207; 2 mars 1809, Bull. crim., no 46; 31 janvier 1811, Bull. crim., no 7; 15 octobre 1824, Bull. crim., no 141. Mais, le 7 novembre 1823 (V. *Merlin,* Rép. de jurisp. add., tom. 17, vo *Glandée*), elle rejeta un pourvoi contre un jugement correctionnel qui décidait que la loi du 29 août 1794 était encore en vigueur ; et par un arrêt plus récent du 24 août 1827 (V. *Dalloz,* jurisprud. génér. du royaume, 27. 1. 491), elle jugea qu'il n'y avait pas de délit dans le fait de ramasser des glands et faines dans les forêts, attendu que ni l'art. 609 du Code du 3 brumaire an IV, ni le décret du 19 janvier 1810 n'avaient abrogé la loi du 2 fructidor an II, qui avait expressément dérogé à l'art. 12 du tit. XXXII de l'ord. de 1669.

La loi nouvelle vient de faire cesser cette fâcheuse incertitude sur un point qui peut souvent se représenter; il y aura délit toutes les fois qu'il y aura absence d'autorisation.

Le délit existe dans le fait d'un particulier surpris se disposant à charger sur des bêtes de somme un tas de feuilles mortes par lui ramassées dans une forêt : il n'est pas nécessaire qu'il les ait effectivement chargées, ni qu'il se soit mis en mouvement pour les emporter. (Arr. cass. 28 juin 1811, *Merlin*, Rép. de jurisp., vo *Feuilles mortes,* et Bull. crim., no 99.)

ART. 145.

Il n'est point dérogé au droit conféré à l'administration des ponts et chaussées d'indiquer les lieux où doivent être faites les extractions de matériaux pour les travaux publics; néanmoins les entrepreneurs seront tenus envers l'État, les communes et établissemens publics, comme envers les particuliers, de payer toutes les indemnités de droit, et d'observer toutes les formes prescrites par les lois et règlemens en cette matière.

V. Arrêt du conseil du 4 septembre 1755; loi du 16 septembre 1807, art. 55 et 56; et ord. réglementaire, art. 170 à 175.

A la chambre des pairs, M. le marquis d'Orvilliers a demandé qu'il fût bien entendu que l'art. 145 ne confirmait en rien la législation actuelle sur l'extraction des matériaux nécessaires au service des ponts et chaussées, l'état de cette législation appelant de nombreuses réformes. — Le commissaire du Roi a déclaré que l'art. 145 n'avait pour objet ni de changer, ni de consacrer d'une manière irrévocable la législation existante sur ce point. (*Moniteur du 22 mai 1827, pag. 840.*)

ART. 146.

Quiconque sera trouvé dans les bois et forêts, hors des routes et chemins ordinaires, avec serpes, cognées, haches, scies et autres instrumens de même nature, sera condamné à une amende de dix francs et à la confiscation desdits instrumens.

Le particulier trouvé dans une forêt avec une scie, hors des routes et chemins ordinaires, est en délit, lors même qu'il ne se serait pas servi de cette scie pour couper du bois. (Arr. cass. 29 mai 1813, Bull. crim., n° 115.) Mais il est évident qu'en ce cas il n'y aurait pas lieu à adjuger de dommages-intérêts.

Un homme trouvé dans un bois, hors des chemins ordinaires, avec un instrument propre à commettre des délits, serait-il recevable à justifier de motifs légitimes, pour se soustraire à l'amende? Si l'on admettait une fois les délinquans à proposer des moyens d'excuse, il est à croire qu'ils en manqueraient rarement.

Il s'agit, dans l'art. 146, d'une mesure générale et préventive que nul ne peut impunément violer. D'ailleurs, une cour royale avait proposé de ne reconnaître de contravention qu'autant que l'inculpé ne justifierait pas d'un *motif légitime;* mais l'observation ne fut pas prise en considération. L'individu surpris en contravention ne pourrait donc prétendre, par exemple, qu'il venait de travailler dans tel endroit, et qu'après sa journée finie, au lieu de suivre le chemin ordinaire qui était plus long, il avait pris dans les bois des sentiers qui coupaient plus au court. La première obligation est d'obéir à la loi. Si l'ouvrier ou bûcheron ne veut pas suivre, pour s'en retourner, les chemins ordinaires, qu'il laisse alors ses outils à la loge ou à l'atelier.

Que doit-on entendre par *routes et chemins ordinaires?* L'ordonn. de 1669, tit. XXVII, art. 34, se servait des expressions, *routes et grands chemins.* Les expressions de l'art. 146 du Code correspondent à celles-ci; elles s'entendent des routes et des chemins qui servent aux communications des habitans, et nullement des chemins ou sentiers établis pour le service intérieur de la forêt. Toute personne trouvée avec serpes ou scies dans ces chemins, est hors des chemins ordinaires, et par conséquent punissable. — Lorsqu'on rapproche l'art. 146 de l'art. 194, on est frappé de la différence de la peine. Le seul fait de porter un instrument tranchant donne lieu à dix francs d'amende, tandis que la coupe d'un fagot n'est punie que d'une amende de deux francs. On a cru justifier cette disposition en disant que, dans le cas de l'art. 146, il n'eût pas été raisonnable de supposer le moindre délit, et que l'on peut admettre que l'individu muni d'une serpe ou autre instrument de même nature a déjà commis ou se propose de commettre des délits beaucoup plus considérables. (V. Code forestier avec un Commentaire, par M. Baudrillart, 2ᵉ partie, pag. 242.) Mais c'est là un bien faible argument. L'individu qu'un garde forestier trouvera avec une serpe hors des chemins ordinaires, aura toujours le plus grand intérêt de se mettre à couper un fagot pour n'être condamné qu'à deux francs au lieu de dix francs d'amende; si déjà il avait commis avec son instrument quelque délit, l'aspect du garde le déterminera à en commettre un autre; s'il n'en avait pas commis encore, la disposition de la loi le forcera, dans son intérêt personnel, à faire un acte qui peut-être n'était pas dans son intention. Il est donc évident que les dispositions des art. 146 et 194 manquent d'harmonie, et qu'il en résulte un très-grave inconvénient. Mais, après tout, le devoir des tribunaux sera d'appliquer la loi telle qu'elle est. Croiront-ils par hasard tout concilier, en cumulant la peine de l'art. 146 avec celle de l'art. 194? ce serait tomber dans une étrange erreur, juger arbitrairement, et violer manifestement les dispositions du Code.

ART. 147.

Ceux dont les voitures, bestiaux, animaux de

charge ou de monture, seront trouvés dans les forêts, hors des routes et chemins ordinaires, seront
condamnés, savoir :

Par chaque voiture à une amende de dix francs
pour les bois de dix ans et au-dessus, et de vingt
francs pour les bois au-dessous de cet âge;

Par chaque tête ou espèce de bestiaux non attelés, aux amendes fixées pour délits de pâturage
par l'article 199.

Le tout sans préjudice des dommages-intérêts.

Il suit des dispositions de cet article que l'art. 475,
n° 10, du Code pénal, se trouve modifié et cessera de s'appliquer au fait du passage des bestiaux dans les *bois taillis
appartenant à autrui*, expression qui, d'après l'arrêt de
la cour de cassation du 31 décembre 1824, Bull. crim.,
pag. 631, comprenait les bois taillis des communautés
aussi bien que ceux des particuliers.

On remarquera que l'art. 147, § 2, ne prononce que la
même amende, quel que soit le nombre d'animaux attelés;
il n'en était pas de même avant le Code, du moins en ce
qui concernait les forêts de l'Etat. (V. arr. cass. 15 novembre 1811, Bull. crim., n° 152.)

ART. 148.

Il est défendu de porter ou allumer du feu dans
l'intérieur et à la distance de deux cents mètres
des bois et forêts, sous peine d'une amende de
vingt à cent francs; sans préjudice, en cas d'incendie,
des peines portées par le Code pénal, et de tous
dommages-intérêts, s'il y a lieu.

Cet article modifie l'art. 458 du Code pénal, en étendant
à 200 mètres des bois et forêts la distance dans laquelle
il est défendu de porter ou allumer du feu.

Il suffit, pour constituer le délit, que du feu ait été
porté et allumé dans les forêts ou dans la distance prohibée, abstraction faite des suites plus ou moins dommagea-
bles de ce fait. Il n'existe d'exception qu'en faveur des adjudicataires, et sous les conditions qui leur sont imposées.
(V., ci-dessus, art. 38 et 42, et arr. cass. 5 avril 1816, Bull.
crim., n° 18.)

S'il y a eu incendie, l'art. 434 ou l'art. 458 du Code pénal deviendront applicables, suivant les circonstances.

Mais ni l'un ni l'autre de ces articles ne le seraient à l'individu qui, ayant porté du feu dans une forêt, aurait seulement endommagé un arbre par ce moyen. Il n'encourrait que la peine portée par le Code forestier, outre la condamnation à réparer le dommage causé. (V. arr. cas. 25 août 1809, Bull. crim., n° 145.)

En supposant que le procès-verbal du garde forestier présente quelque vice de forme, les faits qu'il constate n'en doivent pas moins être pris pour constans, et la peine appliquée, lorsque le prévenu, dans son interrogatoire à l'audience, a fait un aveu formel, et convient avoir allumé du feu sur le sol de la forêt, (Arr. cass. 4 décembre 1806, Bull. crim., n° 203, et *Merlin*, Rép. de jurisp., v° *Procès-verbal*, § 6, n° 14).

ART. 149.

Tous usagers qui, en cas d'incendie, refuseront de porter des secours dans les bois soumis à leur droit d'usage, seront traduits en police correctionnelle, privés de ce droit pendant un an au moins et cinq ans au plus, et condamnés en outre aux peines portées en l'article 475 du Code pénal.

Le Code consacre dans cet article les dispositions de l'arrêté du gouvernement du 13 février 1798 (25 pluviôse an VI).

V. le Code pénal, art. 475, n° 12.

ART. 150.

Les propriétaires riverains des bois et forêts ne peuvent se prévaloir de l'article 672 du Code civil pour l'élagage des lisières desdits bois et forêts, si ces arbres de lisière ont plus de trente ans (1).

Tout élagage qui serait exécuté sans l'autorisation des propriétaires des bois et forêts, donnera lieu à l'application des peines portées par l'article 196 (2).

(1) Cet article signifie que les propriétaires riverains des bois et forêts peuvent se prévaloir de l'art. 672 du Code civil, et contraindre l'État, comme les particuliers, à faire élaguer les branches des arbres de la forêt qui s'étendent sur leur fonds, à moins qu'il ne s'agisse d'arbres qui étaient âgés de trente ans au 31 juillet 1827, date de la promul-

gation du Code forestier. Ainsi le droit commun est la règle; l'art. 150 du Code forestier la proclame, et n'y apporte qu'une exception temporaire, puisque les arbres de trente ans dont l'élagage ne peut être requis, une fois abattus, ceux qui les remplaceront ne seront plus soumis à l'exception.

Pour saisir l'intention du législateur dans l'art. 150, il est indispensable de jeter les yeux sur les discussions auxquelles il a donné lieu.

M. Favard de Langlade, rapporteur de la commission de la chambre des députés, après avoir exposé qu'une divergence d'opinions s'était manifestée dans le sein de la commission sur l'art. 150; que les uns étaient d'avis d'admettre la disposition du projet, tandis que les autres soutenaient, au contraire, que la règle posée par le Code civil était absolue, et ne devait souffrir aucune exception, s'exprima en ces temes : « Tous les membres de la commission se sont réunis pour un terme moyen qui leur a semblé devoir concilier les divers intérêts. Ce terme moyen consiste à laisser subsister le § 1er de l'art. 150, mais en y ajoutant ces mots : *si les arbres de lisière ont plus de trente ans*. Par là le principe du droit commun est maintenu, avec une modification qui favorisera la conservation des arbres forestiers, et que justifiera le silence du propriétaire limitrophe pendant le cours de trente années. Quant au 2e § du même article, nous vous en proposons le maintien, comme servant de sanction à la règle posée dans le premier. » (*Moniteur* du 13 mars 1827, 2e suppl. au n° 72.)

Plusieurs orateurs demandèrent le rejet de l'article du projet aussi bien que de l'amendement de la commission, et furent d'avis que l'on restât simplement dans les termes du droit et de la jurisprudence existans. (V. arr. cass. 3 juillet 1827, *Dalloz*, Jurisp. gén. du royaume, 27. 1. 328.) D'autres voulaient que l'on s'en tînt au droit commun, au moins pour les bois des particuliers. Le rapporteur de la commission, le ministre des finances et M. de Martignac, commissaire du Roi, soutinrent l'article amendé par la commission; et la chambre, après une assez vive discussion, l'adopta tel qu'il existe maintenant dans la loi. Elle rejeta trois autres amendemens proposés, l'un par M. Mestadier, et qui avait pour objet de ne rendre la disposition applicable qu'aux bois et forêts *dont l'étendue superficielle serait de plus de 50 hectares*; l'autre, par M. Labbey de Pompières, qui proposait de substituer à celui de la commission ces mots : *si les arbres de lisière font saillie depuis plus de trente ans;* et le troisième, par M. Simonneau, en ces termes : *néanmoins les propriétaires riverains auront action en dommages-intérêts contre les propriétaires des bois et forêts, à raison du préjudice que le défaut d'élagage aura pu leur causer.* (*Moniteur* du 7 avril 1827, suppl., pag. 547, 548, 549.)

A la chambre des pairs, M. le comte d'Haubersart a dit : « Tel qu'il avait été rédigé dans le projet primitif du gouvernement, l'art. 150 avait un but nettement indiqué : il fondait une dérogation perpétuelle à l'art. 672 du Code civil, qui permet aux riverains de contraindre le propriétaire du fonds voisin à couper les branches de ses arbres, lorsqu'elles avancent sur leur héritage. Un amendement a été fait à cet article par l'autre chambre; et si, pour apprécier l'intention de cet amendement, on ne s'attachait qu'à la discussion qu'il a fait naître, et aux explications données au nom de la commission qui l'a proposé, on serait porté à croire qu'il a eu pour but de substituer une disposition temporaire à la disposition perpétuelle du projet, en préservant, par une exception transitoire, les arbres de lisière qui ont actuellement plus de trente ans, des dégradations que leur ferait éprouver l'application subite du droit commun sur l'élagage, en sorte que ce droit commun reprendrait sur les lisières de bois toute sa puissance, à mesure que ces arbres disparaîtraient. Exécuté en ce sens, l'art. 150 paraîtrait exempt de reproche; car on ne peut y voir qu'une concession faite à la nécessité de sauver d'un élagage tardif et forcé, des arbres déjà vieux, dont cet élagage entraînerait la perte; mais les termes dans lesquels l'article est conçu sont loin de se prêter à cette explication. »

M. le comte d'Argout, parlant dans le même sens, a dit : « On a senti l'inconvénient d'établir cette servitude à perpétuité, et un amendement a été proposé dans l'autre chambre pour restreindre la servitude aux arbres qui auraient déjà trente ans, et à l'égard desquels l'élagage causerait un préjudice réel. Mais la rédaction de l'amendement s'est trouvée telle que la disposition s'appliquerait, si elle était textuellement appliquée, non seulement aux arbres qui ont aujourd'hui trente ans, mais à ceux qui atteindraient cet âge à quelque époque que ce fût, ce qui serait, par le fait, rendre la servitude absolue et générale, puisque avant trente ans un arbre ne porte guère de dommage au riverain, et qu'après trente ans le dommage ne pourrait plus se réparer. Ce qui rend encore cette disposition plus extraordinaire, c'est qu'on n'a fait d'exception qu'à l'égard des branches, et que, pour le reste, les propriétaires riverains demeurant dans le droit commun peuvent couper eux-mêmes sur leur sol les racines qui s'y étendent, et faire abattre par justice le corps même de l'arbre, quelqu'âgé qu'il soit, qui se trouverait à moins de six pieds de leur propriété. En sorte que le même arbre serait soumis par le pied au droit commun, et par ses branches au droit exceptionnel. Il faut en convenir, la disposition ainsi entendue serait intolérable, d'autant plus que cette servitude, qui, jusqu'en 1791, n'a existé qu'au profit des forêts de l'Etat, s'étendrait aussi aux bois des particuliers, et il est nécessaire que l'ordonnance de mise à exécution explique d'une manière précise que la servitude n'existe, ainsi que cela a été l'intention de l'autre chambre, qu'à l'égard des arbres ayant aujourd'hui trente ans d'existence. »

M. de Martignac, commissaire du Roi, après avoir expliqué les motifs qui avaient dû déterminer les rédacteurs du projet et ceux qui ont engagé la chambre des députés à modifier la proposition du gouvernement, a ajouté : « Mais a-t-elle voulu faire de cette prohibition une règle perpétuelle ? Non, sans doute ; et tout annonce au contraire qu'il ne faut y voir qu'une disposition transitoire. C'est en effet conformément à la raison que les lois doivent s'interpréter. Or, serait-il raisonnable de supposer qu'on a voulu, d'une manière absolue, autoriser l'élagage à l'époque où la faiblesse de l'arbre l'empêche de porter préjudice au riverain, et l'interdire précisément lorsqu'il peut y avoir dommage? Ce qui est raisonnable, au contraire, c'est de maintenir pour les arbres déjà âgés de trente ans, au moment de la publication du Code, l'espèce de droit acquis résultant de la possession, et d'avertir en même temps les propriétaires et l'Etat lui-même qu'à cette exception près, tous les arbres seront sujets à l'élagage, et qu'ils doivent par conséquent choisir à une plus grande distance de la limite ceux qu'ils voudraient laisser monter en futaie. C'est dans ce sens que le gouvernement a entendu la disposition, et qu'il la fera exécuter. » (*Moniteur* du 17 mai, pag. 793 et 794; et du 18 mai 1827, pag. 801.)

L'art. 176 de l'ord. d'exécution détermine le sens et règle l'application de l'art. 150 du Code, conformément à la déclaration qui précède.

(2) Le propriétaire du sol riverain d'une forêt ne peut ébrancher lui-même les arbres, sans commettre un délit punissable par voie correctionnelle. (Arr. cass. 15 février 1811, Bull. crim., n° 22.)

L'ébranchage fait par les habitans d'une commune ne peut avoir lieu sans l'autorisation de l'administration forestière : il n'est pas nécessaire, pour l'application de la peine, que les dimensions des arbres ébranchés soient constatées par le procès-verbal; il suffit qu'il constate que des charges de bois provenues de l'ébranchage commis en délit ont été trouvées chez les prévenus. (Arr. cass. 27 octobre 1815, Bull. crim., n° 61.)

SECTION II.

Dispositions spéciales applicables seulement aux Bois et Forêts soumis au Régime forestier.

ART. 151.

Aucun four à chaux ou à plâtre, soit temporaire, soit permanent, aucune briqueterie et tuilerie, ne pourront être établis dans l'intérieur et à moins d'un kilomètre des forêts, sans l'autorisation du gouvernement, à peine d'une amende de cent à cinq cents francs, et de démolition des établissemens.

Les fours à chaux ou à plâtre, les briqueteries et les tuileries, sont rangés dans la seconde classe des établissemens et ateliers insalubres ou incommodes, par les ord. des 14 janvier 1815 et 29 juillet 1818. Pour former ces établissemens, l'autorisation du préfet est nécessaire, sauf, en cas de difficulté ou d'opposition de la part des voisins, le recours au conseil d'Etat. Le Code forestier ne déroge point à la législation établie par le décret du 15 octobre 1810. Seulement, s'il s'agit de faire, à moins d'un kilomètre des bois soumis au régime forestier, l'un des établissemens mentionnés en l'art. 151, avant de se pourvoir conformément au décret de 1810, il faudra avoir obtenu une ordonnance spéciale qui décide préalablement s'il y a lieu de permettre l'établissement dans une distance moindre qu'un kilomètre. La question jugée avec l'autorité, il reste à la faire juger avec les parties intéressées, suivant les règles ordinaires en cette matière. V. ord. régl., art. 177.

On peut remarquer que l'art. 151 ne comprend que les fours à chaux et à plâtre, les briqueteries et les tuileries. Il était inutile, en effet, qu'on y fît mention des forges, fourneaux et autres usines à feu, parce que l'art. 73 de la loi du 21 avril 1810, renouvelé d'un arrêt du conseil du 9 août 1723, défend de former aucun de ces établissemens sans une permission accordée par un règlement d'administration publique; et quiconque se met en contravention à la prohibition s'expose aux peines portées par l'art. 96 de cette même loi.

ART. 152.

Il ne pourra être établi sans l'autorisation du gouvernement, sous quelque prétexte que ce soit, aucune maison sur perches, loge, baraque ou hangar, dans l'enceinte et à moins d'un kilomètre des bois et forêts, sous peine de cinquante francs d'amende, et de la démolition dans le mois, à dater du jour du jugement qui l'aura ordonnée.

V. ci-après ord. régl., art. 177 et 179.

ART. 153.

Aucune construction de maisons ou fermes ne pourra être effectuée, sans l'autorisation du gouvernement, à la distance de 500 mètres des bois et forêts soumis au régime forestier, sous peine de démolition.

Il sera statué dans le délai de six mois sur les demandes en autorisation; passé ce délai, la construction pourra être effectuée.

Il n'y aura point lieu à ordonner la démolition des maisons ou fermes actuellement existantes. Ces maisons ou fermes pourront être réparées, reconstruites et augmentées sans autorisation.

Sont exceptés des dispositions du paragraphe premier du présent article les bois et forêts appartenant aux communes, et qui sont d'une contenance au-dessous de 250 hectares.

L'article du projet présenté par le gouvernement reproduisait à peu près les dispositions de l'art. 18 du titre XXVII de l'ord. de 1669, et de l'avis du conseil d'État du 25 vendémiaire an XIV, approuvé le 22 brumaire suivant. Voici ce que portait ce projet : « Aucune construction de maisons ou fermes, dans le même rayon, ne pourra être effectuée sans l'autorisation du gouvernement, sous peine de démolition. Il n'y aura point lieu à ordonner la démolition des maisons ou fermes actuellement existantes. » La commission de la chambre des députés crut que ces dispositions exigeaient des modifications, et ce fut sur sa proposition que la rédaction définitive fut adoptée, à l'exception du mot *augmentées*, dans le 3ᵉ §, et du 4ᵉ §, qui ont été ajoutés dans le cours de la discussion. (*Moniteur* du 13 mars, 2ᵉ suppl. au nᵒ 72, et des 7 et 8 avril 1827, suppl., p. 549, 550, 555, 556, 557.)

S'il résultait évidemment des faits vérifiés que les constructions nouvelles, que l'on soutiendrait n'être qu'une augmentation de la ferme existante, n'en peuvent être réputées ni une dépendance ni un accessoire, il y aurait lieu à l'application des peines portées par la loi. (Arr. cass. 18 août 1809, *Sirey*, 10. 1. 295.)

Lors de la discussion à la chambre des pairs, M. le marquis de Mortemart a demandé qu'il fût donné quelques explications sur un doute que faisait naître dans son esprit la disposition de l'art. 153 combinée avec celle de l'art. 156. L'art. 153 prohibe toute construction dans un rayon de 500 mètres à partir des forêts ; mais l'art. 156 exempte de cette prohibition les maisons qui seraient destinées à faire partie d'un hameau, d'un village, ou d'une ville déjà existant. Or, comment distinguer d'une manière précise, dans les campagnes où les maisons des villages sont souvent éparses et assez éloignées les unes des autres, si une maison nouvellement construite doit être considérée comme faisant partie du village, ou comme maison isolée ? Peut-être eût-il été à désirer que la rédaction des deux articles fût plus précise à cet égard.

Un autre pair, M. le marquis de Pange, pense qu'il est à craindre que les restrictions apportées par le 3ᵉ §, à la prohibition consignée dans le premier, ne donnent lieu à des fraudes dangereuses pour la conservation et la police des forêts. Ce paragraphe permet, en effet, au propriétaire d'une maison déjà existante, de l'augmenter sans autorisation : sans doute on n'a voulu entendre par là que le droit d'ajouter quelques dépendances à une habitation ; mais on peut en induire le droit de construire des bâtimens nouveaux et de créer ainsi des habitations nouvelles, ce qui peut donner lieu à de graves abus.

Le ministre d'Etat, commissaire du Roi, a répondu :

« On demande d'abord comment s'établira la distinction entre les maisons isolées et celles qui font partie d'un village ou d'un hameau ; et, à cet égard, il était difficile de trouver des expressions plus précises que celles dont la loi s'est servie. Il est bien peu de cas où l'on ne puisse discerner sans controverse possible si la maison nouvellement construite fait, ou non, partie d'une agglomération de maisons qualifiée de village ou de hameau ; mais enfin si quelque difficulté sur ce point venait à s'élever, elle serait nécessairement soumise aux tribunaux, qui jugeraient d'après les circonstances.

» On a craint, en second lieu, qu'il ne résultât quelque fraude de la permission donnée par le 3ᵉ § d'augmenter sans autorisation les maisons déjà existantes. Sans doute il peut en résulter quelques abus; mais il a paru à la chambre des députés qu'il serait trop rigoureux de prohiber toute augmentation légitime et de bonne foi pour prévenir une fraude qu'il ne fallait pas supposer. C'est à l'administration qu'il appartiendra de veiller à ce que l'exercice de cette faculté ne devienne pas une cause d'abus et de préjudice pour les forêts de l'Etat. » (*Moniteur* du 22 mai 1827, pag. 840.)

ART. 154.

Nul individu habitant les maisons ou fermes actuellement existantes dans le rayon ci-dessus fixé, ou dont la construction y aura été autorisée en vertu de l'article précédent, ne pourra établir dans lesdites maisons ou fermes aucun atelier à façonner le bois, aucun chantier ou magasin pour faire le commerce de bois, sans la permission spéciale du gouvernement, sous peine de cinquante francs d'amende et de la confiscation des bois.

Lorsque les individus qui auront obtenu cette permission auront subi une condamnation pour délits forestiers, le gouvernement pourra leur retirer ladite permission.

V. ord. de 1669, tit. XXVII, art. 23 et 30; et ordonn. réglem., art. 177.

On avait demandé, à la chambre des députés, que la permission fût donnée par le préfet ou par le sous-préfet. Cet amendement, fondé sur ce que tous les habitans des montagnes passent l'hiver à façonner des bois, et sur ce qu'il serait trop long et trop dispendieux pour eux de s'adresser au gouvernement, a été rejeté. (*Moniteur* du 8 avril 1827, supplém., pag. 567.)

ART. 155.

Aucune usine à scier le bois ne pourra être établie dans l'enceinte et à moins de deux kilomètres de distance des bois et forêts qu'avec l'autorisation du gouvernement, sous peine d'une amende

de cent à cinq cents francs, et de la démolition
dans le mois, à dater du jugement qui l'aura ordonnée.

V., ci-après, art. 158, et ord. régl., art. 177, 179 et 180.
Les jugemens ordonnant la démolition des constructions interdites par les art. 151, 152, 153 et 155, doivent,
comme tous les autres jugemens en matière correctionnelle, être exécutés à la diligence du ministère public. La
loi n'a point ordonné, et l'usage n'a jamais été de faire précéder l'exécution des jugemens correctionnels d'une signification aux condamnés. Il n'y a point à cet égard de distinction à faire entre les jugemens contradictoires, et les
jugemens par défaut devenus définitifs faute d'opposition
ou d'appel. V., ci-après, tit. XIII, et Code d'instr. crim.,
art. 197.

ART. 156.

Sont exceptées des dispositions des trois articles
précédens les maisons et usines qui font partie de
villes, villages ou hameaux formant une population agglomérée, bien qu'elles se trouvent dans
les distances ci-dessus fixées des bois et forêts.

Comment distinguera-t-on si les maisons ou usines,
bien qu'à des distances trop rapprochées, font partie de
villes, villages ou hameaux? Les difficultés seront soumises
aux tribunaux, qui se détermineront par les circonstances.
V., ci-dessus, la note sur l'art. 153.

ART. 157.

Les usines, hangars et autres établissemens autorisés en vertu des articles 151, 152, 154 et 155,
seront soumis aux visites des agens et gardes forestiers, qui pourront y faire toutes perquisitions sans
l'assistance d'un officier public, pourvu qu'ils se
présentent au nombre de deux au moins, ou que
l'agent ou garde forestier soit accompagné de deux
témoins domiciliés dans la commune.

Cet article ne forme pas, à proprement parler, une exception aux dispositions de l'art. 161, ci-après, et de l'ar-

ticle 16 du Code d'instr. crim. Avant le Code forestier, on avait déjà décidé que la présence d'un officier public n'était pas nécessaire pour que les gardes pussent s'introduire dans les loges des sabotiers et autres établissemens temporaires (Circ. du grand-juge, ministre de la justice, du 1er juin 1809, Annuaire forestier de 1809, page 231); et, en effet, de pareils établissemens ne constituent pas un domicile. La maison de tout citoyen continuera donc d'être un asile inviolable, ainsi que l'ont réglé la loi du 19-22 juillet 1791, et l'art. 76 de l'acte constitutionnel du 13 décembre 1799 (22 frimaire an VIII). Ce n'est que dans les briqueteries, loges, baraques, ateliers et magasins de bois destinés au commerce, les scieries, et autres établissemens mentionnés dans les articles 151, 152, 154 et 155, que les agens et gardes forestiers ont le droit de faire des perquisitions sans l'assistance d'un officier public. Mais les termes de ces articles doivent être renfermés strictement dans leurs limites; et, s'il devenait nécessaire de pousser les recherches dans la maison où habite le maître et sa famille, les gardes seraient dans la nécessité de se conformer aux dispositions de l'art. 161, sous peine de voir leurs procès-verbaux argués de nullité, et même d'encourir les peines portées par l'art. 184 du Code pénal. « Les précautions prises pour donner aux poursuites une activité nécessaire, disait M. de Martignac, dans l'exposé des motifs à la chambre des députés, n'ont porté aucune atteinte aux grands principes d'ordre et de justice qu'il n'est pas permis d'affaiblir. » (*Moniteur,* séance du 29 décembre 1826.)

ART. 158.

Aucun arbre, bille ou tronce ne pourra être reçu dans les scieries dont il est fait mention en l'article 155 sans avoir été préalablement reconnu par le garde forestier du canton et marqué de son marteau; ce qui devra avoir lieu dans les cinq jours de la déclaration qui en aura été faite, sous peine, contre les exploitans desdites scieries, d'une amende de cinquante à trois cents fr. En cas de récidive, l'amende sera double, et la suppression de l'usine pourra être ordonnée par le tribunal.

Qu'y aurait-il à faire, si, malgré la déclaration remise à l'agent forestier local, conformément à l'art. 158 du Code et à l'art. 180 de l'ordonnance d'exécution, cet agent, ou le garde forestier du canton, refusait, ou différait plus de cinq jours, d'apposer la marque de son marteau ? Pourrait-on passer outre, et introduire dans la scierie l'arbre sans qu'il soit marqué? Il nous paraît que cette marche exposerait inévitablement à l'amende l'exploitant qui l'aurait suivie, parce que d'abord il lui serait fort difficile de prouver le prétendu refus qu'il alléguerait lui avoir été opposé, et parce qu'ensuite la loi ne dit pas que le délai passé l'arbre pourra être transporté dans la scierie sans marque. L'exploitant devrait donc mettre en demeure, par un acte extrajudiciaire régulier, le garde ou l'agent forestier, et, en cas de nouveau refus, soumettre la difficulté au tribunal compétent, sauf à réclamer tels dommages-intérêts qu'il appartiendrait, à raison du préjudice causé, soit par des refus mal fondés, soit par des délais contraires à la loi.

En cas de récidive, l'amende double que la loi prononce doit être calculée sur le maximum de l'amende simple, et non sur le taux de celle qui a été prononcée lors des premières poursuites. (Arr. cass. 30 décembre 1813, *Dalloz*, Jurisp. gén. du roy., v° *Amende*, sect. II, t. 1er, p. 396.)

TITRE XI.

Des Poursuites en Réparation de délits et contraventions.

SECTION PREMIÈRE.

Des Poursuites exercées au nom de l'Administration forestière.

ART. 159.

L'administration forestière est chargée, tant dans l'intérêt de l'État que dans celui des autres propriétaires de bois et forêts soumis au régime forestier, des poursuites en réparation de tous délits et contraventions commis dans ces bois et forêts, sauf l'exception mentionnée en l'article 87.

Elle est également chargée de la poursuite en réparation des délits et contraventions spécifiés aux articles 134, 143 et 219.

Les actions et poursuites seront exercées par les agens forestiers au nom de l'administration forestière, sans préjudice du droit qui appartient au ministère public.

Cet article, qui confirme les dispositions antérieures de la loi du 15-29 septembre 1791, tit. IX, art. 1er, tit. XII, art. 18, et celles du Code d'instr. crim., art. 179 et 182, ne charge l'administration forestière que de la poursuite des délits et contraventions commis dans les bois soumis au régime forestier.

Ainsi, les bois taillis ou futaies des communes ou des établissemens publics n'étant, d'après l'art. 90 du Code, soumis au régime forestier que lorsqu'ils ont été reconnus susceptibles d'aménagement ou d'une exploitation régulière, il s'ensuit que l'administration forestière serait sans qualité et non recevable à poursuivre des délits commis dans des bois communaux ou d'établissemens publics, non aménagés, ni régulièrement exploités, et par conséquent, restés étrangers au régime forestier. On ne déciderait donc plus sous le Code, comme la cour de cassation l'avait fait auparavant, par un arrêt du 9 avril 1813 (*Sirey*, 20. 1. 694), que les prés-bois, étant non seulement des terrains destinés au pâturage, mais produisant encore des bois dont la jouissance appartient aux habitans des communes propriétaires, sont, dans tous les cas, soumis au même régime que les bois de l'Etat. Aujourd'hui, c'est aux communes et aux établissemens publics qu'il appartient de poursuivre directement et sans l'intervention de l'administration forestière, la réparation des délits commis dans ceux de leurs bois qui, vu leur peu d'étendue ou de valeur, n'ont pas été assujétis au régime forestier; et, dans ce cas, les communes et les établissemens publics sont nécessairement parties civiles au procès, conformément à l'art. 158 du décret du 18 juin 1811. Mais le dépeuplement d'un canton de bois n'empêcherait pas que ce canton ne fût toujours considéré comme faisant partie intégrante de la forêt dans laquelle il serait enclavé, lorsqu'il produit encore un bois d'une essence quelconque et qu'il continue d'être compris dans l'aménagement des coupes ordinaires. (Arr. cass. 26 avril 1816, Bull. crim., n° 25; *Merlin*, Répert. de jurisp., add., tom. 17, v° *Pâturage*, § 1er.)

Quant à la poursuite des délits commis dans les bois des particuliers, l'administration forestière n'en est chargée que dans les cas prévus par les art. 134, 143 et 219 (V., ci-dessus, les notes sur l'art. 120). Ces trois cas exceptés, elle est absolument non recevable à intenter une action correctionnelle à raison de ces sortes de délits. Le Code, à cet égard, fixe irrévocablement la jurisprudence antérieure qui se contrariait évidemment dans les arrêts des 3 septembre 1808 et 27 avril 1812, cités ci-dessus, pag. 154.

Le droit de poursuite est, dans l'art. 159, surabondamment réservé au ministère public, qui le puisait déjà dans l'art. 182 du Code d'instr. crim. Il faut distinguer, dans les délits forestiers comme dans les autres délits, l'action publique de l'action privée ou civile; quoique les agens de l'administration aient incontestablement le droit de poursuivre les délits forestiers, sous le rapport des intérêts privés ou civils, le ministère public n'en est pas moins investi de l'action publique, qui a pour objet la répression des délits et la condamnation aux peines portées par la loi. (Arr. cass. 4 avril 1806, *Merlin*, Répert. de jurispr., v° *Appel,* sect. II, § 4; 9 mai 1807, *Sirey*, 7. 2. 120.) Il y a plus : le ministère public agit évidemment en une double qualité; chargé de la vindicte publique, il requiert l'application de la peine; défenseur né des intérêts des administrations publiques et des communes, qui sont de droit parties civiles dans toutes les poursuites forestières qui les concernent, il a le droit de conclure en leur faveur à des restitutions ou à des dommages-intérêts. Ainsi, que l'agent forestier n'use pas de la faculté que lui accorde l'art. 174, qu'il ne paraisse pas à l'audience, le ministère public représente légalement l'administration forestière, et, s'il y a lieu d'adjuger des dommages-intérêts, il suffit que le ministère public y conclue pour que le tribunal soit tenu de les accorder. Ainsi encore, qu'un procès-verbal dénonce au ministère public un délit commis dans les bois d'une commune, soumis, ou non, au régime forestier, il a le droit et de requérir la peine contre le délinquant, et de conclure à des restitutions et dommages-intérêts, sans que la commune lésée soit dans la nécessité de constituer avoué.

ART. 160.

Les agens, arpenteurs et gardes forestiers recherchent et constatent par procès-verbaux les délits et contraventions; savoir : les agens et arpenteurs, dans toute l'étendue du territoire pour lequel ils sont commissionnés; et les gardes, dans l'arrondissement du tribunal près duquel ils sont assermentés.

Cet article ne reproduit aucune des règles prescrites par l'art. 4, tit. IV de la loi du 15-29 septembre 1791, et se rapproche beaucoup, par sa rédaction, des termes de l'article 16 du Code d'instr. crim., auquel renvoye même l'art. 181 de l'ord. réglementaire. Il suffit, en effet, que des procès-verbaux réguliers en leur forme indiquent les délinquans de manière à ce qu'il ne soit pas possible de les méconnaître : exiger, par exemple, qu'ils soient désignés par leurs noms et prénoms, ce serait assurer l'impunité des délits, car il peut fort bien arriver que les gardes en surprennent les auteurs sans les connaître personnellement. (Arr. cass. 26 janvier 1816, Bull. crim., n° 16.)

On remarquera qu'il n'est nulle part exigé, *sous peine de nullité*, pour la validité des procès-verbaux, que les agens et gardes forestiers soient revêtus de leur uniforme ou de leur bandoulière. L'art. 34 de l'ord. régl. leur impose cette obligation ; mais l'omission par eux de s'être conformés à cette mesure d'ordre ne peut profiter aux délinquans ; et les juges n'ont pas le pouvoir de créer une nullité qui n'est pas dans la loi. V. M. *Bourguignon*, Jurisp. des Codes criminels, t. 1er, p. 92.

Les agens que l'administration forestière a sous ses ordres, sont : les conservateurs, inspecteurs, sous-inspecteurs et gardes généraux. Les arpenteurs opèrent sous les ordres des agens forestiers chefs de service. (Ordonnance régl., art. 11.) Ces agens et les arpenteurs, lorsqu'ils ont prêté le serment prescrit par l'art. 5, et fait enregistrer leur commission et l'acte de prestation de leur serment partout où besoin est, constatent les délits et contraventions dans toute l'étendue du territoire pour lequel ils sont commissionnés. Les gardes à cheval et les gardes à pied ne les recherchent et constatent, dit l'article 160, que dans l'arrondissement *du tribunal près duquel ils sont assermentés*. Doit-on conclure de là que les gardes ne peuvent exercer leurs fonctions que dans le ressort d'un seul tribunal ? Ce serait une erreur : l'article 160 se combine avec l'art. 5, et l'on voit que les préposés forestiers, quels qu'ils soient, prêtent serment seulement devant le tribunal de leur résidence, mais que leurs arrondissemens forestiers pouvant s'étendre dans plusieurs ressorts de justice, ils doivent, en outre, faire enregistrer leur commission et l'acte de prestation de leur serment au greffe du tribunal de première instance de chacun de ces ressorts. D'où il suit que les gardes exercent légalement leurs fonctions dans l'arrondissement du tribunal où ils ont prêté serment, et des tribunaux où ils ont dû en faire enregistrer l'acte, ainsi que leur commission. Une autre conséquence résulte encore du rapprochement des art. 5 et 160 : c'est qu'en cas de changement de résidence, les gardes ne prêtent pas un second serment dans le nouveau ressort où ils passent, et qu'ils n'en ont pas moins le droit d'y rechercher et constater les délits. Des courtes observations qui précèdent, on doit conclure qu'on eût peut-être dû rédiger autrement la fin de l'art 160, et qu'il est plus sûr, en cette circonstance, de consulter l'esprit que la lettre de la loi.

Il est à remarquer qu'un garde forestier n'aurait point caractère pour constater un délit de chasse hors les bois dont la garde lui est confiée. La chasse par elle-même n'est pas un délit; abstraction faite du cas où il y a défaut de port d'armes ou violation des règlemens sur l'ouverture ou la clôture, elle en devient un quand elle porte atteinte à la propriété ; dès-lors ce délit ne peut être constaté que par les officiers spécialement préposés à la garde des propriétés sur lesquelles il est commis. (Arr. cass. 18 avril 1828, *Gazette des tribunaux*, n° 846, page 641 ; 9 mai 1828, *Gazette des tribunaux*, suppl. au n° 861, pag. 805. Voyez, au surplus, ord. régl., art. 181 et les notes, ci-après.)

ART. 161.

Les gardes sont autorisés à saisir les bestiaux trouvés en délit, et les instrumens, voitures et attelages des délinquans, et à les mettre en séquestre. Ils suivront les objets enlevés par les délinquans jusque dans les lieux où ils auront été transportés, et les mettront également en séquestre.

Ils ne pourront néanmoins s'introduire dans les maisons, bâtimens, cours adjacentes et enclos, si ce n'est en présence, soit du juge de paix ou de son suppléant, soit du maire du lieu ou de son adjoint, soit du commissaire de police.

Ces dispositions sont conformes aux lois des 19-22 juillet 1791, 15-29 septembre 1791, tit. IV. art. 6. 8 et 9; à l'arrêté du gouvernement du 24 décembre 1796 (4 nivôse an V), à l'art. 76 de l'acte constitutionnel du 13 décembre 1799 (22 frimaire an VIII), et à l'art. 16 du Code d'instruction criminelle.

Les gardes ne sont pas tenus de saisir, dans tous les cas, et de mettre en séquestre les bestiaux trouvés en délit, les instrumens, voitures et attelages des délinquans; ils sont seulement autorisés à le faire. Si les propriétaires sont inconnus, ou si les bestiaux sont à l'abandon, la saisie et le séquestre sont indispensables. Mais un procès-verbal n'en serait pas moins valable, s'il n'avait pas été établi de séquestre des objets saisis. (Arr. cass. 8 frimaire an VIII, Bull. crim., n° 141.) Le séquestre peut avoir lieu dans la commune de la résidence du garde, dans celle où le délit a été constaté, ou même au chef-lieu de la justice de paix ; la loi laisse toute latitude à cet égard.

Un procès-verbal de saisie de bestiaux trouvés en délit, qui n'en indique pas les espèces, mais seulement le nombre, n'est pas nul, lorsque d'ailleurs, s'il y a lieu d'en faire la distinction par espèces, elle a pu facilement s'opérer pendant le cours de l'instruction. (Arr. cass. 28 novembre 1806, *Merlin*, Répert de jurisp., v° *Procès-verbal*, § 6, n° 8.) S'il en était ainsi sous l'empire de la loi du 15-29 septembre 1791, n'en doit-il pas être de même, à plus forte raison, sous le Code forestier, qui n'impose plus, pour la rédaction des procès-verbaux, les mêmes règles que prescrivait la loi de 1791, tit. IV !

Pour constater un délit forestier, il n'est pas nécessaire que les gardes l'aient vu commettre ; il suffit qu'ils en aient suivi la trace et constaté l'existence, quoique hors du lieu où il a été commis. (Arr. cass. 20 juin 1806, Bull. crim., n° 98.)

La seule réception ou le recélement de bois coupés en fraude constitue la prévention de complicité du recéleur, avec le principal auteur de la coupe et de l'enlèvement frauduleux des bois. Cette prévention se change en conviction, s'il est prouvé que celui qui a reçu les bois n'a fait aucune résistance pour empêcher qu'ils ne fussent déposés dans son domicile, ni qu'il ait fait aucune dénonciation, soit à l'agent forestier, soit au magistrat local. (Arr. cass. 28 juillet 1809, Bull. crim., n° 133.)

Celui qui reçoit chez lui des bois coupés, ou de l'écorce enlevée en délit, et les soustrait ainsi aux recherches des préposés de l'administration forestière, est, de droit, réputé auteur ou du moins complice du délit, à moins que la fortune, l'état, la réputation de celui qui fait ce dépôt n'excluent, pour celui qui le reçoit, la présomption que les bois ont été coupés en délit. (Arr. cass. 6 septembre 1811, Bull. crim., n° 129.)

La personne chez laquelle on trouve une partie des arbres coupés en délit, et qui ne veut pas déclarer ses complices, est responsable des peines encourues pour le tout. Ou elle est seule auteur du délit, ou elle en est complice ; dans le premier cas, elle sera condamnée comme auteur, en vertu de la solidarité qui est de droit avec les complices ; dans le second, comme complice,

par une solidarité réciproque avec les auteurs. (Arr. cass.
23 octobre 1812, Bull. crim., n° 231.)

Les visites domiciliaires et les perquisitions des gardes
ne seraient pas régulièrement faites, même avec l'assistance d'un officier public, pendant la nuit. Le décret du
4 août 1806, le Code de procédure civile, art. 1037, et
l'ord. du 29 octobre 1820 sur la gendarmerie, art. 184,
déterminent ainsi qu'il suit le temps de la nuit : depuis
le 1er octobre jusqu'au 31 mars, avant six heures du matin
et après six heures du soir ; et depuis le 1er avril jusqu'au
30 septembre, avant quatre heures du matin et après
neuf heures du soir. Toutes visites et perquisitions faites
dans le temps de nuit tel qu'il vient d'être indiqué, exposeraient les gardes et ceux qui les auraient assistés aux
peines portées par l'art. 184 du Code pénal.

Le défaut de présence d'un officier public à la perquisition domiciliaire faite par un garde, donne seulement
au particulier le droit de s'opposer à la visite, sans qu'il
puisse en résulter de nullité du procès-verbal. (Arr. cass.
3 novembre 1809, *Sirey*, 10. 1. 304.) Si cependant un
garde, malgré l'opposition du particulier, s'introduisait
dans son domicile, sans l'assistance d'un officier public,
le procès-verbal serait nul. (Arr. cass. 1er février 1822,
Bull. crim., n° 19.)

Si l'omission de la formalité prescrite par la loi n'entraîne pas nullité, à plus forte raison n'y a-t-il pas nullité lorsqu'elle n'a été qu'irrégulièrement remplie. L'assistance d'un officier public n'étant ordonnée que comme
mesure de police, pour protéger la sûreté individuelle
et domiciliaire, ne peut influer en rien sur la vérification
du délit qu'il s'agit de reconnaître : d'où il suit que, si
l'officier public qui a accompagné un garde forestier n'est
pas celui du lieu, et a été appelé comme le plus voisin,
cette circonstance ne peut nuire au résultat de l'opération des gardes, ni vicier leur procès-verbal. (Arr. cass.
5 et 21 mars 1807, *Merlin*, Rép. de jurisp., v° *Garde des
bois*, sect. 1re, § 3, et v° *Procès-verbal*, § 6, n° 9, *Sirey*,
7. 2. 1143 ; arr. cass. 8 novembre 1809, Bull. crim.,
n° 175.) Il en serait de même, si, au lieu du juge de
paix ou de son suppléant, du maire ou de son adjoint, ou
du commissaire de police, absens ou empêchés, le garde
s'était fait assister dans la perquisition par un membre
du conseil municipal. V., au surplus, M. *Bourguignon*,
Jurisp. des Codes criminels, tom. 1er, pag. 96 et suivantes.

ART. 162.

Les fonctionnaires dénommés en l'article précédent ne pourront se refuser à accompagner sur-le-champ les gardes, lorsqu'ils en seront requis par eux pour assister à des perquisitions.

Ils seront tenus, en outre, de signer le procès-verbal du séquestre ou de la perquisition faite en leur présence ; sauf au garde, en cas de refus de leur part, à en faire mention au procès-verbal.

Avant de requérir l'un des officiers publics dénommés en l'art. 161, le garde doit préalablement avoir constaté le délit par un procès-verbal ; il désigne dans la réquisition, l'objet de la visite, et les personnes chez lesquelles elle doit avoir lieu. (Circ. du procureur-général près la cour royale de Paris, du 5 février 1819.)

En cas de refus de l'officier public, légalement requis, d'accompagner le garde dans une visite ou perquisition, le devoir de ce dernier est tracé par l'art. 182 de l'ord. réglementaire. Si l'officier public, après avoir été présent à la perquisition, refuse d'en signer le procès-verbal, le garde en fait mention, sans que toutefois, ni le refus de signature, ni même le défaut de la mention prescrite par la loi, influent sur le procès-verbal et en entraînent la nullité.

ART. 163.

Les gardes arrêteront et conduiront devant le juge de paix ou devant le maire tout inconnu qu'ils auront surpris en flagrant délit.

Cette disposition diffère essentiellement de celle de l'art. 16 du Code d'instruction criminelle, qui autorisait les gardes à arrêter et conduire devant le juge de paix ou devant le maire tout individu, même connu, surpris en flagrant délit, mais seulement lorsque le délit emportait peine d'emprisonnement, ou peine plus grave. Le Code forestier n'exige point cette dernière condition. Que doivent faire le juge de paix ou le maire, lorsqu'un inconnu surpris en flagrant délit est amené devant eux par des gardes forestiers? Ou l'individu arrêté se fera suffisamment connaître, indiquera son domicile, ses moyens d'existence et sa profession; dans ce cas, il sera immédiatement relâché, et les gardes dresseront contre lui procès-verbal

de même que contre tout autre prévenu de délits forestiers : ou bien cet individu ne pourra justifier ni d'un domicile certain, ni de moyens d'existence, ni donner d'explications satisfaisantes; et dans ce cas, il sera considéré
comme vagabond et sans aveu, aux termes de l'art. 270
du Code pénal; remis entre les mains de la gendarmerie,
conduit devant le procureur du Roi de l'arrondissement,
interrogé par le juge d'instruction, et déposé à la maison d'arrêt, pour être procédé à son égard, ainsi qu'il appartiendra. Ce serait donc une erreur de penser, comme
le paraît faire M. Baudrillart, dans son *Commentaire sur le
Code forestier*, pag. 280, qu'il pût être question d'appliquer les art. 223 et 224 de la loi du 28 avril 1816, sur les
contributions indirectes, et d'exiger caution soit pour le
paiement de l'amende, soit pour celui des dommages-
intérêts.

ART. 164.

**Les agens et les gardes de l'administration des
forêts ont le droit de requérir directement la force
publique pour la répression des délits et contraventions en matière forestière, ainsi que pour la
recherche et la saisie des bois coupés en délit,
vendus ou achetés en fraude.**

Les agens et les gardes forestiers ont le droit de requérir directement la gendarmerie, parce qu'ils sont officiers de police judiciaire (V. Code d'inst. crim., art. 9, 16
et 25).

Lors de la discussion sur l'art. 189, un pair, M. le duc
de Praslin, demanda pourquoi l'art. 164 n'était pas compris dans la nomenclature de ceux que l'art. 189 rend
communs aux bois des particuliers. Il fut observé par le
ministre d'Etat, commissaire du Roi, que le droit de requérir la force publique appartenait, sans contestation
possible, aux gardes des bois des particuliers comme aux
gardes des bois de l'Etat, en leur qualité d'officiers de police judiciaire; que, par conséquent, s'il y avait un reproche
à faire aux rédacteurs du projet, ce ne serait pas d'avoir
omis dans l'art. 189 une disposition nécessaire, mais d'a-
voir inséré dans l'art. 164 une disposition inutile. (*Moniteur* du 22 mai 1827, p. 840.)

Les réquisitions sont toujours adressées au comman-
dant de la gendarmerie du lieu où elles doivent recevoir
leur exécution; elles énoncent la loi qui les autorise, et
le motif pour lequel elles ont lieu; elles sont faites par

écrit, signées, datées, et dans la forme indiquée par l'article 58 de l'ord. du 29 octobre 1820, sur la gendarmerie.

ART. 165.

Les gardes écriront eux-mêmes leurs procès-verbaux; il les signeront, et les affirmeront au plus tard le lendemain de la clôture desdits procès-verbaux, pardevant le juge de paix du canton ou l'un de ses suppléans; ou pardevant le maire ou l'adjoint, soit de la commune de leur résidence, soit de celle où le délit a été commis ou constaté; le tout sous peine de nullité.

Toutefois, si, par suite d'un empéchement quelconque, le procès-verbal est seulement signé par le garde, mais non écrit en entier de sa main, l'officier public qui en recevra l'affirmation devra lui en donner préalablement lecture, et faire ensuite mention de cette formalité; le tout sous peine de nullité du procès-verbal.

Le Code, en imposant aux gardes l'obligation d'écrire eux-mêmes leurs procès-verbaux, n'a fait que consacrer une jurisprudence établie par de nombreux arrêts, notamment ceux des 12 avril 1817, et 26 juillet 1821, insérés au Bulletin crim. des arrêts de la cour de cassation, n°s 32 et 120. Toutefois, il n'est plus nécessaire, comme le décidaient ces arrêts, que les procès-verbaux non écrits et seulement signés par les gardes, soient écrits par le juge de paix, son suppléant, le maire ou son adjoint. Ils peuvent l'être par un garde forestier autre que celui qui a reconnu le délit, sur la déclaration du garde qui ne sait pas écrire; ils peuvent même l'être par de simples particuliers, puisque la loi ne le défend pas : seulement, il faut, dans ce cas, que l'officier public qui reçoit l'affirmation remplisse les formalités prescrites, à peine de nullité, par le § 2 de l'art. 165. Rien n'empêche, au surplus, l'officier que la loi charge de recevoir l'affirmation, de suppléer, pour la rédaction d'un procès-verbal, un garde qui ne sait pas le dresser lui-même; il a, pour cela, caractère légal et mission suffisante. (Arr. cass. 11 octobre 1822, Bull. crim., n° 144.)

Lorsqu'un maire dresse procès-verbal d'un délit sur la déclaration d'un garde dont en même temps il reçoit l'affirmation, il n'est pas indispensable, pour la validité du procès-verbal, que le maire appose deux fois sa signature, l'une au pied du rapport, l'autre au bas de l'affirmation.

Il suffit que cet officier public signe l'affirmation, qui, étant écrite de la même main, sur le même feuillet, dans le même moment que le rapport, et avec une corrélation évidente à cet acte, ne forme avec lui qu'un seul et même procès-verbal. (Arr. cass. 5 février 1825, Bull. crim., n° 22.)

Il n'y a pas de disposition de loi qui empêche un garde forestier d'inscrire sur une même feuille, à la suite l'un de l'autre, deux procès-verbaux de différentes dates, et portant sur des délits différens. L'acte d'affirmation dressé au bas porte essentiellement sur la vérité du contenu des actes à la suite desquels il se trouve. (Arr. cass. 19 février 1808, *Merlin*, Rép. de jur., v° *Procès-verbal*, § 6.)

— Il n'est pas prescrit, à peine de nullité, aux gardes forestiers et aux officiers qui reçoivent l'affirmation des procès-verbaux, de signer les renvois que peuvent présenter ces actes; en principe général, et sauf les cas particuliers pour lesquels la législation a établi des règles spéciales, il suffit que, dans les actes, les renvois soient simplement paraphés. (Arr. cass. 23 juillet 1824, Bull. crim., n° 97.)

— L'affirmation est l'acte par lequel le garde déclare avec serment que son procès-verbal contient la vérité. Elle doit être reçue par l'un des officiers publics dénommés en l'art. 165, dont les dispositions font disparaître plusieurs difficultés résolues avant le Code forestier par divers arrêts de la cour de cassation, des 2 messidor an XIII, 2 octobre 1806, 8, 28 janvier et 31 mars 1807, 1er septembre 1809, 19 janvier et 17 mars 1810, 26 décembre 1816, 29 mai 1818, et 25 octobre 1824, rapportés dans le Bulletin criminel, ou dans le Répertoire de jurisp., v° *Procès-verbal*.

La signature de celui qui affirme son procès-verbal et de l'officier qui reçoit l'affirmation, sont toutes deux nécessaires, la première pour constater que l'affirmation a été faite, et la seconde pour certifier qu'elle a été reçue. A défaut de l'une de ces signatures, l'affirmation est irrégulière. Mais cette irrégularité n'entraîne pas *de plano* l'absolution des prévenus, s'il est possible de suppléer par une autre preuve, par exemple, par le témoignage des gardes rédacteurs à celle qui devrait résulter du procès-verbal. (Arr. cass. 9 mai 1807, Bull. crim., n° 101.)

Lorsqu'un procès-verbal a été affirmé le lendemain de sa date sans énonciation d'heure, il y a présomption que cette formalité a été remplie dans le délai légal. Aucune loi n'exige que l'heure de l'affirmation des procès-verbaux soit énoncée dans l'acte d'affirmation. (Arr. cass. 9 février 1811, Bull. crim., n° 12, *Merlin*, Quest. de droit, v° *Procès-verbal*.)

Les membres du conseil municipal d'une commune n'ont aucun caractère pour recevoir l'affirmation d'un procès-verbal, même lorsqu'il est constaté qu'ils ne sont employés qu'à défaut du maire et des adjoints. (Arr. cass. 18 novembre 1808, *Merlin*, Répert. de jurisp., v° *Procès-verbal*, section VI, n° 6.)

L'acte d'affirmation du procès-verbal d'un garde forestier ne peut être déclaré nul sous prétexte qu'il n'énonce pas le lieu où il a été reçu, si, d'ailleurs, il contient toutes les énonciations expressément requises par la loi pour rendre probans les actes de cette espèce. (Arr. cass. 11 janvier 1817, Bull. crim., n° 4.)

ART. 166.

Les procès-verbaux que les agens forestiers, les gardes généraux et les gardes à cheval dresseront, soit isolément, soit avec le concours d'un garde, ne seront point soumis à l'affirmation.

L'art. 166 ni l'art. 165 ne faisant pas, comme l'art. 160, mention des arpenteurs, on demandera si leurs procès-verbaux sont, ou non, soumis à la formalité de l'affirmation. La loi du 15-29 septembre 1791, titre IX, art. 15, le décret du 18 juin 1809, le Code d'instr. crim., art. 182 et 190, et l'ord. d'exécution du Code forestier, art. 11, ne rangent parmi les agens supérieurs de l'administration forestière que les conservateurs, inspecteurs, sous-inspecteurs et gardes-généraux; les arpenteurs, les gardes à cheval et à pied, n'ont ni la même qualité, ni les mêmes prérogatives; ce n'est que par exception et parce que l'on a considéré qu'ils remplissaient assez souvent les fonctions de gardes généraux, que l'art. 166 a dispensé les procès-verbaux des gardes à cheval de l'affirmation. Il suit delà que la même exception n'ayant pas été introduite pour les arpenteurs, ils ne sauraient jouir d'un privilége qui ne leur appartient pas, et qu'ils doivent, ainsi que les simples gardes, affirmer les procès-verbaux qu'ils dressent en conformité de l'art. 160.

Lorsqu'un garde forestier assiste un garde général dans ses fonctions, il n'est tenu que de signer, s'il en est requis, les procès-verbaux dressés par le garde-général; il n'est nullement obligé d'affirmer les déclarations contenues en ces actes, auxquels il n'est appelé que comme auxiliaire; en ce cas, les procès-verbaux, ainsi rédigés et signés, font foi en justice jusqu'à inscription de faux, à quelques sommes que les condamnations puissent s'élever. (Arr. cass. 29 octobre 1824, Bull. crim., n° 150.)

ART. 167.

Dans les cas où le procès-verbal portera saisie, il en sera fait, aussitôt après l'affirmation, une expédition qui sera déposée dans les vingt-quatre heures au greffe de la justice de paix, pour qu'il en puisse être donné communication à ceux qui réclameraient des objets saisis.

V. ord. réglem., art. 183.
Lorsqu'il y a lieu de déposer au greffe de la justice de paix expédition de procès-verbaux non assujétis à la formalité de l'affirmation, ce dépôt doit être effectué dans le délai d'un jour, augmenté de vingt-quatre heures, c'est-à-dire, de deux jours au plus tard, à partir de la clôture des actes (art. 165 et 167).

ART. 168.

Les juges de paix pourront donner main-levée provisoire des objets saisis, à la charge du paiement des frais de séquestre, et moyennant une bonne et valable caution.

En cas de contestation sur la solvabilité de la caution, il sera statué par le juge de paix.

V. ord. réglem., art. 184; Code civil, art. 2011 et suivans; et décret du 18 juin 1811, art. 39 et 40.

ART. 169.

Si les bestiaux saisis ne sont pas réclamés dans les cinq jours qui suivront le séquestre, ou s'il n'est pas fourni bonne et valable caution, le juge de paix en ordonnera la vente à l'enchère, au marché le plus voisin. Il y sera procédé à la diligence du receveur des domaines, qui la fera publier vingt-quatre heures d'avance.

Les frais de séquestre et de vente seront taxés par le juge de paix, et prélevés sur le produit de la vente; le surplus restera déposé entre les mains du receveur des domaines, jusqu'à ce qu'il ait été statué en dernier ressort sur le procès-verbal.

Si la réclamation n'a lieu qu'après la vente des bestiaux saisis, le propriétaire n'aura droit qu'à la restitution du produit net de la vente, tous frais déduits, dans le cas où cette restitution serait ordonnée par le jugement.

Un député proposa d'étendre à dix le délai de cinq jours, dans lequel les bestiaux saisis doivent être réclamés. L'amendement, mis aux voix, fut rejeté. (*Moniteur* du 8 avril 1827, suppl., pag. 557.)

ART. 170.

Les procès-verbaux seront, sous peine de nullité, enregistrés dans les quatre jours qui suivront celui de l'affirmation, ou celui de la clôture du procès-verbal, s'il n'est pas sujet à l'affirmation.

L'enregistrement s'en fera en débet, lorsque les délits ou contraventions intéresseront l'État, le domaine de la couronne, ou les communes et les établissemens publics.

Avant le Code forestier, la peine de nullité n'était point attachée au défaut d'enregistrement des procès-verbaux dans le délai fatal de quatre jours. On décidait que la nullité prononcée par l'art. 34 de la loi du 22 frimaire an VII était nécessairement restreinte, par l'art. 47 de la même loi, aux actes qui servent de base aux jugemens rendus en faveur de particuliers, et qu'elle n'était point applicable aux actes qui intéressaient l'ordre et la vindicte publics. (Arr. cass. 5 mars 1819, 16 janvier 1824, *Dalloz*, Jurisp. génér. du roy., tom. 7, pag. 31, *Sirey*, 24. 1. 230; Bull. crim., t. 19, nº 31, et t. 24, nº 8; arr. cass. 23 février 1827, *Dalloz*, 27. 1. 151.) L'article 170 du Code forestier, sous le rapport de la nullité qu'il introduit, apporte donc une modification notable à la législation et à la jurisprudence existantes. Quant à la formalité de l'enregistrement en elle-même, il ne fait, en la rappelant, que confirmer les dispositions de la loi du 22 frimaire an VII, art. 70, § 1er, nº 4, de l'ordonnance du 22 mai 1816, art. 4, et de la loi du 25 mars 1817, art. 74.

Le délai de l'enregistrement des procès-verbaux, fixé à quatre jours, s'étend au cinquième, si le quatrième tombe un jour de fête ou un dimanche. (Arr. cass. 18 février 1820, Bull. crim., n° 30.)

Les procès-verbaux de délits et autres actes de poursuite des agens et gardes forestiers, sont enregistrés dans le délai prescrit, au bureau de la résidence, ou au plus voisin de la résidence des agens et gardes, quoique ce bureau ne soit pas celui de leur arrondissement. (Décisions ministérielles des 28 novembre 1809, et 12 juillet 1822, circulaire du ministère de la justice du 17 décemb. 1823, arr. cass., 1er septembre 1809, *Merlin*, Questions de droit, v° *Procès-verbal*.)

ART. 171.

Toutes les actions et poursuites exercées au nom de l'administration générale des forêts, et à la requête de ses agens, en réparation de délits ou contraventions en matière forestière, sont portées devant les tribunaux correctionnels, lesquels sont seuls compétens pour en connaître.

V. Code d'instr. crim., art. 19, 179 et 182.

ART. 172.

L'acte de citation doit, à peine de nullité, contenir la copie du procès-verbal et de l'acte d'affirmation.

Cet article exige beaucoup plus que le Code d'instruction criminelle, art. 83, et crée encore une nullité. Des arrêts décidaient auparavant, par des motifs fort plausibles, qu'il n'était pas nécessaire de délivrer copie de l'acte d'affirmation au prévenu. (V. arr. cass. 12 octobre 1809, 8 octobre 1819, *Merlin*, Répert. de jurisp., v° *Procès-verbal*, § 6, n° 6 bis, et Bull. crim., n° 109.)

ART. 173.

Les gardes de l'administration forestière pourront, dans les actions et poursuites exercées en son nom, faire toutes citations et significations d'exploits, sans pouvoir procéder aux saisies-exécutions.

Leurs rétributions pour les actes de ce genre

seront taxées comme pour les actes faits par les huissiers des juges de paix.

Cet article renouvelle à peu près littéralement les dispositions de l'avis du conseil d'Etat du 16 mai 1807, et du décret du 1er avril 1808.

Pour les citations, délais, et les significations, les gardes doivent (art. 187, ci-après) se conformer au Code d'instr. crim., ainsi qu'à l'art. 209 du Code forestier. L'exploit doit être signifié à personne ou à domicile. S'il ne se trouve au domicile ni la partie, ni aucun de ses parens ou serviteurs, le garde doit remettre sur-le-champ la copie de son exploit à un voisin et lui faire signer l'original ; si le voisin ne peut ou ne veut signer, il doit la remettre au maire ou à l'adjoint de la commune, lequel vise l'original sans frais. Le garde doit faire mention du tout, tant sur l'original que sur la copie (Code de procédure civile, art. 68 et 1039). La citation donnée ou la signification faite un jour de fête légale ou un dimanche, n'en serait pas moins valable. La loi du 4 août 1798 (17 thermidor an VI), art. 2, à laquelle se rapporte le concordat, par les expressions *affaires criminelles,* a nécessairement entendu non seulement les affaires criminelles à poursuivre par la voie du jury, mais aussi les affaires correctionnelles et de police. (Arr. cass. 25 août 1807, *Sirey,* 8. 1. 60.)

Les gardes doivent bien se garder de faire remettre des exploits ou copies de citations, en leur nom, par d'autres gardes ou par de simples particuliers ; ils occasioneraient la nullité de l'assignation, et s'exposeraient aux peines portées contre les huissiers par l'art. 45 du décret du 14 juin 1813. Tout huissier qui ne remet pas à personne ou à domicile l'exploit et les copies des pièces qu'il aura été chargé de signifier, est condamné par voie de police correctionnelle à une suspension de trois mois, à une amende qui ne peut être moindre de deux cents francs ni excéder deux mille francs, et aux dommages-intérêts des parties. S'il résulte de l'instruction qu'il a agi frauduleusement, il sera poursuivi criminellement et puni d'après l'art. 146 du Code pénal. Les gardes sont aussi dans l'obligation de se conformer au décret du 29 août 1813, et de ne signifier que des copies lisibles.

Il n'est pas nécessaire que la citation soit donnée par le garde qui a dressé procès-verbal du délit. L'emploi des gardes dans le ministère des huissiers pour le service forestier, a eu pour objet d'accélérer les poursuites, et d'apporter dans cette partie de dépense toute l'économie dont elle est susceptible. Il convient, en conséquence, que les citations, notifications et significations, soient faites par le garde le plus voisin des prévenus ; et si même le domicile du délinquant était trop éloigné de la résidence du garde, il faudrait employer l'huissier le plus voisin.

Lorsqu'on fait citer le prévenu et la personne civilement responsable, suffit-il d'une seule copie donnée à l'un ou à l'autre? Il doit être laissé copie de la citation au prévenu ou à la personne civilement responsable, aux termes de l'art. 145 du Code d'instr. crim., suivant que l'un ou l'autre est seulement cité. Si l'action est dirigée contre tous deux à la fois, il doit être laissé copie à chacun d'eux. Cette opinion, qui n'est pas celle de M. Carnot, est adoptée par MM. Legraverend et Bourguignon. La nécessité de la double copie résulte non seulement de ce que la citation peut seule mettre chacune des parties citées dans le cas de connaître la nature de l'imputation, et de préparer sa défense, mais encore des dispositions des art. 174, 182 et 205 du Code d'instr. criminelle.

On n'applique pas aux citations en matière correctionnelle les règles prescrites pour la validité de celles qui sont données en matière civile. Ainsi, une citation ne pourrait être déclarée nulle parce que la personne à qui la copie aurait été délivrée, quoiqu'indiquée dans l'original, ne le serait pas dans la copie, comme le prescrit le Code de procédure. La comparution des prévenus au jour fixé par les citations, offre une présomption légale qu'elles leur ont été remises aux époques indiquées par leur date. (Arr. cass. 18 nov. 1813, Bull. crim., p. 599, et *Bourguignon*, Jurisp. des Codes crim., t. 1er, p. 418.)

—Il est bien entendu que les rétributions pour les actes faits par les gardes ne sont pas taxées d'après le tarif du 16 février 1807, applicable aux matières civiles, mais d'après le décret du 18 juin 1811, art. 71 et 91. A cet effet ils dressent, au commencement de chaque trimestre, le mémoire prescrit par l'art. 186 de l'ordonnance d'exécution du Code forestier, en se conformant aux diverses règles établies par le tit. III, chap. Ier du décret du 18 juin 1811; ces mémoires sont vérifiés et arrêtés par l'inspecteur ou chef de service, et transmis au procureur du Roi, pour, sur son réquisitoire, être rendus exécutoires par le président du tribunal, et réglés par le préfet. On peut, au surplus, consulter sur la taxe et le paiement des actes du ministère des agens forestiers, le *Petit Manuel forestier* de M. Herbin de Halle, 3e édition, pages 457 à 462, et 482 à 488.

ART. 174.

Les agens forestiers ont le droit d'exposer l'af-

faire devant le tribunal, et sont entendus à l'appui de leurs conclusions.

V. Code d'inst. crim., art. 190; et, ci-après, ord. régl., art. 185 et les notes.

L'administration forestière, lorsque ses agens n'usent pas du droit que leur confère cet article, est suffisamment représentée par le ministère public, qui peut, ainsi qu'on l'a expliqué page 191, conclure à la fois contre les délinquans à l'application de la peine, et à la condamnation aux restitutions et dommages-intérêts.

ART. 175.

Les délits ou contraventions en matière forestière seront prouvés soit par procès-verbaux, soit par témoins à défaut de procès-verbaux, ou en cas d'insuffisance de ces actes.

Ces dispositions sont entièrement conformes aux art. 154, 189 et 211 du Code d'instruction criminelle, et à la jurisprudence établie par une foule d'arrêts.

Toutes les fois que des procès-verbaux de délits forestiers ne font pas par eux-mêmes preuve suffisante pour déterminer la condamnation, s'ils sont nuls, ou même s'il n'en a pas été rédigé, la preuve testimoniale doit être admise, en tout état de cause, même en instance d'appel, si elle est offerte. Les gardes forestiers qui ont fait un rapport nul pour défaut de forme doivent, si leur audition est requise, être entendus sur les faits que leur rapport avait pour objet de constater. (Arr. cass. 9 mai 1807, 30 décembre 1811, *Merlin*, Rép. de jurisp., v° *Procès-verbal*, § 6, n° 15; 26 janvier 1816, Bull. crim., n° 5; 21 juillet 1820, Bull. crim., n° 103; 21 juin, 12 août 1821, Bull. crim., n°s 99 et 129; 1er mars 1822, Bull. crim., n° 35; 28 août 1824, Bull. crim., n° 107; 14 octobre 1826, *Dalloz*, Jurisp. génér. du royaume, 27. 1. 32.)

La preuve par témoins peut même porter sur des faits et des circonstances postérieurs au procès-verbal. Un garde forestier ayant déclaré dans son procès-verbal avoir surpris le fils d'un tel particulier en contravention, le père, assigné à fins civiles, soutint qu'ayant deux fils, le procès-verbal ne pouvait atteindre ni l'un ni l'autre, faute de désignation spéciale. Ce qui fut ainsi jugé. Sur l'invitation du procureur du Roi, le garde se rendit chez ce particulier pour distinguer celui des deux fils qu'il avait surpris, et reconnut que c'était l'aîné. Le procureur du Roi ayant requis en instance d'appel que le garde fût entendu pour désigner le délinquant, ce réquisitoire fut rejeté, et le jugement d'absolution confirmé; mais ce dernier jugement fut cassé par l'arrêt précité du 21 juillet 1820. (V. *Bourguignon*, Jurisp. des Codes criminels, tom. 1er, pag. 367.)

Lorsqu'un procès-verbal est nul, ce n'est pas un motif suffisant pour renvoyer le prévenu absous, comme le font légèrement quelques tribunaux. Ils doivent, malgré la nullité, prendre connaissance du fond, s'enquérir de l'existence du délit et inviter le prévenu à proposer sa défense. S'il fait l'aveu de son délit, les tribunaux ne peuvent se dispenser d'appliquer la peine. (Arr. cass. 28 novembre et 4 décembre 1806, *Merlin*, Rép. de jurisp., v° *Procès-verbal*, § 6, n° 14, et *Bourguignon*, ubi suprà.)

ART. 176.

Les procès-verbaux revêtus de toutes les formalités prescrites par les articles 165 et 170, et qui sont dressés et signés par deux agens ou gardes forestiers, font preuve, jusqu'à inscription de faux, des faits matériels relatifs aux délits et contraventions qu'ils constatent, quelles que soient les condamnations auxquelles ces délits et contraventions peuvent donner lieu.

Il ne sera, en conséquence, admis aucune preuve outre ou contre le contenu de ces procès-verbaux, à moins qu'il n'existe une cause légale de récusation contre l'un des signataires.

M. Favard de Langlade a dit, dans son rapport à la chambre des députés : « Cet article attribue à certains procès-verbaux réguliers, l'effet de faire foi jusqu'à inscription de faux, *des faits relatifs aux délits et contraventions qu'ils constatent*. Cette disposition nous a semblé trop générale; elle pourrait faire croire qu'aucune preuve n'est admise contre une déclaration quelconque consignée dans un procès-verbal, tandis qu'elle ne doit s'appliquer qu'à la matérialité du délit ou de la contravention. Vous sentez, messieurs, combien il serait dangereux d'admettre que des énonciations relatives à des injures, à des violences ou à toutes autres circonstances, pussent interdire au prévenu la faculté d'administrer la preuve contraire. Pour lever toute espèce de doute sur ce point, nous proposons de dire dans l'article : *faits matériels*. Cette addition est conforme à une jurisprudence consacrée par la cour de cassation. » (*Moniteur* du 13 mars 1827, 2ᵉ supplément.)

Ainsi, un procès-verbal ne devrait pas faire foi jusqu'à inscription de faux des dires et des aveux des prévenus, comme le jugeait un arrêt de la cour de cassation du 25 octobre 1811, rapporté par M. *Merlin*, Rép. de jurisp., vᵒ *Procès-verbal*, § 6, nᵒ 16; et comme le pense M. *Bourguignon*, Jurisp. des Codes criminels, tom. 1ᵉʳ, p. 365. En effet, un aveu n'est pas plus qu'une injure un fait matériel relatif au délit.

Si les procès-verbaux des agens et gardes forestiers ne font foi que des faits matériels et positifs qui ont frappé leurs sens, et qui sont les élémens constitutifs des délits qu'ils ont constatés, toutefois, la force légale de leurs procès-verbaux s'étend à toutes les conséquences qui résultent nécessairement des faits matériels constatés par ces actes. — Spécialement : Lorsqu'un procès-verbal constate que des arbres ont été trouvés à demi abattus; que, sur des copeaux étendus au pied de ces arbres, on remarquait l'empreinte ou des débris de l'empreinte du marteau royal, il résulte nécessairement de ces faits que ces arbres étaient des arbres de réserve, qu'on ne pouvait, sans délit, commencer à abattre ni déshonorer. Les prévenus ne peuvent donc être acquittés sous prétexte que les copeaux trouvés au pied des arbres n'étaient pas prouvés appartenir à ces arbres et n'en auraient pas été rapprochés. (Arr. cass. 8 octobre 1825, *Dalloz*, Jurisp. génér. du royaume, 26. 1. 72, et Bull. crim., nᵒ 202.)

Lorsqu'un procès-verbal dressé par deux gardes forestiers n'est pas attaqué, il fait foi non seulement de la matérialité du fait, mais encore de la culpabilité du délinquant; et les juges ne peuvent, sous le prétexte que le procès-verbal ne fait foi que de la matérialité du fait, renvoyer le prévenu, alors surtout qu'il avoue. (Arr. cass. 30 juin 1827, *Dalloz*, ibid. 27. 1. 423.)

Aucune loi ne commande aux gardes, lorsqu'ils ont reconnu un délit et suivi ses traces, de retourner sur le terrain pour y procéder à une nouvelle confrontation de la souche avec le bois coupé; mais pour que le procès-verbal fasse foi jusqu'à inscription de faux, il doit contenir des énonciations suffisantes pour démontrer l'identité des bois de délit, avec celui des souches trouvées dans la forêt. (Arr. cass. 17 juin 1824, Bull. crim., nᵒ 80; 25 octobre 1811, Bull. crim., nᵒ 143.)

Un tribunal ne peut, sous prétexte du silence d'un procès-verbal sur le plus ou moins de fraîcheur de la coupe des bois enlevés en délit, ordonner la vérification de ce fait, lorsque l'identité de ces bois est suffisamment établie par la désignation de leur essence et de leur grosseur, et que le procès-verbal est d'ailleurs régulier et non attaqué par les voies légales. (Arr. cass. 15 octobre 1824, Bull. crim., n° 139.)

Un procès-verbal auquel la loi donne force de preuve jusqu'à inscription de faux, ne peut être déclaré nul sous prétexte de prétendues invraisemblances que les juges croiraient remarquer dans les faits constatés. (Arr. cass. 1er février 1822, Bull. crim., n° 19.)

On ne peut, sans inscription de faux, être admis à prouver la non-identité du bois trouvé dans une visite domiciliaire, et constaté, par un procès-verbal en bonne forme, être le même que celui qui a été récemment coupé en délit. (Arr. cass. 24 octobre, 20 novembre 1806, 25 octobre 1811, 20 février 1812, *Merlin*, Rép. de jurisp., v° *Procès-verbal*, § 6, n° 13.) Mais si le procès-verbal des gardes forestiers ne désignait pas l'essence et les dimensions, tant du bois coupé en délit, que de celui qu'ils ont trouvé dans une visite domiciliaire, et conséquemment ne constatait pas les signes matériels de l'un avec l'autre, mais énonçait seulement que les gardes ont reconnu cette identité, l'inscription de faux ne serait pas nécessaire. (Arr. cass. 15 décembre 1808, *Merlin*, ibid.)

On n'est pas recevable, sans inscription de faux, à prouver par témoins l'alibi des gardes forestiers au moment où ils ont dressé leur procès-verbal. (Arr. cass. 10 avril 1806, *Merlin*, Rép. de jurisp., v° *Procès-verbal*, § 6, n° 10; 20 novembre 1806, Bull. crim., n° 192; 29 mars 1811, Bull. crim., n° 39.)

Quoique l'art. 176 du Code forestier n'attribue le droit de faire preuve jusqu'à inscription de faux qu'aux procès-verbaux dressés par deux agens ou gardes forestiers, il est certain qu'un procès-verbal dressé, signé et affirmé par un garde forestier et un garde champêtre, ferait aussi la même foi, s'ils ont tous deux agi sur le territoire pour lequel ils sont assermentés. Les tribunaux ne pourraient entendre de témoins pour ou contre ce procès-verbal. (Arr. cass. 1er mars 1811, Bull. crim., n° 30.)

Lorsqu'un procès-verbal est dressé par plusieurs gardes, il ne suffit pas que l'affirmation en soit faite par un seul. (Arr. cass. 6 février, 31 octobre 1806, *Merlin*, Rép. de jurisp., v° *Procès-verbal*, § 6.)

Le Code ne s'explique pas sur ce qu'il faut entendre par ces causes de récusation qu'il admet comme le faisait la loi du 15-29 septembre 1791, tit. IX, art. 13. Des questions de ce genre sont laissées à la prudence des tribunaux, qui doivent, à cet égard, se montrer fort sévères. Il pourrait y avoir cause valable de récusation, par exemple, si le garde rapporteur était le beau-frère du délinquant. Mais la récusation n'ayant pour effet que d'empêcher que le procès-verbal soit cru jusqu'à inscription de faux, un tribunal commettrait un grave excès de pouvoir s'il se permettait d'en prononcer la nullité d'une manière absolue, sous le prétexte seul de la parenté plus ou moins rapprochée du délinquant et du garde, ou si, sans déclarer aucune circonstance ayant sa source dans la parenté et pouvant affaiblir ou détruire la foi due au procès-verbal, il lui refusait toute confiance et le rejetait absolument. (Arr. cass. 18 octobre et 26 décembre 1822, Bull. crim., nos 151 et 179.)

ART. 177.

Les procès-verbaux revêtus de toutes les formalités prescrites, mais qui ne seront dressés et signés que par un seul agent ou garde, feront de même preuve suffisante jusqu'à inscription de faux, mais seulement lorsque le délit ou la contravention n'entraînera pas une condamnation de plus de cent francs, tant pour amende que pour dommages-intérêts.

Lorsqu'un de ces procès-verbaux constatera à la fois contre divers individus des délits ou contraventions distincts et séparés, il n'en fera pas moins foi, aux termes du présent article, pour chaque délit ou contravention qui n'entraînerait pas une condamnation de plus de cent francs, tant pour amende que pour dommages-intérêts, quelle que soit la quotité à laquelle pourraient s'élever toutes les condamnations réunies.

La foi due au procès-verbal d'un garde forestier, dans le cas où l'amende et l'indemnité réclamées contre le délinquant n'excèdent pas cent francs, cesse lorsque le délit est de nature à entraîner, outre la peine pécuniaire, celle de l'emprisonnement. A cet égard, l'emprisonnement, quelque courte que soit sa durée, est considéré comme une peine plus forte que toutes les condamnations pécuniaires, à quelques sommes qu'elles puissent monter. (Arr. cass. 31 décembre 1819, *Sirey,* 21. 1. 96.)

L'art. 177 du Code forestier ne comprenant dans l'évaluation de la condamnation que l'amende et les dommages-intérêts, il s'ensuit que les restitutions, la valeur quelconque des bestiaux, des instrumens et des objets saisis ou confisqués, n'y doivent pas être compris. (Arr. cass. 9 mai 1806, Bull. crim., n° 70; 19 janvier 1816, Bull. crim., n° 2.)

Les tribunaux ne peuvent faire prévaloir des dépositions de témoins sur un procès-verbal régulier, non argué de faux, dressé par un garde forestier, dans le cas où l'amende et l'indemnité n'excèdent pas cent francs, et où il n'est proposé aucune cause valable de récusation. (Arr. cass. 17 juin 1824, Bull. crim., n° 80.)

Les procès-verbaux, à moins d'inscription de faux, faisant preuve suffisante, ne peuvent être atténués par des certificats contraires que délivrerait le maire de la commune. (Arr. cass. 3 décembre 1819, Bull. crim., n° 130 et 131.)

Un tribunal ne peut déclarer erronées les énonciations d'un procès-verbal de garde forestier, non attaqué par les voies légales. (Arr. cass. 1er février 1822, et 29 octobre 1824, Bull. crim., n° 19 et 154.)

Lorsqu'un garde forestier constate que des bestiaux trouvés en délit appartiennent à un tel individu, cette énonciation ne fait foi que jusqu'à preuve contraire, même quand le procès-verbal, sur le fait matériel et constitutif du délit, serait inattaquable jusqu'à inscription de faux. Mais le tribunal ne peut renvoyer le prévenu, sous prétexte que rien ne constate que les bestiaux lui appartinssent, si la preuve contraire à l'énonciation du procès-verbal n'est pas même offerte. (Arr. cass. 31 décembre 1824, Bull. crim., n° 205.) Deux arrêts des 14 novembre 1806 et 17 avril 1812, rapportés par M. *Merlin*, Rép. de jurisp. v° *Procès-verbal*, § 6, n° 11, avaient jugé que l'on ne pouvait combattre, sans inscription de faux, l'énonciation du procès-verbal que les bestiaux appartiennent à tel individu.

Le procès-verbal régulièrement dressé par un seul garde, d'un délit de nature à entraîner une condamnation supérieure à cent francs, sans avoir cette force de preuve que l'inscription de faux peut seule combattre avec succès, doit cependant faire foi en justice tant qu'il n'est pas débattu et détruit par l'une des preuves contraires que la loi autorise, et que le tribunal est libre d'admettre. En conséquence, le tribunal qui, sans qu'il ait été allégué de preuve contraire, renvoie le prévenu, sur le seul fondement que le procès-verbal ne fait pas foi suffisante par lui-même, commet une violation de la loi. (Arr. cass. 28 octobre 1824, Bull. crim., n° 143 ; 30 juin 1827, *Dalloz*, Jurisp. gén. du royaume, 27. 1. 424.)

Si un procès-verbal non attaqué par voie d'inscription de faux constate l'enlèvement en délit, par un individu, d'un arbre dans une forêt, les juges ne peuvent, sur le motif que l'arbre ne se rapportait point à la souche, rénvoyer le prévenu de la poursuite, le fait seul d'enlèvement de la forêt constituant déjà un délit. (Arr. cass. 30 juin 1827, *Dalloz*, Jurisp gén. du royaume, 27. 1. 423.)

La preuve qui résulte d'un procès-verbal qu'un délit forestier a été commis, est irrévocable, du moment que le procès-verbal a été signé par le garde; elle ne peut se trouver détruite par sa rétractation postérieure. (Arr. cass. 19 octobre 1809, Bull. crim., n° 166, *Sirey*, 10. 1. 302; 26 pluviôse an X, Bull. crim., n° 119.)

ART. 178.

Les procès-verbaux qui, d'après les dispositions qui précèdent, ne font point foi et preuve suffisante jusqu'à inscription de faux, peuvent être corroborés et combattus par toutes les preuves légales, conformément à l'article 154 du Code d'instruction criminelle.

V. plus haut, les art. 175, 176, 177, et les notes.

Les art. 154 et 189 du Code d'instruction criminelle, de même que l'art. 178 du Code forestier, laissent à la prudence des tribunaux la faculté d'admettre ou de rejeter la preuve contraire. Il est évident que les prévenus ne peuvent être admis à la faire qu'autant qu'ils articuleront des faits pertinens et de nature à faire disparaître toute idée de délit. Autrement ils devraient être condamnés immédiatement; car il est bien entendu, et il résulte de plusieurs arrêts rapportés dans les notes qui précèdent, que les procès-verbaux réguliers qui ne peuvent faire foi jusqu'à inscription de faux, font toujours foi du moins jusqu'à preuve contraire.

ART. 179.

Le prévenu qui voudra s'inscrire en faux contre le procès-verbal sera tenu d'en faire, par écrit et en personne, ou par un fondé de pouvoirs spécial par acte notarié, la déclaration au greffe du tribunal, avant l'audience indiquée par la citation.

Cette déclaration sera reçue par le greffier du tribunal : elle sera signée par le prévenu ou son fondé de pouvoirs; et dans le cas où il ne saurait ou ne pourrait signer, il en sera fait mention expresse.

Au jour indiqué pour l'audience, le tribunal donnera acte de la déclaration, et fixera un délai de trois jours au moins et de huit jours au plus, pendant lequel le prévenu sera tenu de faire au greffe le dépôt des moyens de faux, et des noms, qualités et demeures des témoins qu'il voudra faire entendre.

A l'expiration de ce délai, et sans qu'il soit besoin d'une citation nouvelle, le tribunal admettra les moyens de faux, s'ils sont de nature à détruire l'effet du procès-verbal, et il sera procédé sur le faux conformément aux lois.

Dans le cas contraire, ou faute par le prévenu d'avoir rempli toutes les formalités ci-dessus prescrites, le tribunal déclarera qu'il n'y a lieu à admettre les moyens de faux, et ordonnera qu'il soit passé outre au jugement.

Cet article a été calqué sur la loi du 28 avril 1799 (9 floréal an VII), art. 10, et sur le décret du 22 mars 1805 (1er germinal an XIII), art. 40, l'une relative aux douanes, et l'autre aux contributions indirectes. Les mêmes questions qui se sont déjà présentées sur les inscriptions de faux contre les procès-verbaux des préposés de ces deux administrations, peuvent se renouveler à l'occasion des procès-verbaux des agens et gardes forestiers; il n'est donc pas inutile d'en indiquer à l'avance la solution, et de faire connaître à cet égard la jurisprudence.

Le prévenu qui ferait, en sa présence, déclarer oralement par son défenseur, qu'il entend s'inscrire en faux contre un procès-verbal, devrait être déclaré non recevable, la loi exigeant de lui une déclaration écrite, ou mentionnant qu'il ne sait signer, faite au greffe, avant l'audience indiquée par la citation. (Arr. cass. 29 juin 1810, Bull. crim., n° 86.) Il est important, en effet, de repousser les allégations des prévenus et les menaces qu'ils font de s'inscrire en faux, menaces presque toujours sans résultat, et qui n'ont d'autre objet que d'entraver et de retarder l'action de la justice. Comme dans la citation il est donné copie du procès-verbal, ils ont tout moyen de reconnaître, avant l'audience, si les faits sont vrais, ou non.

La déclaration de s'inscrire en faux, faite verbalement à l'audience, mais inscrite sur le procès-verbal de la séance, et là signée de l'inscrivant et du greffier, ne serait pas valable. (Arr. cass. 6 juin 1811, Bull. crim., n° 86.)

La déclaration d'inscription de faux doit être faite avant l'audience indiquée par la citation, lors même que la cause n'aurait été ni appelée à cette audience, ni inscrite sur le rôle, ou que la citation aurait été donnée non seulement à la première audience qui aurait lieu après les trois jours francs, mais encore, au besoin, à toutes les audiences suivantes. (Arr. cass., 30 novembre 1811, 20 mai 1813, Bull. crim., n°s 166 et 109.)

La signature de la déclaration d'inscription de faux ne peut être suppléée par un acte qui énonce que l'inscrivant ne sait écrire; la loi exige l'énonciation expresse qu'il ne sait signer. (Arr. cass. 14 août 1807, Bull. crim., n° 180.)

L'inscrivant en faux qui n'indique pas de témoins pour prouver ses moyens de faux, doit être déclaré non recevable. (Arr. cass. 19 avril 1811, Bull. crim., n° 61.) Mais si, faute d'avoir pu connaître tous les témoins dans le délai donné, il n'en avait indiqué qu'une partie, il n'aurait pas moins le droit de faire entendre, dans le cours de l'instruction commencée, tous ceux qu'il n'aurait connus que depuis.

Doivent être rejetés tous moyens de faux dont la preuve n'est pas de nature à faire disparaître le délit ou la contravention. (Arr. cass. 27 avril 1811, Bull. crim., n° 66.)

Si les moyens de faux n'attaquent point le procès-verbal dans sa substance, et si, en supposant vrais les faits sur lesquels ils portent, la contravention n'en demeure pas moins constante, les juges doivent passer outre. (Arr. cass. 29 floréal an XIII, *Merlin*, Rép. de Jurisp., v° *Inscription de faux*, § 1er, n° 13; 1er octobre 1807, ibid., v° *Procès-verbal*, § 3, n° 12.)

Les moyens de faux doivent contenir les actes et les circonstances qui tendent à démontrer la fausseté des faits de contravention déclarés par le procès-verbal; ils sont inadmissibles, s'ils se réduisent à une simple dénégation desdits faits, ou, ce qui est la même chose, à une déclaration qu'ils ne sont pas vrais. (Arr. cass. 18 février 1813, Bull. crim., n° 26; *Bourguignon*, Jurisp. des Codes criminels, tom. 2, pag. 376.)

Si deux contraventions sont imputées à un prévenu, les moyens de faux sont inadmissibles lorsqu'ils ne tendent à détruire que les faits relatifs à l'une des contraventions, et laissent entiers ceux qui constituent la seconde. (Arr. cass. 7 mai 1813, Bull. crim., n° 96.)

Une déclaration d'inscription de faux ne peut autoriser une surséance au jugement de la contravention, qu'après que l'inscrivant a fait au greffe le dépôt de ses moyens de faux, et que ces moyens auront été déclarés pertinens et admissibles. (Arr. cass. 1er décembre 1809, Bull. crim., n° 182.)

Les dispositions des art. 458 et 459 du Code d'instruction criminelle qui prononcent que la pièce arguée de faux sera rejetée du procès, et qu'il sera passé outre, lorsque celui qui l'aura produite n'aura pas, dans la huitaine, annoncé son intention sur la sommation à lui faite de déclarer s'il veut, ou non, s'en servir, ne sont pas applicables au cas où l'inscription de faux est formée contre un procès-verbal d'agens forestiers; la loi prescrit à cet égard des formes particulières, et d'ailleurs, les agens forestiers sont dans l'obligation de poursuivre la réparation des délits et contraventions, sans pouvoir neutraliser les poursuites de quelque manière que ce soit. (V. arr. cass. 14 mai 1813, Bull. crim., n° 106.)

En cas d'inscription de faux contre un procès-verbal, si le tribunal admet les moyens de faux, il doit surseoir à l'instruction et au jugement du délit, jusqu'après qu'il aura été statué sur la prévention de faux, non d'après les règles du faux incident, mais d'après celles du Code d'instruction criminelle pour la poursuite des crimes et délits. (Arr. cass. 9 août 1822, Bull. crim., n° 108, *Sirey*, 23. 1. 131, *Bourguignon*, Jurisp. des Codes criminels, tom. 2e, pag. 381; arr, cass. 11 août et 11 novembre 1818, Bull. crim., n°s 168 et 225.)

Les juges correctionnels devant lesquels est formée une inscription de faux contre un procès-verbal de gardes forestiers, deviendraient compétens pour juger le faux, si les gardes rédacteurs étaient morts au moment où l'acte est argué de faux; hors ce cas, ils doivent surseoir au jugement du fond, et renvoyer celui du faux à la justice criminelle. (V. *Merlin*, Répert. de jurisp., v° *Inscription de faux*, § 7, n° 7, et v° *Procès-verbal*, § 3.)

Lorsque l'inscription de faux n'a pas été faite dans les délais et les formes voulus par la loi, et qu'un jugement de première instance a déclaré l'inscrivant déchu de ses moyens de faux, les juges saisis de l'appel ne peuvent surseoir à statuer sous prétexte qu'il a été depuis rendu plainte en faux principal. Cette plainte ne doit exercer aucune influence sur la cause, puisque, par le fait seul de la déchéance de l'inscription de faux, le procès-verbal a repris toute sa force et ne peut plus ne pas faire foi de son contenu en justice. (Arr. cass. 4 juin 1817, Bull. crim., n° 54; 19 février 1825, Bull. crim., n° 92.) Cette dernière décision conduit à l'examen d'une question importante, celle de savoir si, lorsque la partie contre laquelle il a été dressé un procès-verbal ne s'est pas inscrite en faux dans les délais et suivant les formes déterminés par la loi, le ministère public peut poursuivre pour crime de faux les agens ou gardes forestiers rédacteurs du procès-verbal, soit d'office, soit sur la dénonciation de la partie.

En s'attachant étroitement à la lettre de l'art. 179 du Code forestier, on pourrait dire que, si la loi veut impérieusement qu'à défaut d'inscription de faux dans les délais fixés et suivant les formalités prescrites le procès-verbal fasse en justice preuve complète du délit ou de la contravention, et si le ministère public est alors obligé de requérir contre le prévenu la peine encourue, il tomberait dans une contradiction évidente en requérant, d'une part, une peine correctionnelle attendu la vérité du procès-verbal, et, d'autre part, en poursuivant comme faussaire l'agent ou le garde qui l'a rédigé.

On pourrait encore faire ce raisonnement; de deux choses l'une : le ministère public, soit d'office, soit sur la dénonciation de la partie, intentera nécessairement les poursuites en faux avant ou après le jugement qui doit être rendu sur le procès-verbal constatant le délit : dans le premier cas, il viole la loi et commet un abus de pouvoirs, parce que l'inscription de faux ne peut être faite que par la partie; il n'a que le droit de faire statuer à l'audience sur le mérite de l'inscription de faux, et il ne lui est pas permis en se chargeant de poursuivre, de dispenser le prévenu de se conformer à la loi. Dans le second cas, ses poursuites sont encore bien plus mal fondées, car, une fois le prévenu condamné en vertu du procès-verbal, il y a chose jugée, et sa sincérité ne peut plus être mise en doute.

Cependant il est facile de s'apercevoir que ces argumens sont plus spécieux que solides. Il peut arriver que des gardes prévaricateurs présentent à la justice un faux procès-verbal; mais alors la partie désignée et citée à tort comme ayant commis le délit, ne peut ignorer en lisant la copie qu'on lui a signifiée, qu'elle est menacée de devenir victime d'une trame criminelle; elle sait quels moyens la loi lui donne de faire reconnaître son innocence et de démasquer les vrais coupables; elle doit donc en profiter, et former son inscription avec assez de promptitude et d'attention pour ne pas s'exposer à une fin de non-recevoir ou à une déchéance. Le ministère public, au contraire, qui ne sait rien, à qui il n'a été fait aucune dénonciation, qui ne connaît le procès-verbal qu'à l'audience, et le voit revêtu de toutes les formalités prescrites, n'a pas le moindre motif d'en suspecter la sincérité. S'il n'y a pas eu d'inscription de faux, si elle a été tardive, ou si on ne l'a pas soutenue par le dépôt de moyens à l'appui, persuadé que le délinquant n'a aucunes justifications à faire, ou qu'il ne cherche qu'à entraver et à retarder des poursuites et un jugement auquel il est dans l'impuissance de se soustraire, le ministère public requiert avec raison la condamnation. Ici le délinquant porte la peine de son tort, de ses lenteurs et de sa négligence : on tient pour vrai, vis-à-vis de lui, ce dont il lui appartenait de faire voir la fausseté. Qu'il s'impute à lui-même de n'avoir pas éclairé ses juges. Mais de ce que l'amende a été prononcée sur la réquisition du ministère public, faut-il conclure que, si par hasard des circonstances ultérieures lui démontraient jusqu'à l'évidence la fausseté du procès-verbal, il dût fermer les yeux, laisser un crime impuni, et se faire une absurde violence pour croire à la sincérité de ce procès-verbal? Non, sans doute; la question a bien été jugée avec l'individu désigné comme délinquant, mais elle ne l'a pas été avec la société; ce n'est pas d'une manière absolue, mais seulement d'une manière relative que le procès-verbal a été regardé comme vrai : expression convenue de la vérité à l'égard de celui qui, devant s'inscrire en faux, ne l'a pas fait ou l'a fait sans succès, il peut, sous d'autres rapports, se trouver l'œuvre de faussaires, et nécessiter contre eux des poursuites criminelles. Et si le ministère public intente ces poursuites, où donc est sa contradiction? La loi sous les yeux, et lié par ses dispositions, il a demandé que, faute d'avoir été légalement attaqué, le procès fît foi : mais contre qui? contre le prévenu seul; et non pas contre le ministère public lui-même : contre le prévenu, parce que tout procès-verbal contre lequel il n'y a pas valable inscription de faux est, de droit, réputé vrai pour lui; et non contre le ministère public, parce qu'en ce cas la vérité toute relative du procès-verbal ne le concerne pas; qu'elle a pu ne dépendre après tout que d'une fin de non-recevoir encourue par le prévenu; et qu'en définitive il n'est pas impossible que, de fait, la fausseté du procès-verbal soit démontrée. Entre le ministère public et les rédacteurs du procès-verbal, il n'y a rien de jugé; les choses sont encore entières : il peut donc, le cas échéant, les poursuivre sans qu'on lui reproche de contradiction.

Voyons maintenant ce qu'on pourrait objecter, si, instruit avant le jugement correctionnel de la fausseté du procès-verbal, le ministère public voulait poursuivre immédiatement. On le soutient sans qualité parce que c'est, dit-on, à la partie seule à s'inscrire en faux, et qu'il la dispenserait par une intervention prématurée de se conformer à la loi. — Le ministère public a toujours qualité pour rechercher et poursuivre les crimes et délits, quels qu'ils soient. Son action, toute dans l'intérêt de la société, est indépendante de l'action de la partie civile, et celle-ci ne peut ni l'arrêter ni la suspendre, soit qu'elle s'abstienne, soit qu'elle renonce. La mort seule du prévenu et la prescription éteignent l'action publique. Hors ces deux cas, il n'est pas de dispositions qui empêchent le ministère public d'agir contre les auteurs d'un crime qui lui est révélé, non par une plainte banale et insignifiante, mais par des faits patens. Ouverte pour la satisfaction et dans l'intérêt des prévenus, la voie de l'inscription de faux peut être suivie par eux quand il leur convient ; s'ils en font abus, le tribunal y met bon ordre : mais la marche tracée pour eux seuls ne préjudicie en rien à celle que le ministère public est toujours autorisé à prendre. Il ne commet donc aucun abus de pouvoirs ; il agit, au contraire, dans l'ordre de ses attributions, en poursuivant, s'il y a lieu, les gardes rédacteurs d'un faux procès-verbal, même avant que le jugement correctionnel ait été rendu et sans que le prévenu se soit inscrit en faux ; ce n'est pas là le dispenser de se conformer à la loi, c'est hâter la procédure, c'est éviter des formalités superflues et d'inutiles circuits, lorsque les faits sont déjà par eux-mêmes assez évidens pour avoir frappé d'abord les yeux du ministère public. Il doit, en ce cas, requérir d'office qu'il soit sursis à statuer jusqu'à ce que l'instruction sur le faux ait été terminée.

Si les poursuites n'ont lieu qu'après le jugement correctionnel qui a prononcé l'amende, prétendra-t-on qu'il y a chose jugée, et que la vérité du procès-verbal ne peut plus être mise en doute ? — Il faudrait se prêter à d'étranges fictions, et faire une abnégation bien complète de la connaissance des principes de la matière pour adopter une pareille opinion. Pour qu'il y ait chose jugée, soit au civil, soit au criminel, l'identité de personnes et de cause est indispensable. Or, ici rien de jugé encore, ni avec les personnes qui ont rédigé le faux procès-verbal, ni sur le crime de faux qui leur est imputé. Pour éviter les vexations interminables auxquelles les gardes seraient sans cesse exposés de la part des prévenus, la loi a voulu que, faute d'être légalement attaqués dans de courts délais, les procès-verbaux fissent foi en justice des faits matériels relatifs aux délits constatés ; mais, comme on l'a dit plus haut, la sincérité de ces procès-verbaux ne peut être que relative, et non absolue et générale. Il y a chose irrévocablement jugée pour le prévenu seulement, sauf la faculté qu'il a toujours (ord. reglem., art. 7), de réclamer la remise de l'amende qu'il a laissée prononcer. Quant aux

gardes , s'ils ont commis un crime , ils n'ont ni déchéances
ni fins de non-recevoir à opposer au ministère public, dont
l'action ne s'éteint que par la prescription ou la mort des
coupables. La vérité ou la fausseté de leur procès-verbal
reste donc à juger contradictoirement avec eux. Avec l'o-
pinion qu'il y a chose jugée, on arrive à une conséquence
absurde. Supposons un faux procès-verbal de nature à entraîner contre le délinquant désigné une amende plus ou
moins forte ; en cas de conviction du faux, le garde rédac-
teur est exposé à une peine afflictive et infamante. Redou-
tant la possibilité de la preuve qui peut le perdre , il s'a-
dresse à celui qu'il a méchamment dénommé dans son procès-verbal , le presse , le sollicite, lui fait des offres, s'hu-
milie, et le détermine à se laisser condamner à une légère
amende, sans mot dire, plutôt que de former une inscription de faux qui lui deviendrait si fatale. Peu de temps
après le jugement, le ministère public est informé des motifs de haine ou de vengeance qui ont poussé le garde à
dresser un faux procès-verbal; il sait toutes ses démarches
pour se soustraire au châtiment, il sait que la peur ou la faiblesse ont forcé le prévenu au silence, et il ne pourra poursuivre le coupable ! Et l'on soutiendra qu'il y a chose jugée ! Mieux vaudrait-il dire qu'il y a certains crimes privi-
légiés, et qu'à la partie lésée appartient seule le droit de
décider s'ils seront ou non punis. Or, un tel système est
contraire à la loi comme à la raison.

En résumé, le ministère public peut et doit poursuivre
les agens et gardes forestiers rédacteurs d'un procès-verbal dont la fausseté lui est suffisamment révélée ; l'absence
de l'inscription de faux ne suspend ni n'arrête son action
toute indépendante de celle de la partie civile ; et la déchéance résultant d'une inscription tardive ou irrégulière,
établie contre le prévenu, ne peut jamais être opposée
qu'au prévenu seul ; ce n'est que relativement à lui seul
que le procès-verbal fait foi, et qu'il y a chose jugée.

ART. 180.

Le prévenu contre lequel aura été rendu un jugement par défaut, sera encore admissible à faire
sa déclaration d'inscription de faux pendant le délai qui lui est accordé par la loi pour se présenter
à l'audience sur l'opposition par lui formée.

V., ci-après, art. 187; et Code d'instruction criminelle,
art. 186, 187, 188.

Un jugement a le caractère de jugement par défaut,

soit qu'il ait été rendu contre un individu qui n'a pas comparu sur la citation, soit qu'il l'ait été contre un individu qui, s'étant présenté, n'a proposé aucune défense ni pris de conclusions, ou qui encore aurait formellement restreint sa comparution à des conclusions préjudicielles, déclarant, en cas de rejet, qu'il ne plaiderait pas au fond. (Arr. cass. 7 décembre 1822, et 13 mars 1824, Bull. crim., nos 174 et 43.)

Si l'opposition était nulle, pour avoir été formée trop tard, pour n'avoir pas été notifiée tant au ministère public qu'à la partie civile, ou par toute autre cause, la déclaration d'inscription de faux faite par le prévenu dans le délai que la loi lui accorde pour se présenter à l'audience sur son opposition, serait également inadmissible.

ART. 181.

Lorsqu'un procès-verbal sera rédigé contre plusieurs prévenus, et qu'un ou quelques-uns d'entre eux seulement s'inscriront en faux, le procès-verbal continuera de faire foi à l'égard des autres, à moins que le fait sur lequel portera l'inscription de faux ne soit indivisible et commun aux autres prévenus.

Un arrêt de la cour de cassation du 20 septembre 1807, rapporté par *Sircy*, 1807. 2. 29.), fait l'application de la règle rappelée dans la première partie de cet article. Mais elle avait besoin d'une modification; on conçoit que si un seul et même fait est imputé collectivement à deux ou plusieurs individus, il devient indivisible par rapport à eux tous. Ainsi que deux individus, ou plus, se trouvent ensemble inculpés par un même procès-verbal d'avoir allumé un feu dans une forêt, si le fait est faux, l'inscription en faux d'un seul des inculpés suffira pour motiver une surséance au jugement du fond, même à l'égard de ceux qui ne se sont point inscrit en faux. Il en serait de même si l'inscription de faux tendait à ruiner le procès-verbal dans sa base, par exemple, à prouver l'alibi des gardes rédacteurs.

ART. 182.

Si, dans une instance en réparation de délit ou contravention, le prévenu excipe d'un droit de propriété ou autre droit réel, le tribunal saisi de

la plainte statuera sur l'incident en se conformant
aux règles suivantes :

L'exception préjudicielle ne sera admise qu'autant qu'elle sera fondée, soit sur un titre apparent, soit sur des faits de possession équivalens,
personnels au prévenu et par lui articulés avec précision, et si le titre produit ou les faits articulés
sont de nature, dans le cas où ils seraient reconnus par l'autorité compétente, à ôter au fait qui
sert de base aux poursuites tout caractère de délit ou de contravention.

Dans le cas de renvoi à fins civiles, le jugement
fixera un bref délai dans lequel la partie qui
aura élevé la question préjudicielle devra saisir
les juges compétens de la connaissance du litige et
justifier de ses diligences; sinon il sera passé outre.
Toutefois, en cas de condamnation, il sera sursis
à l'exécution du jugement, sous le rapport de l'emprisonnement, s'il était prononcé, et le montant
des amendes, restitutions et dommages-intérêts,
sera versé à la caisse des dépôts et consignations,
pour être remis à qui il sera ordonné par le tribunal qui statuera sur le fond du droit.

On a cherché dans cet article à éviter divers inconvéniens qui résultaient auparavant du défaut de précision
de l'art. 12 du tit. IX de la loi du 15-29 septembre 1791,
mais il est encore plusieurs questions qui peuvent se
présenter, qui ont été déjà jugées, et dont nous rappelle-
rons les solutions.

Il est dans la disposition comme dans l'esprit de la loi
que les individus poursuivis pour délits forestiers ne
puissent arrêter le cours de la justice au moyen d'une
allégation vague de propriété, et sans même colorer leur
prétention par la production d'un titre apparent, ou par
des faits de possession suffisans pour faire présumer la
propriété. Les tribunaux civils sont, à la vérité, seuls
compétens pour prononcer définitivement sur la validité et la force de ces titres, mais les tribunaux correctionnels ont caractère pour statuer sur la présomption
qui peut en résulter relativement aux faits de la plainte,
et accorder ou refuser, d'après cette appréciation, le

sursis et le renvoi demandés. (Arr. cass. 23 avril 1824, Bull. crim., n° 56.)

Des prévenus poursuivis par l'administration forestière à raison d'un délit qu'elle soutient avoir été commis dans un bois communal, ne peuvent exciper de la propriété au nom d'un particulier qui n'est point en cause, et avec lequel, conséquemment, la question ne peut être ni vérifiée ni poursuivie. Si les prévenus prétendent avoir agi d'après l'ordre ou du consentement du propriétaire qu'ils désignent, ils ont dû l'appeler dans l'instance pour prendre leur fait et cause, y réclamer son droit de propriété, et leur donner le moyen de justifier par-là les ordres qu'ils allèguent avoir reçus. (Arr. cass. 24 octobre 1817, Bull. crim., n° 103; 16 octobre 1807, *Merlin*, Répert. de jurisp., v° *Question préjudicielle.*)

Les maires, légalement autorisés, ont seuls caractère et qualité pour former en justice des demandes ou fournir des défenses sur les droits que la commune peut avoir à réclamer, ou qui lui sont contestés ; par conséquent, l'exception par laquelle l'individu poursuivi pour un délit forestier quelconque, soutient n'avoir usé que d'un droit acquis à la commune dont il est habitant, n'établit pas une question préjudicielle, et le renvoi aux tribunaux civils ne peut être ordonné, parce que le simple habitant d'une commune est sans qualité pour exercer isolément les actions de cette commune. (Arr. cass. 12 juillet 1816, Bull. crim., n° 42; 22 juillet 1819, ibid., n° 82; 20 mars, 28 août 1823, ibid., n°s 38 et 124; 22 avril, 25 juin 1824, ibid., n°s 55, 84 et 85; 3 août 1827, *Dalloz*, Jurisp. génér. du royaume, 27. 1. 449.)

Il n'y a jamais question préjudicielle, ni lieu à sursis, que dans le cas où l'existence et la validité des droits, étant reconnues par le tribunal compétent, feraient disparaître toute idée de délit. (Arr. cass. 22 avril et 25 juin 1824, précités; 18 février 1820, Bull. crim., n° 29; 9 juillet 1807, *Merlin*, Rép. de jurisp., v° *Délit forestier*, § 17.)

Ainsi, des habitans d'une commune poursuivis pour avoir volé des bois exploités par un particulier et exposés à la foi publique dans la vente, soutiendraient en vain qu'ils sont usagers de la forêt, et que la commune dont ils sont membres est propriétaire d'une portion de cette forêt, les tribunaux saisis de la connaissance du vol ne pourraient surseoir et renvoyer à statuer au civil sur les droits d'usage et de copropriété réclamés. (Arr. cass. 7 avril 1809, *Merlin*, Répert. de jurisp., v° *Question préjudicielle.*)

Lorsque les délits et malversations dont est accusé

l'adjudicataire d'une coupe dépendent de la question de savoir si ces faits sont ou ne sont pas légitimes, suivant les clauses de son contrat, il en résulte une question préjudicielle qui a pour objet l'interprétation d'un contrat, laquelle est essentiellement civile et conséquemment hors du domaine des tribunaux correctionnels. (Arr. cass. 2 messidor an XIII, *Merlin*, Rép. de jurisp., v° *Adjudicataire*, § 6 ; 28 mars 1806, Bull. crim., n° 47, *Merlin*, ibid., v° *Délit forestier*, § 18.)

ART. 183.

Les agens de l'administration des forêts peuvent, en son nom, interjeter appel des jugemens, et se pourvoir contre les arrêts et jugemens en dernier ressort; mais ils ne peuvent se désister de leurs appels sans son autorisation spéciale.

Nous avons déjà eu l'occasion d'expliquer, pag. 192 et 200, ce qu'il fallait entendre par *agens* de l'administration forestière, et de faire voir que les gardes à cheval ne sont pas considérés comme *agens* dans le sens attaché à cette expression par les art. 160 du Code forestier, et 11 de l'ordonnance d'exécution. Cependant il a été jugé que si les gardes généraux et autres agens supérieurs ont seuls, par le titre même de leur emploi, qualité pour interjeter appel des jugemens rendus sur les poursuites de l'administration, la même faculté peut être exercée par un garde à cheval dans l'arrondissement forestier dont la surveillance lui est confiée, lorsqu'en vertu des instructions de l'administration, il y a été spécialement autorisé par l'agent supérieur chargé en chef du service dans le département où il réside. (Arr. cass. 31 janvier 1824, Bull. crim., n° 18, *Bourguignon*, Jurisp. des Codes criminels, t. 2ᵉ, p. 457 ; 26 février 1807, *Merlin*, Rép. de jurisp., v° *Délit forestier*, § 19.)

Les inspecteurs et autres agens de l'administration forestière, chargés de poursuivre les auteurs des délits constatés par procès-verbaux des gardes, ne peuvent intenter d'actions qu'*à la requête de cette administration*, et nullement *en leur nom personnel*. (Arr. cass. 29 octobre 1824, Bull. crim., n° 156.)

Les agens de l'administration forestière ne sont pas recevables à appeler des jugemens rendus dans les affaires correctionnelles qui, en première instance, ont été poursuivies à la seule requête du ministère public. (Arr. cass.

7 février 1806, 22 mars 1810, *Merlin*, Rép. de jurisp., v°
Appel, sect. 2, § 4.)

L'art. 451 du Code de procédure, qui autorise l'appel
des jugemens interlocutoires, s'applique aux jugemens
forestiers ; il peut être appelé, par exemple, d'un jugement qui, avant faire droit, ordonne le mesurage de la
circonférence d'arbres abattus, dans un cas où, s'agissant
d'un adjudicataire qui a abattu des arbres de réserve, la
peine encourue ne doit pas être réglée au pied de tour.
(Arr. cass. 2 août 1810, *Sirey*, 11. 1. 118.)

L'administration forestière peut seule acquiescer aux
jugemens rendus contre elle et se désister des appels in-
terjetés en son nom ; en conséquence, le versement fait
par un délinquant entre les mains d'un receveur de l'enregistrement et des domaines, à l'insu et sans la participation de l'administration des forêts, de l'amende à laquelle il aurait été condamné, ne peut être opposé à
cette administration comme un acquiescement de sa part
au jugement dont elle avait auparavant interjeté appel.
(Arr. cass. 29 octobre, 31 décembre 1824, Bull. crim.,
n°s 152 et 206.)

S'il n'est pas question, dans l'art. 183, du désistement
des pourvois, c'est parce que l'administration elle-même
a seule le droit de proposer à la cour de cassation le
désistement des pourvois qu'elle croit n'être pas fondés.
(Arr. cass. 4 août 1827, *Dallos*, Jurisp. génér. du roy.,
27. 1. 452.)

ART. 184.

Le droit attribué à l'administration des forêts
et à ses agens de se pourvoir contre les jugemens
et arrêts par appel ou par recours en cassation ,
est indépendant de la même faculté qui est accordée par la loi au ministère public, lequel peut toujours en user, même lorsque l'administration ou
ses agens auraient acquiescé aux jugemens et
arrêts.

V. Code d'instruction criminelle, art. 202 et 413.

ART. 185.

Les actions en réparation de délits et contraventions en matière forestière se prescrivent par trois
mois, à compter du jour où les délits et contra-

ventions ont été constatés, lorsque **les prévenus**
sont désignés dans les procès-verbaux. Dans le cas
contraire, le délai de prescription est de six mois,
à compter du même jour.

Sans préjudice, à l'égard des adjudicataires et entrepreneurs des coupes, des dispositions contenues
aux articles 45, 47, 50, 51 et 82 de la présente loi.

« Les dispositions de cet article sont parfaitement
justes, disait M. Avoyne de Chantereyne à la chambre
des députés, mais je suppose que l'action en réparation
d'un délit forestier, commencée dans le délai prescrit, ait
été interrompue, je demande en ce cas quel sera le délai
de la nouvelle prescription. Je pense qu'il doit être le
même que celui de la prescription originaire, c'est-à-dire,
de trois ou de six mois. Ce n'est pas sans raison que j'appelle sur ce point l'attention de la chambre. La cour de
cassation a jugé que lorsque la prescription d'un délit
correctionnel a été interrompue par une action intentée,
et qu'il y a eu cessation de poursuites, la nouvelle prescription devait être la même que celle établie primitivement. Je demande qu'il en soit de même pour le cas de
l'article en discussion. » M. de Martignac : « La réponse
à cette observation est dans l'art. 187. » M. de Chantreyne:
« Sans doute cela est bien dans l'esprit de la loi, mais ne
résulte pas de sa lettre. Aussi la cour de cassation a-t-elle
éprouvé quelqu'embarras dans l'application des principes
de la prescription. » L'article a été adopté. (*Moniteur* du
8 avril 1827, suppl., pag. 558.)

Le Code forestier n'ayant réglé par aucune disposition
expresse le temps nécessaire pour prescrire, lorsque la
prescription a d'abord été interrompue par des poursuites, ce cas doit être décidé d'après le droit commun,
c'est-à-dire, d'après les art. 637 et 638 du Code d'instruction criminelle auxquels renvoie l'art. 187 du Code forestier. (Arr. cass. 6 février 1824 , Bull. crim., n° 23, *Bourguignon*, Jurisp. des Codes criminels, tom. 2, p. 552.)

La loi ne faisant courir la prescription qu'à compter
du jour où les délits et contraventions ont été constatés,
ce serait la violer que de compter le temps de la prescription à partir du jour où le délit a été commis. (Arr.
cass. 19 mars 1818, Bull. crim., n° 34.)

Un délit forestier n'est réputé légalement connu, à
l'effet de faire courir la prescription, que par le procès-
verbal qui le constate, encore bien que les agens de l'administration en aient connaissance long-temps avant d'en

dresser procès-verbal. (Arr. cass. 23 juin 1827, *Dalloz*, Jurisp. génér. du royaume, 27. 1. 436.)

Lorsqu'un premier procès-verbal a reconnu et constaté un délit qui n'a pas été poursuivi, et qu'il est dressé ultérieurement un second procès-verbal du même délit, les prévenus poursuivis en vertu de ce second procès-verbal sont recevables à opposer la prescription de trois mois, si depuis la date du premier procès-verbal elle se trouve acquise. (Arr. cass. 2 janvier 1806, Bull. crim., n° 6, *Merlin*, Répert. de jurisp., v° *Délit forestier*, § 13.)

Lorsque le délinquant n'a pas été formellement désigné dans le procès-verbal, la prescription ne s'acquiert que par six mois, quand même les agens ou gardes forestiers l'auraient pu connaître d'une manière quelconque, peu après la rédaction du procès-verbal. (Arr. cass. 8 avril 1808, *Bourguignon*, Jurisp. des Codes criminels, tom. 2, pag. 551.)

La prescription peut être interrompue par une citation, quoique la cause n'ait pas été appelée à l'audience indiquée. (Arr. cass. 29 avril 1808, 5 juillet 1816, Bull. crim., n° 40, *Bourguignon*, ibid.)

Elle ne le serait pas par une citation nulle donnée dans le délai fixé par la loi. (Arr. cass. 12 floréal an XIII, *Merlin*, Rép. de jurisp. v° *Délit forestier*, § 13.)

S'il y a eu lieu à une instruction et si des témoins ont été entendus à l'effet de constater le délit et d'en découvrir l'auteur, la prescription a été interrompue ; ce serait une erreur de croire qu'il n'y ait que l'assignation donnée au prévenu qui puisse l'interrompre. (Arr. cass. 18 août 1809, *Sirey*, 10. 1. 294.)

Si un délinquant assigné après le délai de rigueur, n'oppose la prescription ni en première instance ni en appel, elle peut être suppléée d'office par le juge, même sur le recours en cassation. (Arr. cass. 26 février 1807, *Merlin*, ibid.; 12 août 1808, Bull. crim., n° 169.)

La prescription de l'action à intenter contre le maire d'une commune pour délits forestiers commis dans l'exercice de ses fonctions, ne court que du moment où l'autorisation de poursuivre, demandée conformément à l'article 75 de la constitution de l'an VIII, ayant enfin été accordée, l'obstacle légal qui s'opposait à l'exercice de l'action de l'administration forestière s'est trouvé levé. (Arr. cass. 13 avril 1810, *Merlin*, ibid., § 13, n° 8.)

Le calcul des mois pour la prescription se fait d'après la calendrier grégorien, date par date, et non par mois de 30 jours : ainsi un délit reconnu et légalement constaté par un procès-verbal du 31 mai peut être valablement poursuivi le 31 août suivant, quoiqu'il se soit écoulé dans l'intervalle plus de 90 jours. (Arr. cass. 27 décembre 1811, *Merlin*, Répert. de jurisp., v° *Mois*; *Bourguignon*, Jurisp. des Codes criminels, tom. 2, page 551.)

Il peut arriver, quoique dans des cas extrêmement rares, que des délits forestiers n'aient pas été constatés ; or, l'art. 185 ne parlant que de la prescription des délits constatés contre des auteurs connus ou non, on demandera pendant combien de temps les agens et gardes forestiers conservent le droit de dresser procès-verbal d'un délit, ou, en d'autres termes, par quel laps de temps doit se prescrire un délit qui n'a point été constaté. Si un délit demeure inconnu, il n'y a aucun motif pour que la prescription soit dans ce cas réglée différemment que pour les autres délits de la compétence des tribunaux correctionnels. L'art. 638 du Code d'instruction criminelle doit donc recevoir son application, et ce n'est qu'après trois années révolues, à partir du jour où il a été commis, qu'un délit, jusqu'alors non constaté, cesse de pouvoir l'être utilement.

ART. 186.

Les dispositions de l'article précédent ne sont point applicables aux contraventions, délits et malversations commis par des agens, préposés ou gardes de l'administration forestière dans l'exercice de leurs fonctions; les délais de prescription à l'égard de ces préposés et de leurs complices seront les mêmes qui sont déterminés par le Code d'instruction criminelle.

V., ci-dessus, art. 6 et les notes, et Code d'instruction criminelle, art. 637 et 638.

ART. 187.

Les dispositions du Code d'instruction criminelle sur la poursuite des délits et contraventions, sur les citations et délais, sur les défauts, oppositions, jugemens, appels et recours en cassation, sont et demeurent applicables à la poursuite des délits et contraventions spécifiés par la présente loi, sauf les modifications qui résultent du présent titre.

SECTION II.

Des Poursuites exercées au nom et dans l'intérêt des Particuliers.

ART. 188.

Les procès-verbaux dressés par les gardes des bois et forêts des particuliers feront foi jusqu'à preuve contraire.

« Il y aurait du péril, disait M. Roy, rapporteur de la commission de la chambre des pairs, dans la disposition par laquelle les procès-verbaux des gardes des particuliers feraient foi jusqu'à inscription de faux. Souvent ils pourraient être les instrumens des passions de propriétaires qui ne donnent pas toujours à la société de suffisantes garanties. Si l'administration, en nommant et commissionnant ses gardes, peut leur attribuer une portion d'autorité publique, il n'en est pas de même des particuliers, qui ne peuvent communiquer à leurs gardes, par eux-mêmes ou par délégation, une autorité qu'ils n'ont pas. »

Que des procès-verbaux soient dressés par des gardes de bois communaux qui n'ont pas été reconnus susceptibles d'aménagement ou d'une exploitation régulière, ni, par conséquent, soumis au régime forestier (art. 90), il n'est pas douteux qu'ils ne feront foi en justice que jusqu'à preuve contraire. En effet, ces gardes n'étant point agréés par l'administration forestière, et ne recevant pas d'elle leur commission (art. 95), resteraient assimilés à de véritables gardes champêtres, et leurs attributions ne s'étendraient pas plus loin.

ART. 189.

Les dispositions contenues aux articles 161, 162, 163, 165, 167, 168, 169, 170, § 1er, 172, 175, 182, 185 et 187 ci-dessus, sont applicables aux poursuites exercées au nom et dans l'intérêt des particuliers, pour délits et contraventions commis dans les bois et forêts qui leur appartiennent.

Toutefois, dans les cas prévus par l'article 169, lorsqu'il y aura lieu à effectuer la vente des bes-

tiaux saisis, le produit net de la vente sera versé
à la caisse des dépôts et consignations.

V., ci-dessus, les divers articles rappelés dans l'article
189 et les notes.

ART. 190.

Il n'est rien changé aux dispositions du Code
d'instruction criminelle relativement à la compétence des tribunaux, pour statuer sur les délits et
contraventions commis dans les bois et forêts qui
appartiennent aux particuliers.

Lorsque les peines encourues pourront excéder quinze
francs d'amende ou cinq jours d'emprisonnement, le fait
est un délit et la connaissance en appartient à la police
correctionnelle. La cour de cassation l'a ainsi jugé par
un grand nombre d'arrêts, notamment le 27 juin et le 16
août 1811, en cassant deux jugemens de tribunaux de
simple police, par lesquels des juges de paix avaient
statué sur deux délits forestiers commis dans des bois
appartenant à des particuliers, et qui étaient passibles de
peines excédant la compétence de la simple police. C'est
toujours le *maximum* de la peine qui règle la compétence, en sorte que le juge de paix qui la réduirait ne se
rendrait pas pour cela compétent. V. *Bourguignon*, Jurisp. des Codes criminels, tom. 1er, pag. 336.

ART. 191.

Les procès-verbaux dressés par les gardes des
bois des particuliers seront, dans le délai d'un
mois, à dater de l'affirmation, remis au procureur
du Roi ou au juge de paix, suivant leur compétence respective.

Cet article reproduit les dispositions de l'art. 20 du
Code d'instruction criminelle ; il est une conséquence
de la distinction établie dans l'art. 190 entre les faits qui
constituent des délits et ceux qui ne sont que de simples
contraventions. Les propriétaires peuvent, il est vrai,
transiger sur les dommages-intérêts, mais la renonciation
à l'action civile ne peut arrêter ni suspendre l'action publique (Code d'inst. crim., art. 4), sans que l'on puisse
distinguer si les délits sur lesquels il a été transigé blessent ou non l'ordre public. (Arr. cass. 11 juin 1813,

Bull. crim., pag. 315, et *Bourguignon,* Jurisp. des Codes criminels, tom. 1er, pag. 51.) « Rien, disait M. *Favard de Langlade,* rapporteur de la commission de la chambre des députés, ne doit paralyser l'action du ministère public dont la vigilance s'étend aux atteintes coupables portées à la propriété privée, comme à celles qui blessent les intérêts de l'Etat, des communes ou des établissemens publics.

TITRE XII.

Des Peines et Condamnations pour tous les Bois et Foréts en général.

ART. 192.

La coupe ou l'enlèvement d'arbres ayant deux décimètres de tour et au-dessus donnera lieu à des amendes qui seront déterminées dans les proportions suivantes, d'après l'essence et la circonférence de ces arbres.

Les arbres sont divisés en deux classes.

La première comprend les chênes, hêtres, charmes, ormes, frênes, érables, platanes, pins, sapins, mélèzes, châtaigniers, noyers, aliziers, sorbiers, cormiers, merisiers et autres arbres fruitiers.

La seconde se compose des aulnes, tilleuls, bouleaux, trembles, peupliers, saules, et de toutes les espèces non comprises dans la première classe.

Si les arbres de la première classe ont deux décimètres de tour, l'amende sera d'un franc par chacun de ces deux décimètres, et s'accroîtra ensuite progressivement de dix centimes par chacun des autres décimètres;

Si les arbres de la seconde classe ont deux décimètres de tour, l'amende sera de cinquante centimes par chacun de ces deux décimètres, et s'accroîtra ensuite progressivement de cinq centimes par chacun des autres décimètres :

Le tout conformément au tableau annexé à la présente loi.

La circonférence sera mesurée à un mètre du sol.

Les peines portées par cet article peuvent se trouver doublées, triplées ou quadruplées, si le délit a été commis avec une, deux ou trois des circonstances suivantes : 1°. s'il y a récidive (art. 200); 2°. si c'est la nuit (201); 3°. si les délinquans ont fait usage de la scie (ibid.); elles sont augmentées du tiers dans le cas prévu par l'art. 34.

Dans le 1er § de l'article, après ces mots : *la coupe et l'enlèvement d'arbres*, un député proposa d'ajouter ceux-ci, *et brins;* l'addition ne fut pas appuyée. (*Moniteur* du 9 avril 1827, suppl. pag. 564.) Il semblerait que l'on ne peut guère donner la qualification d'arbres à des brins qui n'auraient que 2 décimètres, (environ 7 pouces) de tour. Mais le mot *arbre* est un terme générique qui s'applique à toutes les grosseurs et hauteurs d'arbres, et, dans aucun cas, on ne peut faire rentrer dans les dispositions de l'art. 194 la coupe et l'enlèvement d'arbres, dès qu'ils ont 2 décimètres de tour. (Arr. cass. 28 octobre 1824, Bull. cr., n° 147.)

Sous l'ordonnance de 1669, lorsque plusieurs arbres avaient été coupés en délit, les gardes forestiers pouvaient se borner à en calculer la circonférence en bloc, et, sur le total établi par le procès-verbal, l'amende était prononcée, sans que l'on fût recevable à prétendre que la grosseur métrique de chaque pied d'arbre aurait dû être mesurée séparément (Arr. cass. 5 octobre 1822, Bull. crim., n° 239). Il ne pourrait plus en être ainsi aujourd'hui; l'amende s'accroît progressivement en raison de la grosseur respective des arbres; il est donc indispensable qu'elle soit calculée séparément pour chaque arbre coupé ou enlevé, autrement on arriverait à un résultat beaucoup plus considérable qu'il ne devrait l'être.

L'habitant d'une commune qui a coupé du bois en délit dans une forêt sur laquelle la commune prétend des droits d'usage qui sont l'objet d'un litige devant les tribunaux civils, n'en doit pas moins être condamné sur-le-champ, surtout s'il existe un jugement qui ait défendu aux habitans de cette commune de faire aucune coupe pendant la litispendance sur le fond du droit d'usage. (Arr. cass. 23 août 1823, Bull. crim., n° 124.)

Les calculs du Tarif ont été portés jusqu'à 32 décimètres; mais si un arbre coupé en délit avait plus de 32 décimètres de tour, l'amende devrait être calculée de la même manière que dans le Tarif, et s'accroître toujours de cinq ou de dix centimes par chaque décimètre qui excéderait les 32 du Tarif.

TARIF des Amendes à prononcer par arbre, d'après sa grosseur et son essence.

ARBRES DE PREMIÈRE CLASSE.			ARBRES DE SECONDE CLASSE.		
Circonférence.	Amende par décimèt.	Amende par arbre.	Circonférence.	Amende par décimèt.	Amende par arbre.
décimèt.	fr.　c.	fr.　c.	décimèt.	fr.　c.	fr.　c.
1	«　«	«　«	1	«　«	«　«
2	1　00	2　00	2	0　50	1　00
3	1　10	3　30	3	0　55	1　65
4	1　20	4　80	4	0　60	2　40
5	1　30	6　50	5	0　65	3　25
6	1　40	8　40	6	0　70	4　20
7	1　50	10　50	7	0　75	5　25
8	1　60	12　80	8	0　80	6　40
9	1　70	15　30	9	0　85	7　65
10	1　80	18　00	10	0　90	9　00
11	1　90	20　90	11	0　95	10　45
12	2　00	24　00	12	1　00	12　00
13	2　10	27　30	13	1　05	13　65
14	2　20	30　80	14	1　10	15　40
15	2　30	34　50	15	1　15	17　25
16	2　40	38　40	16	1　20	19　20
17	2　50	42　50	17	1　25	21　25
18	2　60	46　80	18	1　30	23　40
19	2　70	51　30	19	1　35	25　65
20	2　80	56　00	20	1　40	28　00
21	2　90	60　90	21	1　45	30　45
22	3　00	66　00	22	1　50	33　50
23	3　10	71　30	23	1　55	35　65
24	3　20	76　80	24	1　60	38　40
25	3　30	82　56	25	1　65	41　25
26	3　40	88　40	26	1　70	44　20
27	3　50	94　50	27	1　75	47　25
28	3　60	100　80	28	1　80	50　40
29	3　70	107　30	29	1　85	53　65
30	3　80	114　00	30	1　90	57　50
31	3　90	120　90	31	1　95	60　45
32	4　00	128　00	32	2　00	64　00

ART. 193.

Si les arbres auxquels s'applique le tarif établi
par l'article précédent, ont été enlevés et façonnés, le tour en sera mesuré sur la souche; et si
la souche a été également enlevée, le tour sera cal-
culé dans la proportion d'un cinquième en sus de
la dimension totale des quatre faces de l'arbre
écarri.

Lorsque l'arbre et la souche auront disparu, l'a-
mende sera calculée suivant la grosseur de l'arbre
arbitrée par le tribunal d'après les documens du
procès.

Du moment que la souche a été enlevée, soit que l'arbre ait été retrouvé équarri, ou non, il est évident que
l'on manque d'élémens suffisans pour déterminer sa circonférence, et par suite le taux de l'amende. Le tribunal
doit alors la calculer suivant la grosseur de l'arbre, qu'il
arbitre d'après les documens du procès, qui consisteront
dans les indices ou signes matériels d'identité que le
garde aura réunis et constatés dans son procès-verbal, tels
que la fraîcheur du bois, sa couleur, l'homogénéité de sa
fibre, de son grain, de ses défectuosités même avec celui
qui a été enlevé, la dimension du trou creusé pour arracher la souche, les traces qui ont dirigé le garde depuis
la forêt jusqu'au lieu où il a trouvé le bois volé, et enfin,
la preuve testimoniale toujours admissible à défaut de
procès-verbaux, ou en cas d'insuffisance de ces actes.

Si des procès-verbaux ou de l'instruction il résulte
qu'un arbre a été enlevé par l'individu prévenu de ce délit, les tribunaux ne pourraient, sans un véritable déni
de justice, se dispenser d'appliquer une peine, sous prétexte que les documens sont insuffisans pour arbitrer la
grosseur de l'arbre : en supposant, ce qui sera fort rare,
l'incertitude la plus complète sur la circonférence de l'arbre coupé et enlevé, il y aurait toujours lieu de condamner le délinquant, ne serait-ce qu'à l'amende fixée pour
les arbres de la plus petite dimension, c'est-à-dire ayant
2 décimètres de tour.

ART. 194.

L'amende, pour coupe ou enlèvement de bois
qui n'auront pas deux décimètres de tour, sera,

pour chaque charretée, de dix francs par bête attelée, de cinq francs par chaque charge de bête de somme, et de deux francs par fagot, fouée ou charge d'homme.

S'il s'agit d'arbres semés ou plantés dans les forêts depuis moins de cinq ans, la peine sera d'une amende de trois francs par chaque arbre, quelle qu'en soit la grosseur, et, en outre, d'un emprisonnement de six à quinze jours.

L'art. 194, § 1er, ne reçoit d'application que pour la coupe ou l'enlèvement de bois dans les forêts, qu'elles soient ou non soumises au régime forestier. Ainsi le fait d'avoir coupé et enlevé des arbres appartenant à autrui dans tout autre lieu qu'un bois ou une forêt, ne rentre pas dans les dispositions du Code forestier, mais dans celles du Code pénal. (Arr. cass. 22 février 1821, Bull. crim., n° 23, 8 juin 1820, Bull. crim., n° 80.)

Le même paragraphe de l'art. 194 ne s'applique pas non plus à des bois de sciage ou de charpente, ni à tous autres bois abattus et gisans dans les ventes. Ces sortes de vols sont prévus par l'article 388 du Code pénal et l'art. 2 de la loi du 25 juin 1824. Est punissable des peines portées par ces articles le vol d'un tas de fagots provenant d'un bois taillis ou de l'ébranchage d'un bois de futaie, soit qu'ils se trouvent encore sur le lieu même de la coupe, ou qu'ils aient été entassés dans un autre lieu pour la vente et la consommation du propriétaire. (Arr. cass. 28 février 1812, 6 août 1813, *Bourguignon*, Jurisp. des Codes criminels, tom. 3, pag. 406.)

La coupe des jeunes brins de taillis ayant moins de deux décimètres de tour et dont on fait des hars, des liens et des rouettes, est un délit fréquemment commis et très dommageable; il doit être puni de l'amende portée par le 1er § de l'art. 194, sans préjudice des dommages-intérêts.

Lorsqu'il s'agit d'un enlèvement de fagots, les juges auxquels le délit est déféré ne doivent prendre, pour déterminer l'amende, d'autre base que le nombre de fagots porté au procès-verbal; ils ne peuvent la réduire au moyen d'un calcul qui tendrait à comprendre un certain nombre de fagots dans ce que la loi nomme une charge d'homme. (Arr. cass. 20 mars 1828, *Gazette des tribunaux* du 22 mars suivant, n° 819.)

— Il n'est question dans le second § de l'art. 194 que d'arbres semés ou plantés dans les forêts, que les plants soient venus naturellement ou de main d'homme.

Dans la généralité de ses dispositions, ce paragraphe comprend toute espèce d'arbres âgés de moins de cinq ans, sans déterminer une grosseur ou circonférence quelconque pour constituer un arbre; ainsi de jeunes arbres coupés sur pied, quoique d'un faible pourtour, ne peuvent, dans aucun cas, être assimilés à des fagots ou fouées. (V. Arr. cass. 18 octobre 1822, Bull. crim., n° 149; 28 octobre 1824, ibid., n° 147.)

Il faudrait recourir au Code pénal, art. 444 à 448, s'il s'agissait de la coupe ou de l'enlèvement d'arbres plantés en pépinière ou en avenue, d'arbres épars sur des fonds ruraux, ou d'arbres fruitiers dans des vergers ou des lieux isolés, d'arbres plantés sur les places, routes, chemins, rues ou voies publiques, vicinales ou de traverse.

Lorsqu'il s'élève une contestation sur la propriété du sol où les arbres ont été coupés, il doit, conformément à l'art. 182, être sursis à statuer par le tribunal correctionnel. Mais une exception résultant de l'interprétation d'un acte ne constitue pas essentiellement une question préjudicielle. Ainsi lorsque l'exception ne présente qu'une question, soit d'interprétation, soit d'exécution de clauses d'un Bail, les juges correctionnels saisis de l'affaire sont par cela même, et de droit, compétens pour juger l'exception. (Arr. cass. 28 mai 1812, 13 juin 1818, Bull. crim., n° 78, *Bourguignon,* Jurisp. des Codes criminels, tom. 3, pag. 494.)

L'amende portée par l'art. 194 peut être doublée, triplée ou quadruplée, si le délit a été commis avec les circonstances aggravantes de la récidive, de la nuit, et de l'emploi de la scie (Art. 200 et 201).

ART. 195.

Quiconque arrachera des plants dans les bois et forêts sera puni d'une amende qui ne pourra être moindre de dix francs, ni excéder trois cents francs; et si le délit a été commis dans un semis ou plantation exécutés de main d'homme, il sera prononcé, en outre, un emprisonnement de quinze jours à un mois.

La peine, aussi sévère que celle que prononçait l'ordonnance de 1669, tit. XXVII, art. 11, est en raison de la gravité du délit qui attaque la conservation des forêts dans le principe même de leur reproduction, et qui le plus souvent est commis par des maraudeurs qui font un commerce de plants volés, dans lequel, sans l'amende et la prison, tout serait bénéfice pour eux.

ART. 196.

Ceux qui, dans les bois et forêts, auront éhoupé, écorcé ou mutilé des arbres, ou qui en auront coupé les principales branches, seront punis comme s'ils les avaient abattus par le pied.

Cet article diffère de l'art. 2, tit. XXXII, de l'ordonnance de 1669, en ce qu'il est plus explicite, et de l'article 446 du Code pénal, en ce que le Code pénal punissant un délit commis par vengeance et en haine du propriétaire, prononce une peine beaucoup plus forte.

Un propriétaire ou adjudicataire qui, en abattant son bois, endommage les arbres réservés, ou ceux d'un propriétaire voisin, d'une commune ou de l'Etat, sans intention de nuire et malgré les précautions convenables, ne commet aucun délit. Le dommage qu'il a causé ne peut donner lieu qu'à une action purement civile. (Arr. cass. 12 avril 1822, Bull. crim., n° 67, *Sirey*, 22. 1. 328.)

ART. 197.

Quiconque enlèvera des chablis et bois de délit sera condamné aux mêmes amendes et restitutions que s'il les avait abattus sur pied.

V. Ord. régl., art. 101, 102, 103 et 104.

La loi, en prohibant l'enlèvement des chablis et bois de délit, fait assez connaître que le propriétaire de la forêt conserve la propriété des arbres et des branches que les vents auraient abattus, arrachés, renversés ou brisés ; dans tous les cas, on n'a jamais le droit de venir enlever ces branches ou chicots sur des charrettes. (Arr. cass. 14 janvier 1807, *Merlin*, Rép. de jurisp., v° *Chablis*, 2 octobre 1807, Bull. crim., n° 210.)

ART. 198.

Dans les cas d'enlèvement frauduleux de bois et d'autres productions du sol des forêts, il y aura toujours lieu, outre les amendes, à la restitution des objets enlevés ou de leur valeur, et de plus,

selon les circonstances, à des dommages-intérêts.

Les scies, haches, serpes, cognées et autres instrumens de même nature dont les délinquans et leurs complices seront trouvés munis, seront confisqués.

En matière forestière, les délinquans encourent trois condamnations distinctes; 1°. l'amende ou l'emprisonnement pour satisfaire à la vindicte publique; 2°. la restitution des objets enlevés, ou le paiement de leur valeur; 3°. des dommages-intérêts, pour le préjudice causé au propriétaire. Les deux premières condamnations sont nécessairement prononcées; la troisième dépend des circonstances, et demeure facultative.

La restitution, telle que l'établit le Code, n'est rien moins que cette restitution que prescrivait l'ord. de 1669, tit. XXXII, art. 8, pour tous les cas indistinctement, même lorsqu'il n'y avait rien à restituer, et qui n'était réellement autre chose que le doublement de l'amende au profit de l'Etat. Aujourd'hui, la restitution placée au nombre des réparations civiles ne doit plus s'entendre que de la remise au propriétaire de l'objet qu'on lui a enlevé; et si cet objet a disparu, si le bois volé ne se retrouve plus, s'il s'agit de productions forestières qui ont été consommées, il faut, dans tous les cas, que la restitution matérielle soit remplacée par une indemnité.

Mais la fixation de cette indemnité peut faire naître quelques embarras. Se jettera-t-on dans des expertises? ce serait entrer dans un labyrinthe à peu près sans issue, dans des procédures interminables et dispendieuses. Pour se tirer d'affaire, ordonnera-t-on arbitrairement et sans examen une restitution toujours égale à l'amende, comme deux cours royales l'ont proposé dans leurs observations sur le projet de Code forestier? Ce serait retomber dans le système de l'ord. de 1669, et méconnaître l'intention du législateur qui n'entend, à défaut des objets enlevés, faire restituer que leur valeur; il serait injuste, d'ailleurs, d'attribuer au propriétaire une restitution supérieure à ce qu'il a perdu. Que faire donc? Il faudra que les procès-verbaux des gardes contiennent une appréciation exacte, ou du moins fort approximative, de la valeur des objets enlevés, détruits ou consommés, sauf la contestation du délinquant. Et si les procès-verbaux n'offrent aucune estimation, ou s'il y a justice à contester celle qu'on aurait visiblement exagérée, ce sera le plus souvent le cas pour les tribunaux d'arbitrer d'office le montant de la restitution, d'après la nature des faits et les circonstances de la cause. L'administration ne serait pas fondée à s'y opposer, car, ou la saisie était possible, et alors ses agens devaient la pratiquer, et le jugement aurait ordonné la restitution en nature; ou la saisie n'était plus possible, et dans ce cas les procès-verbaux devaient fournir les données nécessaires pour en déterminer la valeur. Qu'il s'agisse, par exemple, de l'enlèvement d'un tombereau de sable ou de gazon, d'un arbre de 2 décimètres ou plus de tour, d'un fagot, ou d'autres délits semblables, les tribunaux n'auront sûrement pas besoin d'experts pour trouver la somme à payer à titre de restitution. Pour un fagot enlevé, la restitution ne peut pas être de deux francs, somme égale à l'amende, alors que chacun sait que la valeur commune d'un fagot n'excède pas vingt-cinq ou trente centimes. S'il y a fagots et fagots, c'était aux gardes à indiquer la qualité et le volume de ceux que les prévenus ont enlevés.

Dans l'art. 34, relatif aux adjudicataires qui ont abattu des arbres réservés, et que la loi punit avec beaucoup plus de sévérité, il a fallu une disposition expresse pour déterminer que la valeur des arbres qui auraient disparu serait estimée à une somme égale à l'amende encourue. Cette disposition ne se retrouvant pas dans l'art. 198, relatif aux individus qui n'ont pas, comme les adjudicataires, accès dans les forêts, ne peut certainement pas y être suppléée.

Lorsque les tribunaux allouent une somme à titre de restitution, ils ne considèrent que la valeur intrinsèque de l'objet dont le propriétaire a été privé; cette somme peut se grossir d'indemnités ou de dommages-intérêts, s'il est prouvé qu'un préjudice plus ou moins grave a été occasionné par suite du délit. Ce n'est pas le cas cependant d'appliquer ici l'art. 51 du Code pénal, d'après lequel il est toujours dû des indemnités quand il y a lieu à restitution. Le Code pénal, aux termes de l'art. 208 ci-après, ne peut être invoqué que pour les cas non spécifiés par le Code forestier; or, on trouve dans l'art. 198 de ce Code qu'il y a toujours lieu à l'amende et à la restitution, mais que les dommages-intérêts ne sont dus que selon les circonstances. Le Code, en effet, s'écartant en cela de l'ord. de 1669, admet que des contraventions ou des délits peuvent réellement ne pas avoir causé de dommage appréciable. Ainsi, qu'un individu ramasse et emporte quelques feuilles mortes, des glands ou autres semences des forêts, il commet un délit, il est vrai, mais le préjudice au fond peut être nul. Au surplus, lorsque des dommages-intérêts sont alloués, ils ne peuvent jamais l'être dans une proportion inférieure à l'amende. (V., ci-après, l'art. 202.)

— Des confiscations ruineuses établies par l'ord. de 1669, le Code forestier n'a laissé subsister que celle des scies, haches, serpes et autres instrumens de même nature, qui ont servi à consommer le délit (art. 146 et 198). Ce n'est pas là une violation de l'art. 66 de la Charte constitutionnelle, mais une précaution salutaire, semblable aux dispositions que consacrent les art. 472, 477 et 481 du Code pénal, et qui tend à ôter aux individus surpris en délit les moyens de recommencer.

Les tribunaux pourraient-ils, à défaut par les délinquans de rapporter les instrumens confisqués, les condamner par le même jugement à en payer la valeur? Il a fallu, dans le décret du 4 mai 1812, une disposition expresse pour que le chasseur fût condamné à payer la valeur de son fusil confisqué, lorsqu'il ne le rapportait pas au greffe. Le Code forestier n'autorisant rien de semblable, les tribunaux ne devraient pas se permettre de rien ajouter aux dispositions pénales dont ils ont à faire l'application, ni de suppléer au silence de la loi, quand la puissance législative a seule le droit d'en remplir les lacunes. C'est ce qu'on peut induire d'un arrêt de la cour de cassation du 29 juin 1826, rapporté par *Dalloz*, Jurisp. gén. du roy., 26. 1. 397.

ART. 199.

Les propriétaires d'animaux trouvés de jour en délit dans les bois de dix ans et au-dessus seront condamnés à une amende de

Un franc pour un cochon,

Deux francs pour une bête à laine,

Trois francs pour un cheval ou autre bête de somme,

Quatre francs pour une chèvre,

Cinq francs pour un bœuf, une vache ou un veau.

L'amende sera double si les bois ont moins de dix ans; sans préjudice, s'il y a lieu, des dommages-intérêts.

Cet article, dans lequel ont été refondues les dispositions de l'ordonnance de 1679, tit. XXXII, art. 10, et de la loi du 6 octobre 1791, tit. II, art. 38, porte que l'amende doit être prononcée contre les propriétaires des animaux trouvés en délit.

Cependant, il est nécessaire de faire quelques distinctions. Sans doute l'article est applicable au propriétaire s'il a conduit lui-même indûment ses animaux dans les bois, ou si, les ayant laissés à l'abandon, ils y ont pénétré par son fait; alors, la faute lui est personnelle : mais s'il a confié la garde et la conduite de ses bestiaux à sa femme, à ses enfans, à son pâtre ou à ses domestiques, et que ceux-ci les aient mené paître dans les bois sans son ordre et à son insu, il serait contraire, à l'équité comme à la raison, qu'il fût condamné directement au paiement de l'amende et qu'il supportât la peine d'un délit que d'autres ont commis. L'amende, peine véritable, ne peut frapper que le délinquant. C'est le cas alors d'appliquer au propriétaire les règles sur la responsabilité civile, telles que les a fixées l'art. 206. (V. arr. cass. 6 avril et 21 septembre 1820, Bull. crim., nos 48 et 126.)

L'amende simple peut être doublée, triplée ou quadruplée, selon que le délit a été commis avec une, deux ou trois des circonstances qui suivent : 1º. si les bois ont moins de dix ans; 2º. s'il y a récidive; 3º. si c'était la nuit. Ainsi, l'amende pour une vache trouvée en délit pent s'élever à vingt francs; le tribunal correctionnel serait seul compétent.

Du fait seul de l'introduction d'animaux dans une forêt, il résulte présomption légale de dégât. Les propriétaires ne seraient pas admis à prétendre qu'ils n'ont fait aucun tort. (Arr. cass. 26 décembre 1806, *Merlin*, Rép. de jurisp., vº *Amende*, § 1er; 19 février 1825, Bull. crim., nº 27. V., ci-après, l'art. 202 et les notes.)

L'enlèvement frauduleux de bois ou d'autres productions du sol forestier, et la présence d'animaux trouvés en délit dans une forêt, constituent deux délits, punis chacun d'une peine particulière : ainsi, l'individu qui coupe et amasse des herbages, à concurrence de la charge de son âne, et qui, en même temps, le fait paître dans les bois, doit être condamné à deux amendes. (Voy. arr. cass. 14 octobre 1826, *Dalloz*, Jurip. gén. du roy., 27. 1. 31.)

ART. 200.

Dans les cas de récidive, la peine sera toujours doublée.

Il y a récidive, lorsque, dans les douze mois précédens, il a été rendu contre le délinquant ou contrevenant un premier jugement pour délit ou contravention en matière forestière.

Le Code ne distingue pas le cas de plusieurs récidives.

Quel que soit le nombre de jugemens rendus dans les douze mois précédens contre un délinquant, il n'y a jamais lieu qu'au doublement de l'amende. Nulle difficulté, lorsqu'il s'agit d'une amende fixe ; mais il n'en est pas de même pour les amendes qui comportent un *minimum* et un *maximum*. Dans ce cas, le tribunal devra-t-il prendre pour base le *minimum* ou le *maximum*, ou le taux de l'amende prononcée la première fois contre le délinquant? M. Baudrillart, dans son Commentaire sur le Code forestier, page 361, pense que la loi laisse aux tribunaux la faculté de prendre telle base qu'ils jugeront convenable, depuis le *minimum* jusques et *compris le maximum*. Avec ce système, il pourrait arriver que l'amende prononcée pour le cas de récidive fût plus faible que celle à laquelle le délinquant aurait été une première fois condamné. Rien n'empêcherait en effet que l'individu qui, pour avoir arraché des plants (article 195), aurait payé cent francs d'amende, ne fût plus, lors de la récidive, condamné qu'à vingt francs, double du *minimum*. Or, la loi n'a sûrement pas laissé aux tribunaux la faculté de rendre des décisions aussi singulières. On ne prendra pas non plus pour base du doublement le montant de la première amende encourue, car le délinquant pourrait avoir commis en récidive un délit considérable, tandis que le premier, beaucoup moins grave, n'aurait entraîné qu'une légère amende, dont le double serait une peine insuffisante. Il faut donc partir d'une base nécessaire et uniforme, le *maximum*, pour éviter d'être conduit à des conséquences contraires à la raison, à la justice et aux termes mêmes de la loi. Cette opinion, d'ailleurs, a été adoptée par la cour de cassation dans un arrêt du 30 décembre 1813, rapporté par *Dallos*, Jur. gén. du roy., v° *Amende*, sect. II, pag. 396.

ART. 201.

Les peines seront également doublées, lorsque les délits ou contraventions auront été commis la nuit, ou que les délinquans auront fait usage de la scie pour couper les arbres sur pied.

L'amende ordinaire est restreinte aux simples délits commis de jour et sans scie; l'amende double est encourue pour tout délit forestier accompagné de l'une de ces circonstances aggravantes. (Arr. cass. 28 mai 1812, Bull. crim., n° 129; 7 février 1824, *ibid.*, n° 26.)

La nuit, dans le sens des lois pénales, comprend l'intervalle qui s'écoule entre le lever et le coucher du soleil.

21

(Voy., ci-dessus, l'art. 35, et M. *Bourguignon,* Jurisp. des
Codes criminels, tom. 3, pag. 370.)

ART. 202.

Dans tous les cas où il y aura lieu à adjuger des dommages-intérêts, ils ne pourront être inférieurs à l'amende simple prononcée par le jugement.

Outre l'amende, la restitution ou le paiement de la valeur des objets volés, il peut encore y avoir lieu, suivant les circonstances, d'adjuger des dommages-intérêts. Mais il est difficile d'en concevoir sans préjudice causé ; il faut donc pour l'allocation d'une indemnité qu'il y ait dommage prouvé et appréciable. Il eût été sans doute à désirer que les dommages-intérêts pussent être fixés d'après l'importance et la gravité du dommage causé par le délit, mais cette exacte justice ne peut se concilier ni avec l'intérêt des propriétaires de bois, ni avec la simplicité des procédures en matière forestière. Il faut, autant que possible, conserver le principe consacré par l'ordonnance de 1669 et l'édit de 1716 qui ne voulaient aucune estimation, aucune expertise, et qui ordonnaient que pour tout délit les restitutions et dommages-intérêts ne seraient en aucun cas inférieurs à l'amende. Autrement les maraudeurs et les gardiens de bestiaux, la plupart du temps dans une complète insolvabilité, ne manqueraient jamais de contester l'évaluation du dommage et de nécessiter de coûteux rapports d'experts; il ne serait point d'action qu'il ne fût prudent pour le propriétaire d'abandonner ; et de là résulterait le plus grand désordre et l'entière impunité des délinquans.

Le fait seul de l'introduction d'animaux dans une forêt établit présomption légale de dommage (V. les notes sur l'art. 199); il y a donc lieu d'adjuger des dommages-intérêts égaux au moins à l'amende. (Arrêt de la cour royale d'Orléans, du 19 avril 1828, rapporté dans la *Gazette des tribunaux* du 30 du même mois, pag. 666.) Si le préjudice excédait, et que la partie lésée demandât une estimation par experts, on devrait l'ordonner, sauf à en faire supporter les frais au propriétaire qui l'aurait à tort réclamée.

Malgré les termes généraux de l'art. 202 qui, pour l'allocation des dommages-intérêts, détermine une base commune, il est néanmoins certains délits à l'égard desquels les articles qui les ont prévus ont introduit des exceptions. Dans l'article 29, par exemple, le montant des dommages-intérêts est invariablement fixé à une somme double de l'amende encourue; dans l'art. 36, ils ne peuvent être inférieurs à la valeur des arbres pelés et écorcés : si donc pour le délit prévu par ce dernier article, il a été prononcé cinquante francs d'amende, et que la valeur des arbres soit moindre, ce qui peut arriver, les dommages-intérêts, par exception à l'art. 202, pourront tomber au-dessous de l'amende. Aux termes de l'art. 40, l'amende est de cinquante à cinq cents francs ; le montant des dommages-intérêts ne peut être inférieur à la valeur estimative des bois restés sur pied ou gisant dans les coupes.

ART. 203.

Les tribunaux ne pourront appliquer aux matières réglées par le présent Code les dispositions de l'article 463 du Code pénal.

Par deux arrêts des 2 septembre 1813 et 11 juillet 1817, rapportés au Bulletin criminel, nos 196 et 62, la cour de cassation avait déjà jugé que l'art. 463 du Code pénal n'était pas applicable en matière forestière.

En général, les tribunaux ne peuvent, en se fondant sur des motifs quelconques de bonne foi ou d'ignorance, modérer les peines, ni en dispenser les délinquans ; la remise ou la modération des amendes est dans les attributions exclusives de l'autorité administrative supérieure. (Arr. cass. 26 février 1807, *Merlin*, Rép. de jurisp., v° *Délit forestier*, § 13 ; 5 mai 1815, 18 octobre 1817, 24 mai 1821, 18 octobre 1822, Bull. crim., nos 31, 99, 81 et 150.)

L'âge des prévenus ne peut pas même être pris en considération. Dans les matières régies par des lois spéciales, les tribunaux ne peuvent juger la question de discernement résultant de l'art. 66 du Code pénal, sans méconnaître le vœu formel de l'art. 464 du même Code. (Arr. cass. 2 juillet 1813, Bull. crim., n° 145 ; 15 avril 1819, *ibid.* n° 47, *Sirey*, 1819, 1. 311, *Carnot*, Code pénal, art. 66, n° IX, *Legraverend*, tom. 2, pag. 391.)

ART. 204.

Les restitutions et dommages-intérêts appartiennent au propriétaire; les amendes et confiscations appartiennent toujours à l'État.

En cas de concurrence entre l'Etat et le propriétaire sur les biens du condamné trouvés insuffisans, les restitutions, les dommages-intérêts et les frais dus aux parties lésées sont payés en premier lieu; viennent ensuite les amendes et les confiscations (Code pénal, art. 46 et 54). Le tout néanmoins sans préjudice du privilége du trésor royal à raison des frais faits par la partie publique. (Code d'inst. crim., art. 121; Code civil, art. 2101.)

ART. 205.

Dans tous les cas où les ventes et adjudications seront déclarées nulles pour cause de fraude ou collusion, l'acquéreur ou adjudicataire, indépendamment des amendes et dommages-intérêts prononcés contre lui, sera condamné à restituer les bois déjà exploités, ou à en payer la valeur sur le pied du prix d'adjudication ou de vente.

V. les art. 18, 19, 21, 22, 53, 100, 101, 102, 114.

Le projet communiqué aux chambres ne contenait pas ces mots : *pour cause de fraude ou de collusion*, qui ont été ajoutés sur la proposition de la commission de la chambre des députés. « Il serait en effet trop rigoureux, a-t-on dit, qu'un adjudicataire à qui on ne pourrait reprocher ni fraude ni mauvaise foi subît la même peine que celui qui aurait encouru ce reproche. » (*Moniteur* du 13 mars 1827, 2ᵉ supplément.)

ART. 206.

Les maris, pères, mères et tuteurs, et en général tous maîtres et commettans, seront civilement responsables des délits et contraventions commis par leurs femmes, enfans mineurs et pupilles, demeurant avec eux et non mariés, ouvriers, voituriers et autres subordonnés, sauf tout recours de droit.

Cette responsabilité sera réglée conformément au paragraphe dernier de l'article 1384 du Code civil, et s'étendra aux restitutions, dommages-intérêts et frais; sans pouvoir toutefois donner lieu à la contrainte par corps, si ce n'est dans le cas prévu par l'article 46.

V., ci-dessus, les art. 28, 46 et 72.

Le projet de Code suivait le même système que l'ordonnance de 1669 et étendait la responsabilité à l'amende. La commission de la chambre des députés a demandé que le mot *amende* fût retranché de l'art. 206, parce que l'amende était une peine personnelle au coupable, et qu'on ne saurait en rendre responsables les maris, pères, mères, etc., sans porter atteinte aux principes consacrés par le Code civil. L'amendement, combattu par M. de Martignac, commissaire du Roi, a été soutenu par le rapporteur de la commission, M. Favard de Langlade, qui s'est exprimé en ces termes : « L'ordonnance de 1669, tit. XIX, art. 13, pour les délits commis dans les bois de l'Etat, déclare les maîtres, pères, chefs de famille, civilement responsables des *condamnations rendues*, et les tribunaux en ont tiré la conséquence que les amendes devaient figurer parmi les condamnations, lorsque les délits étaient commis dans les bois de l'Etat.

» Mais il n'en est pas de même pour les délits commis dans les bois des particuliers. La loi de 1791 veut que la responsabilité civile ne s'étende qu'aux frais et dommages-intérêts dont peut être passible la personne dont on doit répondre. Ce principe a été plus tard consacré par l'art. 1384 du Code civil.

» Il est résulté de la différence de ces dispositions une différence dans la jurisprudence de la cour de cassation ; lorsqu'il s'est agi de délits commis dans les bois de l'Etat, régis par l'ordonnance de 1669, elle a décidé que la responsabilité civile s'étendait aux amendes ; et quand il a été question de délits commis dans les bois des particuliers, et auxquels la loi de 1791 et le Code civil étaient applicables, elle a jugé que l'amende ne rentrait pas dans la responsabilité civile. Cette dernière décision est conforme aux principes du droit commun établi par notre législation civile et criminelle.

» En effet, le Code pénal, dans les art. 9 et 464, dit positivement que l'amende est une peine comme celle de l'emprisonnement. Les unes et les autres ne peuvent être prononcées que par les tribunaux correctionnels ou de simple police, qui seraient incompétens si l'amende ne pouvait être considérée que comme la réparation du dommage causé ; il faut donc la regarder comme une véritable peine : or, toute peine est essentiellement personnelle ; elle ne saurait atteindre celui qui ne s'est pas rendu coupable ; et la responsabilité à laquelle sont soumis des tiers étrangers aux délits qui donnent lieu à des condamnations, est essentiellement civile : elle est réglée par le droit civil qui, ne voulant pas que des tiers souffrent d'un défaut de surveillance de la part des pères, maîtres, etc., oblige ces derniers à réparer le mal qu'ils auraient dû empêcher. Cette distinction entre l'amende et la réparation civile se trouve encore marquée dans l'art. 10 du même Code pénal, où il est dit que la condamnation aux peines prononcées par la loi est indépendante des restitutions et dommages-intérêts qui peuvent être dus aux parties.

» Le droit civil, la loi de 1791, le Code pénal, affranchissent donc les personnes responsables civilement, du paiement des amendes. Convient-il d'introduire dans le Code forestier une disposition contraire? Cette disposition contrarierait les principes du droit commun, porterait atteinte à l'uniformité que la législation doit offrir ; elle introduirait une exception aux principes généraux ; elle ferait supporter une peine à une personne qui n'est pas coupable, qui n'est pas jugée telle et qui n'est pas même entendue; elle dénaturerait enfin le caractère de la peine, qui dégénérerait alors en une simple condamnation pécuniaire. »

Après avoir répondu aux argumens tirés de la législation sur les douanes et les contributions indirectes, l'orateur continue : « Si le Code forestier portait que la responsabilité civile doit s'étendre aux amendes, il serait en opposition avec le Code rural, qui pour les délits ruraux ne comprend pas les amendes dans la responsabilité civile, et avec le Code civil qui consacre cette maxime pour tous les cas de responsabilité civile.

» On nous oppose encore que les pères, mères et maîtres provoquent souvent des délits forestiers dont leurs enfans ou leurs subordonnés se rendent coupables, et qu'il est juste de les rendre responsables des amendes auxquelles ces délits peuvent donner lieu; d'abord cette objection pourrait également s'appliquer aux délits ruraux, et vous savez que, pour ces délits, la responsabilité ne s'étend pas aux amendes.

» Mais, dans les deux cas, si les pères, mères et maîtres, etc., sont complices des délits commis par leurs subordonnés, il est un moyen bien simple de leur faire supporter l'amende; il ne s'agit que de les traduire en justice pour cause de complicité, et le jugement qui interviendra les condamnera solidairement avec leurs subordonnés au paiement de l'amende et des dommages-intérêts. Vous ne dénaturerez pas alors le caractère de l'amende ; elle sera toujours une peine encourue par la complicité, et tous les coupables seront également punis.

» En suivant cette marche, vous conserverez entre le

Code civil, le Code pénal et le Code forestier, cette harmonie si nécessaire pour leur imprimer le respect dû à la loi. Vous n'aurez plus cette différence qui existe pour la responsabilité des amendes encourues pour des délits commis dans les bois de l'Etat et dans les bois des particuliers; tous ces délits rentreront dans le droit commun pour l'application des peines, et personne ne pourra s'en plaindre.

» Nous pensons donc que pour les délits commis dans les bois de l'Etat il faut, comme cela existe déjà pour les délits commis dans les bois des particuliers, conserver à l'amende son caractère de *peine*, et restreindre, comme le fait le droit commun, la responsabilité civile aux restitutions, dommages-intérêts et frais; en conséquence, la commission persiste dans les amendemens qu'elle a proposés sur les art. 72 et 206. » Ces deux amendemens ont été adoptés. (*Moniteur* du 10 avril 1827, supplém., pag. 570 et 571.)

ART. 207.

Les peines que la présente loi prononce, dans certains cas spéciaux, contre des fonctionnaires ou contre des agens et préposés de l'administration forestière, sont indépendantes des poursuites et peines dont ces fonctionnaires, agens ou préposés seraient passibles d'ailleurs pour malversation, concussion ou abus de pouvoir.

Il en est de même quant aux poursuites qui pourraient être dirigées, aux termes des articles 179 et 180 du Code pénal, contre tous délinquans ou contrevenans, pour fait de tentative de corruption envers des fonctionnaires publics, et des agens et préposés de l'administration forestière.

Un garde forestier qui reçoit de l'argent d'un délinquant, soit pour ne pas dresser de procès-verbal contre lui, soit pour supprimer le procès-verbal qu'il aurait rédigé, soit pour lui permettre de couper du bois en contravention aux lois forestières, se rend coupable du crime de concussion prévu par l'art. 174 du Code pénal, ou tout au moins du crime de corruption prévu par l'article 177. (Arr. cass. 23 avril, 23 et 28 mai, 11 juin 1813, cités par M. *Bourguignon*, Jurisp. des Codes criminels, t. 3, p. 177; arr. cass. 16 septembre 1820, Bull. crim., n° 124.)

Les violations de domicile, les violences sur les personnes, l'emploi illégal de la force publique, l'entrée en fonctions avant prestation de serment, l'exercice des fonctions après révocation, destitution, suspension ou interdiction, sont autant de crimes ou délits restés dans le domaine du Code pénal. Voyez, au surplus, les notes sur les art. 6, 88 et 117, ci-dessus.

ART. 208.

Il y aura lieu à l'application des dispositions du même Code dans tous les cas non spécifiés par la présente loi.

Telles sont, par exemple, les dispositions de l'art. 55 sur la solidarité. Suivant cet article, tous les individus condamnés pour un même crime ou pour un même délit sont tenus solidairement des amendes, des restitutions, des dommages-intérêts et des frais. Mais lorsque plusieurs délinquans coupent et volent ensemble du bois, chacun pour leur compte et leur profit particulier, commettent-ils un même délit, et doivent-ils être condamnés solidairement? Le délit est bien le même en ce qu'il est semblable ; mais est-il le même en tant qu'il soit commun à tous? C'est ce qu'il serait difficile de contester. En effet, tous les individus surpris en maraudage dans la même partie d'une forêt et dont les noms sont portés sur un seul procès-verbal, ne peuvent raisonnablement être considérés comme commettant des délits distincts et isolés. Ils s'entr'aident, ils s'assistent réciproquement; ils veillent les uns pour les autres; ils s'avertissent de l'approche des gardes; en un mot, bien qu'ils emportent chacun séparément le produit de leur maraudage, ce sont, à vrai dire, des voleurs qui s'entendent et se partagent un même butin. Deux voleurs, qui, s'introduisant ensemble dans une maison, y prendraient chacun une somme d'argent, ne manqueraient pas d'encourir une condamnation solidaire : il en est de même de plusieurs individus qui entrent dans un même canton de bois pour y enlever chacun leur charge de fagots.

Si des délits avaient été commis dans des lieux et dans des temps différens, et que néanmoins les gardes eussent consigné sur un seul procès-verbal les noms des divers délinquans (art. 177), il est évident qu'il ne se rencontrerait aucune des circonstances propres à déterminer une condamnation solidaire. (V. le réglement du 18 juin 1811, art. 156 et les notes, dans les *Lois d'instr. criminelle et pénales*, publiées par les auteurs de ce Commentaire, pag. 244, tom. 1er.)

Il est d'ailleurs de jurisprudence (arr. cass. 26 août et 6 septembre 1813, rapportés par MM. *Carnot* et *Bourguignon*, Obs. sur l'art. 55 du Code pénal), que la solidarité est de droit et n'a pas besoin d'être prononcée : il suffit que la condamnation ait lieu pour le même crime ou le même délit. Cela est conforme à la disposition de l'art. 1202 du Code civil. Mais il suit du même principe qu'elle ne peut pas être prononcée en matière de *contravention*, puisque l'art. 55 du Code pénal ne parle que des crimes ou délits.

Les règles générales du Code pénal, en matière de complicité, sont également applicables aux cas prévus par le Code forestier.

Ce Code, ne renfermant aucune disposition relative à l'abattage des arbres de limites et des pieds corniers, ce délit reste sous l'empire de l'art. 456 du Code pénal, qui prononce des peines tout-à-fait indépendantes de celles de l'art. 34 du Code forestier pour abattage ou déficit d'arbres réservés.

Le fait d'avoir comblé ou dégradé des fossés, ou détruit les clôtures des forêts, trouve aussi sa punition dans le Code pénal.

On pourrait citer encore un grand nombre d'autres cas.

TITRE XIII.

De l'Exécution des Jugemens.

SECTION PREMIÈRE.

De l'Exécution des Jugemens rendus à la requête de l'Administration forestière ou du Ministère public.

ART. 209.

Les jugemens rendus à la requête de l'administration forestière, ou sur la poursuite du ministère public, seront signifiés par simple extrait qui contiendra le nom des parties et le dispositif du jugement.

Cette signification fera courir les délais de l'opposition et de l'appel des jugemens par défaut.

V., ci-après, l'ord. d'exécution, art. 188 et 189.

La signification par simple extrait des jugemens par dé-

faut, contient tout ce qu'il importe au condamné de connaître, et a pour objet, d'ailleurs, de lui épargner des
frais. Elle fait courir les délais de l'opposition, conformément à l'art. 187 du Code d'instruction criminelle, et ceux
de l'appel, dans le cas prévu par l'art. 188 de ce Code ; le
jugement rendu sur l'opposition ne pouvant plus être attaqué que par la voie de l'appel.

ART. 210.

**Le recouvrement de toutes les amendes fores-
tières est confié aux receveurs de l'enregistrement .
et des domaines.**

**Ces receveurs sont également chargés du recou-
vrement des restitutions, frais et dommages-intérêts résultant des jugemens rendus pour délits et
contraventions dans les bois soumis au régime forestier.**

Ces dispositions sont renouvelées de la loi du 15-29
septembre 1791, tit. IX, art. 23, et de l'ord. du 11 octobre
1820, art. 9. Voyez aussi l'art. 190 de l'ord. d'exécution,
et le Code d'instruction criminelle, art. 197.

Dès que les receveurs ont reçu les extraits de jugemens
et qu'ils les ont consignés sur leur sommier, ils envoient
par un garde forestier, ou toute autre voie sûre, un avertissement au condamné. Si, à l'expiration du délai fixé,
le redevable ne se présente pas pour s'acquitter, ils lui
font signifier par le garde le plus voisin extrait des jugemens de condamnation, ou du rôle, s'il a été déclaré exécutoire par le *visa* du président ou du procureur du Roi du
tribunal, avec commandement de payer dans les cinq jours.
(Décret du 18 juin 1811, art. 175 ; instr. du 2 décembre
1817, n° 813, ci-après, art. 211.) A l'expiration du délai de
cinq jours, fixé par le commandement, le receveur fait procéder par un huissier aux poursuites autorisées par la loi
pour contraindre le débiteur au paiement. (V. Code forestier, art. 173.) Les huissiers peuvent recevoir les sommes
dont les parties offriront de se libérer dans leurs mains,
à la charge par eux d'en faire mention sur leurs réper-
toires et de les verser immédiatement dans la caisse du
receveur de l'enregistrement, à peine d'être poursuivis
conformément aux art. 169, 171 et 172 du Code pénal, s'ils
sont en retard de plus de trois jours. (Décret du 18 juin
1811, art. 176.)

ART. 211.

Les jugemens portant condamnation à des amendes, restitutions, dommages-intérêts et frais, sont
exécutoires par la voie de la contrainte par corps,
et l'exécution pourra en être poursuivie cinq jours
après un simple commandement fait aux condamnés.

En conséquence, et sur la demande du receveur
de l'enregistrement et des domaines, le procureur
du Roi adressera les réquisitions nécessaires aux
agens de la force publique chargés de l'exécution
des mandemens de justice.

La contrainte par corps prononcée par cet article existe
déjà dans les art. 52, 467, 469 du Code pénal, 174 et 175
du décret du 18 juin 1811, contenant le tarif général des
frais en matière criminelle. L'exercice n'en est pas forcé,
mais seulement facultatif; c'est un moyen d'exécution
autorisé par la loi pour parvenir au recouvrement des
amendes et autres condamnations pécuniaires prononcées
par le jugement. L'art. 197 du Code d'instr. crim., comme
les art. 210 et 211 du Code forestier, charge les receveurs
de l'enregistrement et des domaines de faire les poursuites
et diligences relatives à cet objet. Il appartient donc aux
agens de cette administration d'exercer ou de suspendre
les effets de la contrainte par corps, selon qu'ils le jugent
utile ou convenable dans l'intérêt de l'Etat. Le ministère
public ne peut, sous le prétexte de la vindicte publique,
retenir le débiteur en prison après qu'il a subi sa peine,
ni le faire arrêter d'office, s'il n'a été condamné à aucune
peine corporelle, à moins de réquisition expresse de l'administration poursuivante. Mais, dans tous les cas où la
contrainte par corps est exercée contre un condamné in-
solvable, le procureur du Roi doit veiller à ce que l'incarcération n'excède pas la durée fixée par l'art. 213; ce qui
n'exclut pas la faculté qu'ont toujours les receveurs de
l'enregistrement et des domaines d'abréger la détention.
(V. Traité de la législation criminelle de M. *Legraverend*,
tom. 1er, pag. 690.)

ART. 212.

Les individus contre lesquels la contrainte par
corps aura été prononcée pour raison des amendes

et autres condamnations et réparations pécuniaires, subiront l'effet de cette contrainte, jusqu'à ce
qu'ils aient payé le montant desdites condamnations, ou fourni une caution admise par le receveur des domaines, ou, en cas de contestation de
sa part, déclarée bonne et valable par le tribunal
de l'arrondissement.

Tout jugement de condamnation à des amendes ou
d'autres réparations pécuniaires, emporte de plein droit
contrainte par corps; elle pourrait donc être légalement
exercée, quand même elle ne serait pas écrite dans le jugement, cette omission ne pouvant devenir un motif de
ne pas exécuter la loi.

On observera que l'art. 212 n'a trait qu'aux condamnés
solvables, et qu'il ne fixe d'autre terme pour la durée de
l'emprisonnement que le paiement des condamnations, ou
la garantie d'une caution. Les débiteurs ne seraient donc
pas recevables à réclamer leur élargissement après cinq
années d'incarcération, conformément à la loi du 15 germinal an VI, tit. III, art. 18. Ceux qui sont incarcérés
pour dettes commerciales, peuvent seuls invoquer le bénéfice de cet article, qui n'a jamais concerné les individus
condamnés à des amendes par suite de crimes ou de délits,
et qui, depuis le Code de procédure, est inapplicable aux
débiteurs incarcérés pour dettes civiles, telles que le sont
des restitutions, dommages-intérêts et frais. (Voy. *Carré*,
Lois de la procédure civile, tom. 3, pag. 109; *Dalloz*, Jurispr. gén. du royaume, v° *Contrainte par corps*, sect. III,
pag. 818, et Code pénal, art. 52 et 469.)

L'Etat étant chargé de pourvoir par des fonds généraux
aux dépenses des prisons et à la subsistance des prisonniers, ne peut, par cette raison, être assujéti à des consignations particulières qui rentrent dans ces mêmes dépenses. Les détenus en prison à la requête de l'administration, pour dettes envers l'Etat, reçoivent donc la nour-
riture comme les autres prisonniers, sans qu'il soit besoin,
à cet égard, de la consignation préalable prescrite par
l'art. 791 du Code de procédure. (Décret du 4 mars 1808.)

ART. 213.

Néanmoins, les condamnés qui justifieraient de
leur insolvabilité, suivant le mode prescrit par
l'article 420 du Code d'instruction criminelle, se-

ront mis en liberté après avoir subi quinze jours de détention, lorsque l'amende et les autres condamnations pécuniaires n'excéderont pas quinze fr.

La détention ne cessera qu'au bout d'un mois, lorsque ces condamnations s'élèveront ensemble de quinze à cinquante francs.

Elle ne durera que deux mois, quelle que soit la quotité desdites condamnations.

En cas de récidive, la durée de la détention sera double de ce qu'elle eût été sans cette circonstance.

« Une seule innovation, disait M. de Martignac dans l'exposé des motifs à la chambre des députés, se fait remarquer dans ce titre, et vous n'en méconnaîtrez pas la nécessité. Les jugemens qui ne prononcent que des peines pécuniaires sont le plus souvent sans effet contre les délinquans d'habitude qui n'offrent aucune propriété susceptible d'être saisie. A la vérité, ces condamnations peuvent être ramenées à exécution par la voie de la contrainte par corps : mais, d'une part, cette exécution est aujourd'hui difficile; et de l'autre, elle ne produit aucun résultat, parce que l'insolvabilité est aussitôt constatée, conformément à l'art. 420 du Code d'instruction criminelle, et que cette formalité remplie entraîne la mise en liberté. Il résulte de là une impunité de fait qui multiplie les délits, en encourageant les coupables, et en décourageant ceux qui sont préposés à leur poursuite. Le Code proposé remédie à cet abus en décidant qu'en cas d'insolvabilité justifiée, l'amende se résoudra en un emprisonnement fixé dans de justes proportions. » (Séance du 29 décembre 1826.)

Ainsi les condamnés qui, par requête présentée au procureur du Roi, justifieraient de leur insolvabilité, 1º. par un extrait du rôle des contributions constatant qu'ils paient moins de six francs, ou un certificat du maire de leur commune constatant qu'ils ne sont point imposés; 2º. par un certificat d'indigence, à eux délivré, par le maire de la commune de leur domicile, ou par son adjoint, visé par le sous-préfet, et approuvé par le préfet de leur département, sont, s'il y a lieu, et sur l'ordre du procureur du Roi, qui en donne avis au receveur des domaines, mis en liberté, après avoir subi la détention déterminée par la loi, suivant la quotité des condamnations prononcées. (Ord. réglem., art. 191, Code d'instr. crim., art. 420.)

On ne manquera pas de remarquer l'analogie qui existe entre l'art. 467 du Code pénal et la disposition du 1er §

de l'art. 213 du Code forestier; on reconnaîtra aussi combien les paragraphes 2 et 3 du même article sont, relativement à la durée de l'emprisonnement, moins sévères que l'art. 53 du Code pénal. Mais il existe encore une différence bien plus notable entre les deux Codes; le Code forestier n'a pas reproduit cette disposition du Code pénal qui, même après l'emprisonnement à défaut d'acquit des condamnations pécuniaires, autorisait la reprise de la contrainte par corps dans tous les cas où il survenait au condamné quelques moyens de solvabilité. Le commissaire du Roi, dans l'exposé des motifs, a dit expressément, qu'en cas d'insolvabilité *l'amende se résoudrait en un emprisonnement;* d'où il suit que l'incarcération tient lieu du paiement des amendes, et qu'après l'avoir subie le condamné ne peut plus être recherché à cet égard. Cependant les restitutions, dommages-intérêts et frais, n'ayant pas le caractère de peines pécuniaires, n'étant considérés que comme des réparations civiles, et rentrant nécessairement dans la classe des dettes ordinaires, il ne nous paraît pas douteux que si par la suite le condamné redevenait solvable, il ne pût être contraint à en effectuer le paiement, même par corps, et il subirait l'effet de cette contrainte, conformément à l'art. 212.

ART. 214.

Dans tous les cas, la détention employée comme moyen de contrainte est indépendante de la peine d'emprisonnement prononcée contre les condamnés pour tous les cas où la loi l'inflige.

SECTION II.

De l'Exécution des Jugemens rendus dans l'intérêt des Particuliers.

ART. 215.

Les jugemens contenant des condamnations en faveur des particuliers, pour réparation des délits ou contraventions commis dans leurs bois, seront, à leur diligence, signifiés et exécutés suivant les mêmes formes et voies de contrainte que les jugemens rendus à la réquête de l'administration forestière.

Le recouvrement des amendes prononcées par

les mêmes jugemens sera opéré par les receveurs de l'enregistrement et des domaines.

Il appartient aux particuliers de faire signifier par simple extrait (art. 209) les jugemens rendus à leur requête ; de poursuivre le paiement des réparations civiles prononcées en leur faveur, par la voie de la contrainte par corps, cinq jours après un simple commandement (art. 211) ; et d'adresser comme le receveur de l'enregistrement leur demande au procureur du Roi avec les pièces à l'appui, pour que ce magistrat fasse les réquisitions nécessaires aux agens de la force publique (*ibid*). Ainsi, pour l'exercice de la contrainte par corps en matière forestière, les particuliers cessent d'être assujétis aux formalités longues et coûteuses que prescrit le Code de procédure pour les matières ordinaires. (Code de procédure civile, art. 780 et suivans.)

ART. 216.

Toutefois, les propriétaires seront tenus de pourvoir à la consignation d'alimens prescrite par le Code de procédure civile, lorsque la détention aura lieu à leur requête et dans leur intérêt.

Le créancier qui aura fait incarcérer son débiteur sera tenu de consigner d'avance, et par chaque mois, la somme de vingt francs, entre les mains du gardien de la maison d'arrêt pour la subsistance de l'incarcéré ; sinon, ce dernier obtiendra son élargissement, sur la représentation du certificat du gardien que la somme destinée à pourvoir aux alimens du détenu n'a point été consignée. (Loi du 15 germinal an VI, tit. III, art. 14, Code de procédure civile, art. 789, 791, 794, 800 et 803.)

ART. 217.

La mise en liberté des condamnés ainsi détenus à la requête et dans l'intérêt des particuliers ne pourra être accordée, en vertu des articles 212 et 213, qu'autant que la validité des cautions ou l'insolvabilité des condamnés aura été, en cas de contestation de la part desdits propriétaires, jugée contradictoirement entre eux.

Lorsqu'il y a lieu à la mise en liberté des détenus, elle

est ordonnée par le procureur du Roi, conformément à l'art. 191 de l'ordonnance réglementaire.

Le tribunal appelé à statuer sur les questions d'insolvabilité des condamnés ou de validité des cautions offertes, est celui de l'arrondissement, ainsi que le porte l'art. 212.

TITRE XIV.

Disposition générale.

ART. 218.

Sont et demeurent abrogés, pour l'avenir, toutes lois, ordonnances, édits et déclarations, arrêts du conseil, arrêtés et décrets, et tous réglemens intervenus, à quelque époque que ce soit, sur les matières réglées par le présent Code, en tout ce qui concerne les forêts.

Mais les droits acquis antérieurement au présent Code seront jugés, en cas de contestation, d'après les lois, ordonnances, édits et déclarations, arrêts du conseil, arrêtés, décrets et réglemens ci-dessus mentionnés.

« Cet article, a dit M. de Martignac dans l'exposé des motifs à la chambre des députés, est le complément nécessaire d'un projet qui doit prendre le titre de *Code forestier.* Sans lui, ce Code ne serait qu'une loi de plus ajoutée à celles qui existent déjà, et le but qu'on se propose serait entièrement manqué. Sans doute malgré le soin religieux avec lequel toute la législation actuelle a été revue et méditée, il serait possible que quelqu'omission eût été faite et que quelque disposition négligée fût par la suite reconnue nécessaire; mais d'une part, le projet renvoie aux Codes ordinaires pour tous les cas non prévus par lui et que le droit commun peut atteindre; de l'autre il vaut mieux se réserver de provoquer plus tard quelques mesures supplémentaires dont l'expérience constaterait l'utilité, que de laisser subsister le chaos de notre législation actuelle.

» Le Code proposé est donc destiné à régir seul l'avenir; mais cette disposition ne porte aucune atteinte à celles par lesquelles il a été réglé que les lois existantes sont appliquées dans les instances relatives aux affectations et aux droits d'usage. C'est une réserve expresse et spéciale à laquelle la disposition générale ne déroge point. » (Séance du 29 décembre 1826.)

Dans son rapport à la chambre des députés au nom de la commission, M. Favard de Langlade a dit : « L'abrogation des lois résulte nécessairement de la promulgation de dispositions nouvelles sur les mêmes matières : cependant pour prévenir toute difficulté, il importe de déclarer expressément cette abrogation; c'est ce qui a eu lieu pour nos divers Codes, et c'est ce qui vous est proposé par l'art. 218. Conforme au grand principe qui proscrit la rétroactivité des lois, il n'efface les dispositions anciennes que pour l'avenir, leur laissant ainsi tout leur effet pour le passé.

» La conséquence naturelle d'une pareille disposition est sans doute que si les lois anciennes perdent leur autorité par la publication du nouveau Code, à l'égard de tout ce qui se fera à cette époque, au moins elles seront toujours la règle et la règle unique des transactions passées et des droits acquis sous leur empire. Elles seront le guide obligé des tribunaux même pour les contestations dont ces transactions et ces droits pourraient être l'objet par la suite.

» Toutefois le langage du législateur ne pouvant jamais être trop précis ni trop explicite, nous proposons d'ajouter à l'article du projet un second paragraphe ainsi conçu : etc. » (*Moniteur* du 13 mars 1827, suppl.) L'amendement de la commission qui consiste dans le 2ᵉ § de l'art. 218 a été adopté. (*Moniteur* du 10 avril 1827, supplément, page 572.)

TITRE XV.

Dispositions transitoires.

ART. 219.

Pendant vingt ans, à dater de la promulgation de la présente loi, aucun particulier ne pourra arracher ni défricher ses bois qu'après en avoir fait préalablement la déclaration à la sous-préfecture, au moins six mois d'avance, durant lesquels l'administration pourra faire signifier au propriétaire son opposition au défrichement. Dans les six

mois à dater de cette signification, il sera statué
sur l'opposition par le préfet, sauf le recours au
ministre des finances.

Si, dans les six mois après la signification de
l'opposition, la décision du ministre n'a pas été
rendue et signifiée au propriétaire des bois, le défrichement pourra être effectué.

L'art. 6 du tit. 1er de la loi du 15-29 septembre 1791
avait abrogé les dispositions prohibitives de l'ordonnance
de 1669 et des anciens règlemens sur les bois des particuliers ; mais la loi du 9 floréal an XI vint restreindre la
liberté laissée aux propriétaires de défricher leurs bois.
Ce sont les mêmes défenses que le Code forestier proroge
momentanément pour un laps de vingt années. Aujour-
d'hui la déclaration est faite à la sous-préfecture au lieu
de l'être, comme auparavant, devant le conservateur forestier de l'arrondissement où le bois est situé ; la loi de
l'an XI a encore éprouvé quelques autres modifications
qu'il est d'ailleurs facile de remarquer.

Parlant des inconvéniens graves et nombreux qui avaient
suivi la liberté des défrichemens accordée en 1791, le rapporteur de la commission de la chambre des députés s'ex-
primait ainsi : « Ce fut dans de telles circonstances, et
sur les réclamations élevées de toutes parts par les administrations départementales, qu'intervint la loi du 9 floréal an XI, portant prohibition, pendant vingt-cinq ans,
d'effectuer un défrichement quelconque sans l'autorisation du gouvernement. Rétablirons-nous aujourd'hui une
cause de désordre et de ruine que la sagesse du législateur s'est vue forcée de détruire dans l'intérêt public
comme dans l'intérêt privé! L'avis de votre commission
a été que cette question n'était pas susceptible d'une solution affirmative ; elle regarde la prohibition de défrichement comme d'autant plus inévitable, que les déboi-
semens successifs opérés de 1791 à 1803 ont amené une
grande diminution dans les produits forestiers. La faculté
d'user et d'abuser, inhérente au droit de propriété, flé-
chira ici devant des considérations d'intérêt social. »
« C'est à ce prix, comme l'a dit l'orateur du gouvernement, que la société garantit à ses membres leur sûreté
et leur propriété. C'est un sacrifice que l'intérêt de chacun doit faire à l'intérêt de tous et qui profite ainsi à ceux
mêmes à qui il est imposé. » (*Moniteur* du 13 mars 1827,
supplément.)

A la chambre des pairs, M. le comte de Tournon observe qu'il peut convenir à un propriétaire de bois d'ex-

ploiter une futaie par éclaircies ou d'ouvrir des routes dans un taillis : devra-t-on dans ces cas soumettre à la mesure de l'autorisation préalable les défrichemens partiels qui en résultent, et ne serait-ce pas imposer une gêne inutile au propriétaire que de donner à la loi une interprétation aussi rigoureuse ?

M. de Martignac, commissaire du Roi, « déclare que jamais l'administration n'a considéré comme un défrichement soumis à l'autorisation ce qui est fait soit pour l'amélioration, soit pour l'embellissement de la propriété, soit pour son exploitation régulière ou pour changer le mode d'exploitation établi. Ce que la loi a pour but d'empêcher, c'est uniquement le défrichement dont il résulterait une diminution du sol forestier. » (*Moniteur* du 22 mai 1827, suppl., pag. 841.)

V. l'ordonnance d'exécution, art. 192, 193, 194, 195.

ART. 220.

En cas de contravention à l'article précédent, le propriétaire sera condamné à une amende calculée à raison de cinq cents francs au moins et de quinze cents francs au plus par hectare de bois défriché, et, en outre, à rétablir les lieux en nature de bois dans le délai qui sera fixé par le jugement, et qui ne pourra excéder trois années.

Ces dispositions, quant à la fixation de l'amende et à l'obligation de rétablir les lieux en nature de bois, modifient la loi du 9 floréal an XI, tit. Ier, art. 3, qui déterminait l'amende sur d'autres bases et n'obligeait à replanter qu'une quantité de terrain égale à celui que l'on avait défriché. Cependant il paraît que déjà sous l'empire de cette loi, le propriétaire qui avait opéré un défrichement sans autorisation pouvait, sur la demande des agens forestiers et pour cause d'utilité publique, être condamné à remettre en nature de bois le terrain même qu'il avait défriché. C'est ce que décide l'arrêt de la cour de cassation du 22 juin 1826, rapporté par *Dalloz*, Jurisp. génér. du royaume, 26. 1. 395.

V., ci-après, l'article 224 avec la note et l'ord. régl., art. 196.

ART. 221.

Faute par le propriétaire d'effectuer la planta-

tion ou le semis dans le délai prescrit par le jugement, il y sera pourvu à ses frais par l'administration forestière, sur l'autorisation préalable du préfet, qui arrêtera le mémoire des travaux faits et le
rendra exécutoire contre le propriétaire.

L'expiration du délai fixé ne suffirait pas pour constituer le propriétaire en demeure. Si l'administration forestière restait inactive et ne provoquait pas l'exécution, on
pourrait présumer que c'est qu'elle n'éprouve aucun
préjudice du retard. Pour mettre le propriétaire en demeure de rétablir les lieux en bois, il faudrait une sommation ou tout autre acte équivalent (Code civil, article
1139). Ce n'est que faute par le propriétaire d'y satisfaire que l'autorisation du préfet sera donnée à l'administration. L'arrêté qui ordonnera ainsi l'exécution des
travaux devra être notifié au propriétaire.

Si le propriétaire élevait des difficultés dont la solution
dépendrait de l'interprétation du jugement, il est évident que le préfet ne pourrait en connaître et devrait
renvoyer l'affaire aux tribunaux.

ART. 222.

Les dispositions des trois articles qui précèdent
sont applicables aux semis et plantations exécutés, par suite de jugemens, en remplacement de
bois défrichés.

ART. 223.

Seront exceptés des dispositions de l'article 219,

1°. Les jeunes bois, pendant les vingt premières
années après leur semis ou plantation, sauf le cas
prévu en l'article précédent;

2°. Les parcs ou jardins clos et attenant aux habitations;

3°. Les bois non clos, d'une étendue au-dessous
de quatre hectares, lorsqu'ils ne feront point partie d'un autre bois qui compléterait une contenance de quatre hectares, ou qu'ils ne seront pas
situés sur le sommet ou la pente d'une montagne.

Le Code, différant à cet égard de la loi du 9 floréal

an XI, ne spécifie aucun genre de clôtures, et n'exige pas
que les bois soient attenant à l'habitation principale. Mais
il est nécessaire qu'ils tiennent actuellement aux habitations. Ainsi l'exception portée au n° 2 de l'art. 223 ne serait pas applicable à des bois attenant autrefois à un château qui aurait été détruit, sans être remplacé par une autre habitation. Voyez l'arrêt de la cour de cassation du 22 juin 1826, rapporté par *Dalloz*, Jur. gén. du royaume, 26. 1. 395.

A la chambre des pairs, M. le comte de Tournon « demande si par les mots *parcs ou jardins clos* on a entendu ceux qui sont fermés de fosses, de haies, ou généralement par l'un des moyens indiqués en l'art. 391 du Code pénal, ou si l'on n'a entendu que les parcs ou jardins clos de murs. Sans doute c'est l'interprétation la plus générale qui doit prévaloir; mais peut-être une explication positive serait-elle nécessaire pour lever toute incertitude à cet égard. » Le ministre d'Etat, commissaire du Roi, observe « que par cela seul que la loi ne s'explique pas sur le mode de clôture, l'exception doit s'étendre à tous les genres de clôtures sans distinction. » (*Moniteur* du 22 mai 1827, suppl., pag. 841.)

On avait demandé, si, pour que l'exception du n° 3 de l'article n'eût pas lieu, il fallait que l'autre bois, dont celui de quatre hectares pourrait faire partie, appartînt ou non au même propriétaire. Mais il est évident que si le bois contigu à celui que, vu son peu d'étendue, l'article aurait pour objet d'excepter, appartient au même propriétaire, l'un et l'autre bois ne forment plus alors qu'une seule propriété, pour laquelle il n'y a plus d'exception dès que la contenance totale forme celle à laquelle s'applique la prohibition de défricher. Elle comprend donc tout bois non clos, formant par lui-même, ou par sa réunion à un autre bois, quel que soit le propriétaire de ce dernier, une étendue de plus de quatre hectares. Autrement la disposition de la loi ne présenterait pas de sens raisonnable.

ART. 224.

Les actions ayant pour objet des défrichemens commis en contravention à l'article 219 se prescriront par deux ans, à dater de l'époque où le défrichement aura été consommé.

La prescription particulière établie par cet article s'applique-t-elle aux actions correctionnelles afin de condamnation à l'amende, et aux actions qui compètent à l'administration forestière pour faire remettre en nature de bois les lieux défrichés ; ou bien ne concerne-t-elle que ces dernières actions seulement? Pour être sainement entendu, l'art. 224 a besoin d'être rapproché de l'art. 185.

Les actions en réparation de délits et contraventions en matière forestière se prescrivent par trois mois, à compter du jour de la constatation des délits, en ce qui touche l'application des peines (art. 171 et 185) : cette disposition générale domine tout le Code, et, pour qu'il fût permis de s'en écarter, il faudrait une exception bien positive. La rencontre-t-on dans l'art. 224? Nullement : les défrichemens non autorisés constituent des délits que la loi réprime à la fois, 1°. par une amende, 2°. en ordonnant le rétablissement des lieux en nature de bois. L'amende est la véritable, la seule peine du délit, et la prescription des poursuites pour l'application de l'amende est dans l'art. 185. Au contraire, l'obligation de repeupler les lieux par semis ou plantation n'est plus une peine; c'est une mesure d'intérêt et d'ordre public entièrement indépendante de la peine ; il suit de là que les actions de l'administration forestière, à cet égard, n'ont pas dû être assujéties à la courte prescription de l'article 185 ; aussi, pour faire rétablir les lieux en leur premier état, l'administration a-t-elle les délais déterminés par l'art. 224. Il pourra donc arriver qu'ayant laissé passer le laps de temps fixé par l'art. 185, elle ne soit plus recevable à réclamer l'application de l'amende portée par l'art. 220 ; mais, s'il ne s'est pas écoulé deux ans à dater de l'époque où le défrichement a été consommé, elle pourra toujours traduire le propriétaire devant les tribunaux correctionnels, et le faire condamner à rétablir les bois défrichés. (V. l'arrêt de la cour de cassation du 8 janvier 1808, rapporté par *Merlin*, Répert. de jurisp., v° *Restitution pour délits forestiers*, et par *Sirey*, tom. 8, Ire part., pag. 256.)

ART. 225.

Les semis et plantations de bois sur le sommet et le penchant des montagnes et sur les dunes seront exempts de tout impôt pendant vingt ans.

Cet article a été ajouté par la chambre des députés.

M. Roy, dans son rapport au nom de la commission de la chambre des pairs, a dit : « La disposition du projet qui promet une exemption d'impôt, pendant vingt ans, en faveur de semis et plantations sur les montagnes et sur les dunes, est sans doute dans l'intérêt public. Néan-

moins, elle ne pourra pas être exécutée sans une loi qui
en détermine les conditions : autrement elle pourrait donner lieu à beaucoup d'abus. Elle amènerait d'autant plus
de désordre dans le système des contributions, qu'on ne
pourrait changer continuellement les contingens de tous
les départemens, et qu'il serait pourtant injuste de répartir sur les autres contribuables de la commune ou du département l'exemption d'impôts qui serait accordée à ceux
qui auraient fait les plantations nouvelles qui y donneraient droit. La loi pourra autoriser, s'il y a lieu, la concession d'une prime équivalente à l'exemption d'impôt,
qui serait supportée par les fonds généraux. » (*Moniteur*,
séance du 8 mai 1827.)

ORDONNANCE DU ROI

POUR

L'EXÉCUTION DU CODE FORESTIER.

Au Château de Saint-Cloud, le 1er août 1827.

CHARLES, par la grâce de Dieu, Roi de France et de Navarre;

Sur le rapport de notre ministre secrétaire d'État au département des finances,

Vu le Code forestier du royaume, sanctionné par nous le 21 mai dernier, et promulgué le 31 juillet suivant;

Voulant en assurer l'exécution par des dispositions réglementaires,

Nous avons ordonné et ordonnons ce qui suit :

TITRE PREMIER.

De l'Administration forestière.

Art. 1er. Les attributions conférées par le Code à l'administration forestière seront exercées, sous l'autorité de notre ministre des finances, par une direction générale dont l'organisation est réglée ainsi qu'il suit :

SECTION PREMIÈRE.

De la Direction générale des Forêts.

2. La direction générale des forêts se compose d'un directeur général et de trois administrateurs nommés par nous, sur la proposition de notre ministre des finances.

3. En cas d'absence du directeur général, le mi-

nistre des finances désignera celui des administrateurs qui en remplira les fonctions.

4. Le directeur général dirige et surveille, sous les ordres de notre ministre des finances, toutes les opérations relatives au service.

Il correspond seul avec les diverses autorités.

Il a seul le droit de recevoir et d'ouvrir la correspondance.

Il donne et signe tous les ordres généraux de service.

Il travaille avec le ministre des finances et lui rend compte de tous les résultats de son administration.

5. Notre ministre des finances déterminera les parties de service dont la suite sera attribuée à chaque administrateur.

Les administrateurs pourront être chargés de missions temporaires dans les départemens, avec l'approbation du ministre des finances.

6. Les administrateurs se réunissent en conseil d'administration, sous la présidence du directeur général.

En cas d'empêchement, le directeur général délègue la présidence à l'un des administrateurs.

7. Le directeur général soumettra à notre ministre des finances, après délibération préalable du conseil d'administration, les objets dont la nomenclature suit :

1°. Budjet général de l'administration forestière;

2°. Création et suppression d'emplois supérieurs;

3°. Destitution, révocation ou mise en jugement des agens forestiers du grade de sous-inspecteur et au-dessus;

4°. Liquidation de pensions;

5°. Changemens dans la circonscription des arrondissemens forestiers;

6°. Projets d'aménagemens, de partage, et d'échanges, de bois, de cantonnement ou de rachats de droits d'usage;

7°. Coupes extraordinaires;

8°. Etats annuels des coupes ordinaires;

9°. Cahier des charges pour les adjudications des coupes ordinaires;

10°. Remboursemens pour moins de mesure ;

11°. Remises ou modérations d'amendes;

12°. Extraction de minerai ou de matériaux dans les forêts;

13°. Constructions à proximité des forêts;

14°. Pourvois au conseil d'État;

15°. Dispositions de service qui donneraient lieu à une dépense au-dessus de 500 francs;

16°. Oppositions à des défrichemens ;

17°. Instructions générales et questions douteuses sur l'exécution des lois et ordonnances.

8. Dans toutes les affaires autres que celles qui sont mentionnées en l'article précédent, le directeur général statuera, sauf le recours des parties devant notre ministre des finances.

Le directeur général devra toutefois prendre l'avis du conseil d'administration sur les destitutions, révocations ou mises en jugemens des agens au-dessous du grade de sous-inspecteur et des préposés de l'administration forestière, sur toutes les affaires contentieuses, ainsi que sur toutes les dépenses au-dessous de 500 francs.

9. Un vérificateur général des arpentages sera attaché à la direction générale des forêts;

Il sera nommé par notre ministre des finances.

SECTION II.

Du Service forestier dans les départemens.

10. La division territoriale de la France en conservations forestières est arrêtée conformé-

ment au tableau annexé à la présente ordonnance.

Les conservations seront subdivisées en inspections et sous-inspections, dont le nombre et les circonscriptions seront fixés par notre ministre des finances.

La direction générale déterminera le nombre et la résidence des gardes généraux, des arpenteurs, des gardes à cheval et des gardes à pied, ainsi que les arrondissemens et triages dans lesquels ils devront exercer leurs fonctions.

11. La direction générale a sous ses ordres,

1°. Des agens sous les dénominations de conservateurs, d'inspecteurs, de sous-inspecteurs et de gardes généraux;

2°. Des arpenteurs;

3°. Des gardes à cheval et des gardes à pied.

12. Les conservateurs seront nommés par nous, sur la proposition de notre ministre des finances.

Le ministre des finances nommera aux places d'inspecteur et de sous-inspecteur, sur la proposition du directeur général.

Le directeur général nommera à tous les autres emplois.

Les nominations à tous les grades supérieurs à celui de garde général seront toujours faites parmi les agens du grade immédiatement inférieur qui auront au moins deux ans d'exercice dans ce grade.

13. Nul ne sera promu au grade de garde général, si préalablement il n'a fait partie de l'école forestière, dont il sera parlé ci-après, ou s'il n'a exercé, pendant deux ans au moins, les fonctions de garde à cheval.

§ Ier. — *Des Agens forestiers.*

14. Chacun des agens dénommés en l'article 11, § 1er, fera, suivant l'ordre hiérarchique, les opérations, vérifications et tournées qui lui seront prescrites en exécution du Code forestier et de la

présente ordonnance, surveillera le service des agens et gardes qui lui seront subordonnés, et leur transmettra les ordres et instructions qu'il recevra de ses supérieurs. Il pourra faire suppléer, en cas d'empêchement, les agens et gardes employés sous ses ordres, à la charge d'en rendre compte, sans délai, à son supérieur immédiat.

15. Les conservateurs correspondront directement avec la direction générale et avec les autorités supérieures des départemens.

Les autres agens correspondront avec le chef de service sous les ordres duquel ils seront placés immédiatement, ét lui rendront compte de leurs opérations.

16. Les agens forestiers seront tenus d'avoir des sommiers et registres, dont la direction générale déterminera le nombre et la destination, et sur lesquels ils inscriront régulièrement, par ordre de date, les ordonnances et ordres de service qui leur seront transmis, leurs diverses opérations, leurs procès-verbaux et les déclarations qui leur seront remises.

Ils feront coter et parapher ces registres par le préfet ou le sous-préfet du lieu de leur résidence, et signeront chaque enregistrement, en faisant mention, en marge, de chaque pièce ou procès-verbal, de l'inscription à laquelle elle aura donné lieu sur les registres, avec indication du folio.

Les inspecteurs, sous-inspecteurs et gardes généraux tiendront, en outre, un registre spécial sur lequel ils annoteront sommairement, par ordre de réception, les procès-verbaux qui leur seront remis par les gardes, et indiqueront en regard le résultat des poursuites et la date des jugemens auxquels ces procès-verbaux auront donné lieu.

17. Les agens forestiers seront responsables des titres, plans et autres actes dont ils se trouveront dépositaires en vertu de leurs fonctions.

A chaque mutation d'emploi, il en sera dressé, ainsi que des registres et sommiers, un inventaire en double qui constituera le nouvel agent responsable, en opérant la décharge de son prédécesseur.

18. L'uniforme des agens forestiers est réglé ainsi qu'il suit :

Pour tous les agens, habit et pantalon de drap vert; l'habit boutonné sur la poitrine; le collet droit; le gilet chamois; les boutons de métal blanc, ayant un pourtour de feuille de chêne et portant au milieu les mots *Direction générale des forêts*, avec une fleur de lys; le chapeau français avec une ganse en argent et un bouton pareil à ceux de l'habit; une épée.

La broderie sera en argent et le dessin en feuille de chêne.

Les conservateurs porteront la broderie au collet, aux paremens et au bas de la taille de l'habit, avec une baguette unie sur les bords de l'habit et du gilet.

Les inspecteurs porteront la broderie au collet et aux paremens.

L'habit des sous-inspecteurs sera brodé au collet, avec une baguette unie aux paremens.

Les gardes généraux auront deux rameaux de chêne, de la longueur de deux décimètres, brodés de chaque côté du collet de l'habit.

§ II. — *Des Arpenteurs.*

19. Les arpenteurs nommés et commissionnés par le directeur général des forêts feront, sous les ordres des agens forestiers chefs de service, l'arpentage des coupes ordinaires et extraordinaires, et toutes les opérations de géométrie nécessaires pour les délimitations, aménagemens, partages, échanges et cantonnemens.

20. Leurs rétributions pour l'arpentage des coupes seront fixées par notre ministre des finances.

Pour les autres opérations énoncées en l'article précédent, et généralement pour toutes les opérations extraordinaires dont les arpenteurs pourraient être chargés, leur salaire sera réglé, de gré à gré, entre eux et la direction générale.

21. L'uniforme des arpenteurs sera de même forme et de même couleur que celui des agens forestiers; mais les collets et les paremens seront en velours noir, avec une broderie pareille à celle des gardes généraux.

22. Les arpenteurs forestiers constateront les délits qu'ils reconnaîtront dans le cours de leurs opérations, les déplacemens de bornes et toutes dégradation ou altération de limites; et ils remettront aux agens forestiers les procès-verbaux qu'ils en auront dressés (1).

23. Les arpenteurs seront tenus de représenter, à toute réquisition, aux agens forestiers chefs de service, les minutes et expéditions des procès-verbaux, plans et actes quelconques relatifs à leurs travaux.

En cas de cessation de fonctions, les arpenteurs ou leurs héritiers remettront ces actes à l'agent forestier chef de service, dans le délai de quinze jours.

§ III. — *Des Gardes à cheval et des Gardes à pied.*

24. Les gardes à cheval et les gardes à pied sont spécialement chargés de faire des visites journalières dans les bois soumis au régime forestier, et de dresser procès-verbal de tous les délits ou contraventions qui y auront été commis.

25. Les gardes forestiers résideront dans le voisinage des forêts ou triages confiés à leur surveillance. Le lieu de leur résidence sera indiqué par le conservateur.

(1) L'art. 166 du Code forestier n'étant point applicable aux arpenteurs, ils sont obligés d'affirmer leurs procès-verbaux.

26. Les gardes forestiers tiendront un registre d'ordre qu'ils feront coter et parapher par le sous-préfet de l'arrondissement.

Ils y transcriront régulièrement leurs procès-verbaux par ordre de date. Ils signeront cet enregistrement, et inscriront en marge de chaque procès-verbal le folio du registre où il se trouvera transcrit.

Ils feront mention, sur le même registre et dans le même ordre, de toutes les significations et citations dont ils auront été chargés.

Ils y féront également mention des chablis et des bois de délit qu'ils auront reconnus, et en donneront avis, sans délai, à leur supérieur immédiat.

A chaque mutation, les gardes seront tenus de remettre ce registre à celui qui leur succédera.

27. Les gardes à cheval et les gardes à pied adresseront leurs rapports à leur chef immédiat, et lui remettront leurs procès-verbaux revêtus de toutes les formalités prescrites.

28. Indépendamment des fonctions communes aux gardes à cheval et aux gardes à pied, le directeur général pourra attribuer aux gardes à cheval des fonctions de surveillance immédiate sur les gardes à pied.

29. L'uniforme des gardes à cheval et des gardes à pied sera l'habit, le pantalon et le gilet de drap vert.

L'habit des gardes à cheval aura sur le collet une broderie semblable à celle qui sera déterminée ci-après pour les élèves de l'école royale forestière.

Les gardes à cheval et les gardes à pied porteront une bandoulière chamois avec bandes de drap vert, et au milieu une plaque de métal blanc portant ces mots: *Forêts royales,* avec une fleur de lis.

30. Les gardes sont autorisés à porter un fusil

simple pour leur défense, lorsqu'ils font leurs tournées et visites dans les forêts.

§ IV. *Dispositions communes aux Agens et Préposés.*

31. Il est interdit aux agens et gardes, sous peine de révocation, de faire le commerce de bois, d'exercer aucune industrie où le bois sera employé comme matière principale, de tenir auberge ou de vendre des boissons en détail.

32. Nul ne pourra exercer un emploi forestier dans l'étendue de la conservation où il fera ses approvisionnemens de bois comme propriétaire ou fermier de forges, fourneaux, verreries et autres usines à feu, ou de scieries et autres établissemens destinés au travail des bois.

33. Les agens forestiers ne pourront avoir sous leurs ordres leurs parens ou alliés en ligne directe, ni leurs frères ou beaux-frères, oncles ou neveux.

34. Les agens et les gardes forestiers, ainsi que les arpenteurs, seront toujours revêtus de leur uniforme ou des marques distinctives de leur grade dans l'exercice de leurs fonctions (1).

35. Les agens et gardes ne pourront, sous aucun prétexte, rien exiger ni recevoir des communes, des établissemens publics et des particuliers, pour les opérations qu'ils auront faites à raison de leurs fonctions.

36. Le marteau royal uniforme, destiné aux opérations de balivage et de martelage, aura pour empreinte une fleur de lys avec le numéro de la conservation.

Il sera déposé chez l'agent chef de service de chaque inspection, et renfermé dans un étui fermant à deux clefs, dont l'une restera entre les

(1) La loi n'exige pas dans un procès-verbal la mention que le garde était revêtu du signe distinctif de ses fonctions. (Arr. cass. 18 février 1820, Bull. crim., n° 30.)

mains de cet agent, et l'autre entre les mains de l'agent immédiatement inférieur.

L'agent dépositaire de ce marteau est chargé d'en entretenir l'étui et la monture en bon état, et demeure responsable de son dépôt dans l'étui et de la remise de la seconde clef à l'agent à qui elle doit être confiée.

La direction générale déterminera, sous l'approbation de notre ministre des finances, les mesures propres à prévenir les abus dans l'emploi de ce marteau.

37. Les agens forestiers, les arpenteurs et les gardes seront pourvus chacun d'un marteau particulier, dont la direction générale déterminera, sous l'approbation de notre ministre des finances, la forme, l'empreinte et l'emploi, et dont chacun d'eux sera chargé de déposer l'empreinte aux greffes des cours et tribunaux, conformément à l'article 7 du Code forestier.

38. Les agens et préposés ne pourront être destitués que par l'autorité même à qui appartient le droit de les nommer.

Toutefois le directeur général pourra, dans les cas d'urgence, suspendre de leurs fonctions et remplacer provisoirement les agens qui ne sont pas nommés par lui; mais il devra en rendre compte immédiatement à notre ministre des finances.

Les conservateurs pourront, dans le même cas, suspendre provisoirement de leurs fonctions les gardes généraux et les proposés sous leurs ordres, mais à charge d'en rendre compte immédiatement au directeur général.

39. Le directeur général, après avoir pris l'avis du conseil d'administration, pourra dénoncer aux tribunaux les gardes généraux et les préposés forestiers, ou autoriser leur mise en jugement, pour faits relatifs à leurs fonctions.

Notre ministre des finances pourra de même

dénoncer aux tribunaux les inspecteurs et sous-inspecteurs des forêts, ou autoriser leur mise en jugement.

Les conservateurs ne pourront être poursuivis devant les tribunaux qu'en vertu d'autorisation accordée par nous en conseil d'État.

SECTION III.

Des Ecoles forestières.

40. Il y aura, sous la surveillance de notre directeur général des forêts :

1°. Une école royale destinée à former de sujets pour les emplois d'agens forestiers;

2°. Des écoles secondaires pour l'instruction d'élèves gardes.

§ Ier. — *Ecole royale.*

41. L'enseignement dans l'Ecole royale aura pour objet :

L'histoire naturelle dans ses rapports avec les forêts;

Les mathématiques appliquées à la mesure des solides et la levée des plans.

La législation et la jurisprudence, tant administratives que judiciaires, en matière forestière;

L'économie forestière en ce qui concerne spécialement la culture, l'aménagement et l'exploitation des forêts, et l'éducation des arbres propres aux constructions civiles et navales;

Le dessin;

La langue allemande.

42. Notre ministre des finances nommera, pour être attaché à l'école royale forestière, trois professeurs; savoir :

Un professeur d'histoire naturelle,

Un professeur de mathématiques,

Un professeur d'économie forestière, de législation et de jurisprudence.

Les cours seront de deux années; ils commenceront le 1er novembre de chaque année, et se termineront au 1er septembre suivant.

L'un des trois professeurs remplira les fonctions de directeur de l'école.

Un maître de dessin et un maître d'allemand seront attachés à l'école royale.

43. L'École royale forestière sera établie à Nancy.

Il sera affecté à cette école,

1°. Une maison pour servir aux cours des professeurs, à l'établissement d'une bibliothèque et d'un cabinet d'histoire naturelle, et au logement du directeur;

2°. Un terrain pour les pépinières et cultures forestières nécessaires à l'instruction des élèves.

44. Le nombre des élèves est fixé à vingt-quatre.

Les aspirans seront examinés, tant à Paris que dans les départemens, par les examinateurs des écoles royales militaires, dans le même temps et dans les mêmes lieux. Pour être admis au concours à une place d'élève, chaque aspirant devra adresser au directeur général des forêts,

1°. Son acte de naissance, constatant qu'à l'époque du 1er novembre l'aspirant aura dix-neuf ans accomplis, et n'aura pas plus de vingt-deux ans;

2°. Un certificat signé d'un docteur en médecine ou en chirurgie, et dûment légalisé, attestant que l'aspirant est d'une bonne constitution, et qu'il a été vacciné ou qu'il a eu la petite vérole;

- 3°. Un certificat en forme, constatant qu'il a terminé son cours d'humanités;

4°. La preuve qu'il possède un revenu annuel de douze cents francs, ou, à défaut, une obligation par laquelle ses parens s'engagent à lui fournir une pension de pareille somme pendant son séjour à l'école forestière, et une pension de quatre cents francs depuis le moment où il sortira de l'école jusqu'à l'époque où il sera employé comme garde général en activité.

45. Les candidats seront examinés sur les objets ci-après ; savoir :

1°. L'arithmétique complète et l'exposition du nouveau système métrique ;

2°. La géométrie élémentaire et le dessin ;

3°. La langue française.

4°. Ils traduiront, sous les yeux de l'examinateur, un morceau d'un des auteurs latins, poète ou prosateur, qu'on explique en rhétorique.

Les candidats ne seront examinés que sur les objets indiqués par le programme ; mais on aura égard aux connaissances plus étendues qu'ils pourront posséder, surtout en algèbre, en trigonométrie, en physique et en chimie.

46. Les élèves seront nommés par notre ministre des finances, selon le rang d'instruction et de capacité qui aura été assigné aux aspirans, d'après le résultat des examens. Ils auront, pendant la durée de leur séjour à l'école, le rang de garde à cheval.

47. Leur uniforme est réglé ainsi qu'il suit :

Habit et pantalon de drap vert ; boutons de métal blanc, portant les mots : *École royale forestière* ; l'habit boutonné sur la poitrine ; deux légers rameaux de chêne, de la longueur de cinq centimètres, et un gland brodés en argent, de chaque côté du collet ; le gilet blanc ; le chapeau français, avec ganse en argent.

48. Les élèves feront, chaque année, dans les forêts, aux époques qui seront indiquées par le directeur général, et sous la conduite du professeur qu'il aura désigné, des excursions qui auront pour but la démonstration et l'application sur le terrain des principes qui leur auront été enseignés.

49. A la fin de chaque année, un jury composé de trois professeurs, et présidé par le directeur général ou par l'administrateur qu'il aura délégué, procédera à l'examen des élèves qui auront complété leurs deux années d'étude.

5o. Les élèves qui auront satisfait à l'examen de sortie, auront le rang de garde général, et obtiendront, dès qu'ils auront l'âge requis ou qu'il leur aura été accordé par nous des dispenses d'âge, les premiers emplois vacans dans ce grade.

Toutefois la moitié de ces emplois demeurera expressément réservée pour l'avancement des gardes à cheval en activité.

51. Si les élèves, après avoir terminé leurs cours et fait preuve des connaissances requises, n'ont pas atteint l'âge de vingt-cinq ans, ni obtenu de nous des dispenses d'âge, ou s'il n'existe point d'emplois de garde général vacans, ils jouiront du traitement de garde à cheval, et seront provisoirement employés, soit près de la direction générale à Paris, soit près des conservateurs ou des inspecteurs dans les arrondissemens les plus importans.

Dès qu'ils auront satisfait à la condition d'âge, et que des vacances auront lieu, les premiers emplois de garde général leur seront acquis par préférence aux autres élèves qui auraient postérieurement terminé leurs cours.

52. Ceux qui, après les deux années d'étude révolues, n'auront point fait preuve, devant le jury d'examen, de l'instruction nécessaire pour exercer des fonctions actives, seront admis à suivre les cours pendant une troisième année; mais si, après cette troisième année, ils sont encore reconnus incapables, ils cesseront de faire partie de l'école et de l'administration forestières.

Quant à ceux qui, d'après les comptes périodiques rendus au directeur général des forêts par le directeur de l'école, ne suivront pas exactement les cours, ou dont la conduite aura donné lieu à des plaintes graves, il en sera référé à notre minis-tre des finances, qui ordonnera, s'il y a lieu, leur radiation du tableau des élèves.

53. Notre ministre des finances fixera, par un réglement spécial, la division des cours, le classe-ment des élèves, l'ordre et les heures des leçons, la police de l'école et les attributions du directeur.

§ II. — Ecoles secondaires.

54. Il sera établi des écoles secondaires dans les régions de la France les plus boisées.

Elles seront destinées à former des sujets pour les emplois de gardes.

La durée des cours sera de deux ans.

55. L'enseignement dans les écoles secondaires aura pour objet :

1°. L'écriture, la grammaire et les quatre pre-mières règles de l'arithmétique;

2°. La connaissance des arbres forestiers et de leurs qualités et usages, et spécialement celle des arbres propres aux constructions civiles et navales;

3°. Les semis et plantations;

4°. Les principes sur les aménagemens, les esti-mations et les exploitations;

5°. La connaissance des dispositions législatives et réglementaires qui concernent les fonctions des gardes, la rédaction des procès-verbaux et les for-malités dont ils doivent être revêtus; les citations; la tenue d'un livre-journal et l'exercice des droits d'usage.

56. Nous déterminerons par une ordonnance spéciale les lieux où les écoles secondaires seront établies, le nombre des élèves, les conditions d'ad-missibilité, et les moyens de pourvoir à l'entre-tien et à l'enseignement des élèves de ces écoles.

TITRE II.

Des Bois et Foréts qui font partie du Domaine de l'Etat.

SECTION PREMIÈRE.

De la Délimitation et du Bornage.

57. Toutes demandes en délimitation et bornage entre les forêts de l'Etat et les propriétés riveraines seront adressées au préfet du département.

58. Si les demandes ont pour objet des délimitations partielles, il sera procédé dans les formes ordinaires.

Dans le cas où, les parties étant d'accord pour opérer la délimitation et le bornage, il y aurait lieu à nommer des experts, le préfet, après avoir pris l'avis du conservateur des forêts et du directeur des domaines, nommera un agent forestier pour opérer comme expert dans l'intérêt de l'État (1).

59. Lorsqu'en exécution de l'art. 10 du Code, il s'agira d'effectuer la délimitation générale d'une forêt, le préfet nommera, ainsi qu'il est prescrit par l'article précédent, les agens forestiers et les arpenteurs qui devront procéder dans l'intérêt de l'Etat, et indiquera le jour fixé pour le commencement des opérations et le point du départ.

60. Les maires des communes où devra être affiché l'arrêté destiné à annoncer les opérations relatives à la délimitation générale, seront tenus d'adresser au préfet des certificats constatant que

(1) Le préfet nommera également un arpenteur si cela est nécessaire. Les propriétaires riverains seront libres d'en désigner un de leur côté ou de s'en rapporter à celui qu'aura indiqué le préfet et qui opérera dans l'intérêt commun des parties.

cet arrêté a été publié et affiché dans ces communes.

61. Le procès-verbal de délimitation sera rédigé par les experts suivant l'ordre dans lequel l'opération aura été faite. Il sera divisé en autant d'articles qu'il y aura de propriétaires riverains, et chacun de ces articles sera clos séparément et signé par les parties intéressées.

Si les propriétaires riverains ne peuvent pas signer ou refusent de le faire, si même ils ne se présentent ni en personne ni par un fondé de pouvoirs, il en sera fait mention.

En cas de difficultés sur la fixation des limites, les réquisitions, dires et observations contradictoires seront consignés au procès-verbal.

Toutes les fois que, par un motif quelconque, les lignes de pourtour d'une forêt, telles qu'elles existent actuellement, devront être rectifiées de manière à déterminer l'abandon d'une portion du sol forestier, le procès-verbal devra énoncer les motifs de cette rectification, quand même il n'y aurait à ce sujet aucune contestation entre les experts.

62. Dans le délai fixé par l'art. 11 du Code forestier, notre ministre des finances nous rendra compte des motifs qui pourront déterminer l'approbation ou le refus d'homologation du procès-verbal de délimitation, et il y sera statué par nous sur son rapport.

A cet effet, aussitôt que ce procès-verbal aura été déposé au secrétariat de la préfecture, le préfet en fera faire une copie entière, qu'il adressera sans délai à notre ministre des finances.

63. Les intéressés pourront requérir des extraits dûment certifiés du procès-verbal de délimitation, en ce qui concernera leurs propriétés.

Les frais d'expédition de ces extraits seront à la charge des requérans, et réglés à raison de soixante-quinze centimes par rôle d'écriture, conformément à l'art. 37 de la loi du 25 juin 1794 (7 messidor an II) (1).

64. Les réclamations que les propriétaires pourront former, soit pendant les opérations, soit dans le délai d'un an, devront être adressées au préfet du département, qui les communiquera au conservateur des forêts et au directeur des domaines pour avoir leurs observations.

65. Les maires justifieront, dans la forme prescrite par l'art. 60, de la publication de l'arrêté pris par le préfet pour faire connaître notre résolutoin relativement au procès-verbal de délimitation. Il en sera de même pour l'arrêté par lequel le préfet appellera les riverains au bornage, conformément à l'art. 12 du Code forestier.

66. Les frais de délimitation et de bornage seront établis par articles séparés pour chaque propriétaire riverain, et supportés en commun entre l'administration et lui.

L'état en sera dressé par le conservateur des forêts et visé par le préfet. Il sera remis au receveur des domaines, qui poursuivra, par voie de contrainte, le paiement des sommes à la charge des riverains, sauf l'opposition, sur laquelle il sera statué par les tribunaux conformément aux lois.

SECTION II.

Des Aménagemens.

67. Il sera procédé à l'aménagement des forêts

______

(1) *Loi du 25 juin 1794, concernant l'organisation des archives établies auprès de la représentation nationale.* Article 37. « Tout citoyen pourra demander dans tous les dépôts, aux jours et aux heures qui seront fixés, communication des pièces qu'ils renferment : elle lui sera donnée sans frais et sans déplacement, et avec les précautions convenables de surveillance. Les expéditions ou extraits

dont les coupes ne sont pas fixées régulièrement ou conformément à la nature du sol et des essences.

Notre ministre des finances nous présentera, au mois de janvier de chaque année, l'état des aménagemens effectués durant l'année révolue.

68. Les aménagemens seront réglés principalement dans l'intérêt des produits en matière et de l'éducation des futaies.

En conséquence, l'administration recherchera les forêts et parties de forêts qui pourront être réservées pour croître en futaie, et elle en proposera l'aménagement, en indiquant celles où le mode d'exploitation par éclaircie pourrait être le plus avantageusement employé.

69. Dans toutes les forêts qui seront aménagées à l'avenir, l'âge de la coupe des taillis sera fixé à vingt-cinq ans au moins, et il n'y aura d'exception à cette règle que pour les forêts dont les essences dominantes seront le châtaignier et les bois blancs, ou qui seront situées sur des terrains de la dernière qualité.

70. Lors de l'exploitation des taillis, il sera réservé cinquante baliveaux de l'âge de la coupe par hectare. En cas d'impossibilité, les causes en seront énoncées aux procès-verbaux de balivage et de martelage.

Les baliveaux modernes et anciens ne pourront être abattus qu'autant qu'ils seront dépérissans ou hors d'état de prospérer jusqu'à une nouvelle révolution.

71. Seront considérées comme coupes extraordinaires, et ne pourront en conséquence être effectuées qu'en vertu de nos ordonnances spéciales, celles qui intervertiraient l'ordre établi par l'aménagement ou par l'usage observé dans les forêts

qui en seront demandés seront délivrés à raison de quinze sous le rôle. »

dont l'aménagement n'aurait pu encore être réglé, toutes les coupes par anticipation, et celles des bois ou portion de bois mis en réserve pour croître en futaie et dont le terme d'exploitation n'aurait pas été fixé par l'ordonnance d'aménagement.

72. Pour les forêts d'arbres résineux où les coupes se feront en jardinant, l'ordonnance d'aménagement déterminera l'âge ou la grosseur que les arbres devront atteindre avant que la coupe puisse en être ordonnée.

SECTION III.

Des Assiettes, Arpentages, Balivages, Martelages et Adjudications des Coupes.

73. Chaque année, les conservateurs adresseront au directeur général les états des coupes ordinaires à asseoir, conformément aux aménagemens, ou selon les usages actuellement observés dans les forêts qui ne sont pas encore aménagées.

Ces états seront soumis à l'approbation de notre ministre des finances.

Les conservateurs adresseront pareillement au directeur général, pour chaque coupe extraordinaire à autoriser par nos ordonnances, un procès-verbal qui énoncera les motifs de la coupe proposée, l'état, l'âge, la consistance et la nature des bois qui la composeront, le nombre d'arbres de réserve qu'elle comportera, et les travaux à exécuter dans l'intérêt du sol forestier.

74. Lorsque les coupes ordinaires et extraordinaires auront été autorisées, les conservateurs désigneront ou feront désigner par les agens forestiers les arbres d'assiette, et feront procéder aux arpentages.

75. Les arpenteurs ne pourront, sous peine de révocation et sans préjudice de toutes poursuites

en dommages-intérêts, donner aux laies et tranchées qu'ils ouvriront pour le mesurage des coupes plus d'un mètre de largeur.

Les bois qui en proviendront feront partie de l'adjudication de chaque coupe, ou seront vendus suivant la forme des menus marchés.

76. Les coupes seront délimitées par des pieds corniers et parois : lorsqu'il ne se trouvera pas d'arbres sur les angles pour servir de pieds corniers, les arpenteurs y suppléeront par des piquets, et emprunteront au dehors ou au dedans de la coupe les arbres les plus apparens et les plus propres à servir de témoins.

L'arpenteur sera tenu de faire usage au moins de l'un des pieds corniers de la précédente vente.

Tous les arbres de limites seront marqués au pied, et le plus près de terre qu'il sera possible, du marteau de l'arpenteur, savoir : les pieds corniers sur deux faces, l'une dans la direction de la ligne qui sera à droite , et l'autre dans celle de la ligne qui sera à gauche ; et les parois sur une seule face, du côté et en regard de la coupe.

L'arpenteur fera, au-dessus de chaque empreinte de son marteau, dans la même direction, et à la hauteur d'un mètre, une entaille destinée à recevoir l'empreinte du marteau royal.

77. Les arpenteurs dresseront des plans et procès-verbaux d'arpentage des coupes qu'ils auront mesurées , et ils y indiqueront toutes les circonstances nécessaires pour servir à la reconnaissance des limites de ces coupes lors du récolement.

Ils en enverront immédiatement deux expéditions à l'inspecteur ou à l'agent qui en remplira les fonctions dans l'arrondissement.

78. Il sera procédé à chaque opération de balivage et de martelage par deux agens au moins ; le garde du triage devra y assister, et il sera fait au procès-verbal mention de sa présence.

79. Les pieds corniers, les parois et les arbres à
réserver dans les coupes, seront marqués du marteau royal, savoir : les arbres de limite à la hauteur d'un mètre; et les arbres anciens, les modernes
et les baliveaux de l'âge du taillis, à la hauteur et
de la manière qui seront déterminées par les instructions de l'administration.

Les baliveaux de l'âge du taillis pourront être
désignés par un simple griffage ou toute autre
marque autorisée par l'administration, lorsque ces
arbres seront trop faibles pour recevoir l'empreinte
du marteau royal.

Il sera fait mention, dans les affiches et dans le
procès-verbal d'adjudication, du mode de martelage ou de désignation des arbres de réserve.

80. Dans les coupes qui s'exploitent en jardinant
ou par pieds d'arbre, le marteau royal sera appliqué aux arbres à abattre, et la marque sera faite
au corps et à la racine.

81. Les procès-verbaux de balivage et de martelage indiqueront le nombre et les espèces d'arbres
qui auront été marqués en réserve, avec distinction en baliveaux de l'âge, modernes et anciens,
pieds corniers et parois.

Ces procès-verbaux, revêtus de la signature de
tous les agens qui auront concouru à l'opération,
seront adressés, dans le délai de huit jours, au conservateur.

L'estimation des coupes sera faite par un procès-
verbal séparé, qui sera adressé au conservateur dans
le même délai.

82. Les conditions générales des adjudications
seront établies par un cahier des charges délibéré
chaque année par la direction générale des forêts,
et approuvé par notre ministre des finances.

Les clauses particulières seront arrêtées par les
conservateurs.

Les clauses et conditions, tant générales que particulières, seront toutes de rigueur, et ne pourront jamais être réputées comminatoires.

83. Quinze jours avant l'époque fixée pour l'adjudication, l'agent forestier chef de service fera déposer au secrétariat de l'autorité administrative qui devra présider à la vente,

1°. Les procès-verbaux d'arpentage, de balivage et de martelage des coupes;

2°. Une expédition du cahier des charges générales et des clauses particulières et locales.

Le fonctionnaire qui devra présider à la vente apposera son visa au bas de ces pièces pour en constater le dépôt.

84. Les affiches indiqueront le lieu, le jour et l'heure où il sera procédé aux ventes; les fonctionnaires qui devront les présider; la situation, la nature et la contenance des coupes, et le nombre, la classe et l'essence des arbres marqués en réserve.

Elles seront rédigées par l'agent supérieur de l'arrondissement forestier, approuvées par le conservateur, et apposées, sous l'autorisation du préfet, à la diligence de l'agent forestier, lequel sera tenu de rapporter les certificats d'apposition que les maires délivreront aux gardes ou autres qui les auront placardées.

Les préfets et sous-préfets emploieront au surplus les autres moyens de publication qui seront à leur disposition.

Il sera fait mention, dans les procès-verbaux d'adjudication, des mesures qui auront été prises pour donner aux ventes toute la publicité possible.

85. Il sera fait, dans les affiches et dans les actes de vente des coupes extraordinaires, mention des ordonnances spéciales qui les auront autorisées.

86. Les adjudications des coupes ordinaires et extraordinaires auront lieu pardevant les préfets et sous-préfets dans les chefs-lieux d'arrondissement.

Toutefois les préfets, sur la proposition des conservateurs, pourront permettre que les coupes dont l'évaluation n'excédera pas cinq cents francs soient adjugées au chef-lieu d'une des communes voisines des bois et sous la présidence du maire.

Les adjudications se feront, dans tous les cas, en présence des agens forestiers et des receveurs chargés du recouvrement des produits.

87. Les adjudications se feront aux enchères et à l'extinction des feux.

Avant l'ouverture des enchères, le conservateur, ou l'agent forestier qui le remplacera pour l'adjudication, fera connaître au fonctionnaire qui présidera la vente le montant de l'estimation des coupes, et les feux ne seront allumés que lorsque les offres seront égales à l'estimation.

Si cependant les offres se rapprochaient de l'estimation, les feux pourraient être allumés sur la proposition de l'agent forestier.

88. Quant aux bois à couper par éclaircie, le directeur général pourra ordonner qu'ils soient exploités et façonnés pour le compte de l'Etat, et l'entreprise en sera adjugée au rabais.

Les bois façonnés seront vendus par lots dans la forme ordinaire des adjudications aux enchères, et à la charge par ceux qui s'en rendront adjudicataires de payer le prix de l'abattage et de la façon desdits bois.

89. Lorsque, faute d'offres suffisantes, les adjudications n'auront pu avoir lieu, elles seront remises, séance tenante, au jour qui sera indiqué par le président, sur la proposition de l'agent forestier.

Le directeur général pourra, au surplus, autoriser le renvoi de l'adjudication à l'année suivante, et même ordonner, s'il y a lieu, et avec l'approbation de notre ministre des finances, que l'exploitation des coupes pour le compte de l'Etat et la vente des bois soient effectuées de la manière qui est autorisée par l'article précédent pour les exploitations par éclaircie.

90. Les frais à payer comptant par les adjudicataires seront réglés par le préfet, sur la proposition du conservateur, et l'état en sera affiché dans le lieu des séances, avant l'ouverture et pendant toute la durée de la séance d'adjudication.

91. Les procès-verbaux des adjudications seront signés sur-le-champ par tous les fonctionnaires présens et par l'adjudicataire ou son fondé de pouvoirs; et dans le cas d'absence de ces derniers, ou s'ils ne veulent ou ne peuvent signer, il en sera fait mention au procès-verbal.

SECTION IV.

Des Exploitations.

92. Le permis d'exploiter sera délivré par l'agent forestier local chef de service, aussitôt que l'adjudicataire lui aura présenté les pièces justificatives exigées à cet effet par le cahier des charges.

93. Dans le mois qui suivra l'adjudication, pour tout délai, et avant que le permis d'exploiter soit délivré, l'adjudicataire pourra exiger qu'il soit procédé, contradictoirement avec lui ou son fondé de pouvoirs, au souchetage et à la reconnaissance des délits qui auraient été commis dans la vente ou à l'ouïe de la cognée.

Cette opération sera exécutée dans l'intérêt de l'État et sans frais par un agent forestier accompagné du garde du triage.

Le procès-verbal qui en sera dressé constatera le nombre des souches qui auront été trouvées, leur essence et leur grosseur. Il sera signé par l'adjudicataire ou son fondé de pouvoirs, ainsi que par l'agent et le garde forestier présent.

Les souches seront marquées du marteau de l'agent forestier.

94. Le facteur ou garde-vente de l'adjudicataire tiendra un registre sur papier timbré, coté et paraphé par l'agent forestier; il y inscrira, jour par jour et sans lacune, la mesure et la quantité des bois qu'il aura débités et vendus, ainsi que les noms des personnes auxquelles il les aura livrés.

95. Tout adjudicataire de coupes dans lesquelles il y aura des arbres à abattre, sera tenu d'avoir un marteau dont la forme sera déterminée par l'administration, et d'en marquer les arbres et bois de charpente qui sortiront de la vente.

Le dépôt de l'empreinte de ce marteau au greffe du tribunal et chez l'agent forestier local devra être effectué dans le délai de dix jours, à dater de la délivrance du permis d'exploiter, sous les peines portées par l'article 32 du Code forestier. Il sera donné acte de ce dépôt à l'adjudicataire par l'agent forestier (1).

96. Les prorogations de délai de coupe ou de vidange ne pourront être accordées que par la direction générale des forêts.

Il n'en sera accordé qu'autant que les adjudicataires se soumettront d'avance à payer une indem-

(1) Le Code ne déterminait pas le délai dans lequel l'adjudicataire doit faire le double dépôt de l'empreinte de son marteau ; l'ordonnance fixe ce délai à dix jours à dater de la délivrance du permis d'exploiter, sous les peines portées par l'art. 32 du Code. Comme cet article n'a d'autre but que de rendre les fraudes difficiles, l'adjudicataire qui aurait commencé son exploitation sans faire préalablement le dépôt prescrit, serait avec raison présumé commettre quelques abus, et il encourrait l'amende portée par l'art. 32. Mais si l'adjudicataire, sans avoir effectué le dépôt dans le délai voulu par l'art. 95 de l'ord. régl., n'avait cependant pas commencé son exploitation, il nous semble que l'administration n'ayant à lui reprocher qu'une omission ou un simple retard, ne pourrait se prévaloir avec succès des dispositions pénales insérées dans une simple ordonnance et réclamer l'application de l'amende. V. Code forestier, art. 32 et la note, pag. 26, et, ci-après, art. 121 et la note.

nité calculée d'après le prix de la feuille et le dommage qui résultera du retard de la coupe ou de
la vidange.

SECTION V.

Des Réarpentages et Récolemens.

97. Le réarpentage des coupes sera exécuté par
un arpenteur autre que celui qui aura fait le premier mesurage, mais en présence de celui-ci, ou
lui dûment appelé.

98. L'opération du récolement sera faite par
deux agens au moins, et le garde du triage y sera
appelé.

Les agens forestiers en dresseront un procès-verbal qui sera signé tant par eux que par l'adjudi-
taire ou son fondé de pouvoirs.

99. Les préfets ne délivreront aux adjudicataires
les décharges d'exploitation qu'après avoir pris
l'avis des conservateurs.

SECTION VI.

*Des Adjudications de glandée, Panage et Paisson, et des Ventes
de chablis, de bois de délit, et autres menus marchés.*

100. Le conservateur fera reconnaître, chaque
année, par les agens forestiers locaux, les cantons
des bois et forêts où des adjudications de glandée,
panage et paisson, pourront avoir lieu sans nuire
au repeuplement et à la conservation des forêts.
Il autorisera en conséquence ces adjudications.

101. Les gardes constateront le nombre, l'essence et la grosseur des arbres abattus ou rompus
par les vents, les orages, ou tous autres accidens.
Ils en dresseront des procès-verbaux qu'ils remettront à leur chef immédiat dans les dix jours de la
rédaction.

La reconnaissance de ces chablis sera faite sans

délai par un agent forestier, qui les marquera de son marteau.

102. Les conservateurs autoriseront et feront effectuer les adjudications des chablis, ainsi que celles des bois provenant de délits, de recépages, d'élagages ou d'essartemens, et qui n'auront pas été vendus sur pied, et généralement tous autres menus marchés.

103. Les arbres sur pied, quoique endommagés, ébranchés, morts ou dépérissans, ne pourront être abattus et vendus, même comme menus marchés, sans l'autorisation spéciale de notre ministre des finances.

104. Les adjudications mentionnées dans les articles 100, 102 et 103 ci-dessus seront effectuées avec les mêmes formalités que les adjudications des coupes ordinaires de bois.

SECTION VII.

Des Concessions à charge de repeuplement.

105. Lorsqu'au lieu d'opérer par adjudication à prix d'argent ou par économie des semis ou plantations dans les forèts, l'administration jugera convenable d'en concéder temporairement les vides et clairières à charge de repeuplement, les agens forestiers procéderont d'abord à la reconnaissance des lieux, et le procès-verbal qu'ils en dresseront constatera le nombre, l'essence et les dimensions des arbres existant sur les terrains à concéder.

Le conservateur transmettra à la direction générale ce procès-verbal, avec ses observations, et un projet de cahier des charges spécial pour chaque concession, par lequel les concessionnaires devront particulièrement être assujétis aux dispositions des articles 34, 41, 42, 44 et 46 du Code forestier.

106. Le directeur général des forêts soumettra à notre ministre des finances les projets de concession avec toutes les pièces à l'appui.

107. Les concessions de cette nature ne pourront être effectuées que par voie d'adjudication publique, avec les mêmes formalités que les adjudications des coupes de bois.

108. La réception des travaux, la reconnaissance des lieux et le récolement seront effectués ainsi qu'il est prescrit par les articles 98 et 99 de la présente ordonnance pour le récolement des coupes de bois.

SECTION VIII.

Des Affectations à titre particulier dans les Forêts de l'Etat.

109. Lorsque des délivrances en vertu d'affectations à titre particulier devront être faites par coupes ou par pieds d'arbre, les ayant-droit ne pourront en effectuer l'exploitation qu'après que la désignation et la délivrance leur en auront été faites régulièrement et par écrit par l'agent forestier chef de service.

Les opérations d'arpentage, de balivage et de martelage, ainsi que le réarpentage et le récolement, seront effectuées par les agens de l'administration forestière, de la même manière que pour les coupes des bois de l'État et avec les mêmes réserves.

Les possesseurs d'affectations se conformeront, pour l'exploitation des bois qui leur seront ainsi délivrés, à tout ce qui est prescrit aux adjudicataires des bois de l'État pour l'usance et la vidange des ventes.

110. Lorsque les délivrances devront être faites par stères, elles seront imposées comme charges aux adjudicataires des coupes, et les possesseurs d'affectations ne pourront enlever les bois auxquels

ils auront droit qu'après que le comptage en aura été fait contradictoirement entre eux et l'adjudicataire, en présence de l'agent forestier local.

111. Lorsqu'il y aura lieu d'estimer la valeur des bois à délivrer aux affouagistes, il sera procédé à l'estimation par un agent forestier nommé par le préfet et un expert nommé par l'affouagiste; en cas de partage, un troisième expert sera nommé par le président du tribunal.

SECTION IX.

Des Droits d'usage dans les Bois de l'Etat.

112. Lorsqu'il y aura lieu d'affranchir les forêts de l'État des droits d'usage en bois au moyen d'un cantonnement, le conservateur en adressera la proposition au directeur général, qui la soumettra à l'approbation de notre ministre des finances.

113. Le ministre des finances prescrira au préfet, s'il y a lieu, de procéder aux opérations préparatoires du cantonnement.

A cet effet, un agent forestier désigné par le conservateur, un expert choisi par le directeur des domaines, et un troisième expert nommé par le préfet, estimeront,

1°. D'après les titres des usagers, les droits d'usage en bois, en indiquant par une somme fixe en argent la valeur représentative de ces divers droits, tant en bois de chauffage qu'en bois de construction ;

2°. Les parties de bois à abandonner pour le cantonnement, dont ils feront connaître l'assiette, l'abornement, la contenance, l'essence dominante et l'évaluation en fonds et en superficie, en distinguant le taillis de la futaie, et mentionnant les claires-voies, s'il y en a.

3°. Les procès-verbaux indiqueront en outre les

routes, rivières ou canaux qui servent aux débou-
chés, et les villes ou usines à la consommation
desquelles les bois sont employés.

La proposition de cantonnement, ainsi fixée provisoirement, sera signifiée par le préfet à l'usager.

114. Si l'usager donne son consentement à cette
proposition, il sera passé entre le préfet et lui, et
sous la forme administrative, acte de l'engagement pris par l'usager d'accepter sans nulle contestation le cantonnement tel qui lui a été proposé, sauf notre homologation.

Cet acte, avec toutes les pièces à l'appui, sera
transmis par le préfet à notre ministre des finances, qui, après avoir pris l'avis des directions générales des domaines et des forêts, soumettra le
projet de cantonnement à notre homologation.

115. Si l'usager refuse de consentir au cantonn-
nement qui lui est proposé, et élève des réclamations, soit sur l'évaluation de ses droits d'usage,
soit sur l'assiette et la valeur du cantonnement,
le préfet en référera à notre ministre des finances,
lequel lui prescrira, s'il y a lieu, d'intenter action
contre l'usager devant les tribunaux, conformément à l'article 63 du Code forestier.

116. Lorsqu'il y aura lieu d'effectuer le rachat
d'un droit d'usage quelconque, autre que l'usage
en bois, suivant la faculté accordée au gouvernement par l'article 64 du Code forestier, il sera procédé de la manière prescrite pour le cantonnement
des usages en bois par les articles 112, 113, 114,
et 115 ci-dessus.

Toutefois, si le droit d'usage appartient à une
commune, notre ministre des finances, avant de
prononcer sur la proposition de l'administration
forestière, la communiquera au préfet, lequel donnera des renseignemens précis et son avis motivé sur
l'absolue nécessité de l'usage pour les habitans.

Lorsque le ministre aura prononcé, le préfet,

avant de faire procéder à l'estimation préparatoire, notifiera la proposition de rachat au maire de la commune usagère, en lui prescrivant de faire délibérer le conseil municipal, pour qu'il exerce, s'il le juge à propos, le pourvoi qui lui est réservé par le § 2 de l'art. 64 du Code forestier.

Le procès-verbal des experts ne contiendra que l'évaluation en argent des droits des usagers, d'après leurs titres.

117. En cas de contestation sur l'Etat et la possibilité des forêts et sur le refus d'admettre les animaux au pâturage et au panage dans certains cantons déclarés non défensables, le pourvoi contre les décisions rendues par les conseils de préfecture, en exécution des articles 65 et 67 du Code forestier, aura effet suspensif jusqu'à la décision rendue par nous en conseil d'État.

118. Les maires des communes et les particuliers, jouissant du droit de pâturage ou de panage dans les forêts de l'Etat remettront annuellement à l'agent forestier local, avant le 31 décembre pour le pâturage, et avant le 31 juin pour le panage, l'état des bestiaux que chaque usager possède, avec la distinction de ceux qui servent à son propre usage et de ceux dont il fait commerce.

119. Chaque année, les agens forestiers locaux constateront par des procès-verbaux, d'après la nature, l'âge et la situation des bois, l'état des cantons qui pourront être délivrés pour le pâturage, la glandée et le panage dans les forêts soumises à ces droits; ils indiqueront le nombre des animaux qui pourront y être admis, et les époques où l'exercice de ces droits d'usage pourra commencer et devra finir.

Les propositions des agens forestiers seront soumises à l'approbation du conservateur avant le 1er février pour le pâturage, et avant le 1er août pour le panage et la glandée.

120. Les pâtres des communes usagères seront choisis par le maire, et agréés par le conseil municipal.

121. Le dépôt du fer servant à la marque des animaux, et de l'empreinte de ce fer, devra être effectué par l'usager, ainsi que le prescrit l'art. 74 du Code forestier, avant l'époque fixée pour l'ouverture du pâturage ou du panage, sous les peines portées par cet article.

L'agent forestier local donnera acte de ce dépôt à l'usager (1).

122. Les bois de chauffage qui se délivrent par stère seront mis en charge sur les coupes adjugées, et fournis aux usagers par les adjudicataires, aux époques fixées par le cahier des charges.

Pour les communes usagères, la délivrance des bois de chauffage sera faite au maire, qui en fera effectuer le partage entre les habitans.

(1) Malgré l'observation faite par la commission de la cour de cassation, l'art. 74 du Code forestier ne fixa pas de délai pour déposer l'empreinte de la marque au greffe du tribunal, et le fer au bureau de l'agent forestier local. On crut réparer cette omission dans l'ord. régl., en prescrivant le dépôt dont il s'agit avant l'époque fixée pour l'ouverture du pâturage ou du panage, sous les peines portées par cet article. Cette disposition pénale, qui eût été mieux placée dans la loi, nous semble nécessiter une courte observation. Si l'usager menait ses bestiaux au pâturage, sans dépôt préalable, il n'est pas douteux que l'amende ne dût être prononcée, parce que l'art. 74 a évidemment pour but de prévenir l'abus et la fraude, et que l'on ne peut, sans de grands inconvéniens, tenir pour illusoires les formalités qu'il prescrit. Mais si l'usager, n'ayant pas effectué le dépôt avant le jour de l'ouverture du pâturage, avait, pour remplir cette obligation, retardé l'exercice de son droit, il est difficile de penser que l'administration forestière, se fondant sur les termes de l'article 121 de l'ord., pût requérir les peines portées par l'art. 74 du Code. La loi ne prononce aucune peine pour le simple retard ou la négligence de l'usager, et les tribunaux hésiteraient sans doute à en appliquer une qu'ils ne trouveraient écrite que dans une simple ordonnance.

Lorsque les bois de chauffage se délivreront par coupes, l'entrepreneur de l'exploitation sera agréé par l'agent forestier local.

123. Aucune délivrance de bois pour constructions ou réparations ne sera faite aux usagers que sur la présentation de devis dressés par des gens de l'art et constatant les besoins.

Ces devis seront remis, avant le 1er février de chaque année, à l'agent forestier local, qui en donnera reçu; et le conservateur, après avoir fait effectuer les vérifications qu'il jugera nécessaires, adressera l'état de toutes les demandes de cette nature au directeur général, en même temps que l'état général des coupes ordinaires, pour être revêtus de son approbation.

La délivrance de ces bois sera mise en charge sur les coupes en adjudication, et sera faite à l'usager par l'adjudicataire à l'époque fixée par le cahier des charges.

Dans le cas d'urgence constatée par le maire de la commune, la délivrance pourra être faite en vertu d'un arrêté du préfet rendu sur l'avis du conservateur. L'abattage et le façonnage des arbres auront lieu aux frais de l'usager, et les branchages et remanens seront vendus comme menus marchés.

TITRE III.

Des Bois et Forêts qui font partie du Domaine de la Couronne.

124. Toutes les dispositions de la présente ordonnance concernant les forêts de l'État seront applicables aux bois et forêts de la couronne, sauf les exceptions qui résultent du titre IV du Code forestier.

TITRE IV.

Des Bois et Forêts qui sont possédés par les Princes à titre d'apanage, et par des Particuliers à titre de majorats reversibles à l'État.

125. Toutes les dispositions des Ire et IIe sections du titre II de la présente ordonnance relativement à la délimitation, au bornage et à l'aménagement des forêts de l'État, à l'exception de l'article 68, sont applicables aux bois et forêts qui sont possédés par les princes à titre d'apanage, ou par des particuliers à titre de majorats reversibles à l'État.

126. Les possesseurs auront droit d'intervenir comme parties intéressées dans tous débats et actions relativement à la propriété.

127. Les visites que l'article 89 du Code forestier prescrit à l'administration de faire faire dans ces bois et forêts, auront pour objet de vérifier s'ils sont régis et administrés conformément aux dispositions de ce Code, aux titres constitutifs des apanages ou majorats, et aux états ou procès-verbaux qui ont été ou seront dressés en exécution de ces titres.

Ces visites ne seront faites que par des agens forestiers qui seront désignés par le conservateur local ou par le directeur général des forêts. Elles auront lieu au moins une fois par an.

Les agens dresseront des procès-verbaux du résultat de leurs visites, et remettront ces procès-verbaux au conservateur, qui les transmettra sans délai, avec ses observations, au directeur général des forêts.

TITRE V.

Des Bois des Communes et des Établissemens publics.

118. L'administration forestière dressera inces-

samment un état général des bois appartenant à
des communes ou établissemens publics, et qui doivent être soumis au régime forestier, aux termes
des articles 1er et 90 du Code, comme étant susceptibles d'aménagement ou d'une exploitation régulière.

S'il y a contestation à ce sujet de la part des communes ou établissemens propriétaires, la vérification de l'état des bois sera faite par les agens forestiers, contradictoirement avec les maires ou administrateurs.

Le procès-verbal de cette vérification sera en-
voyé par le conservateur au préfet, qui fera délibérer les conseils municipaux des communes ou les
administrateurs des établissemens propriétaires, et
transmettra le tout, avec son avis, à notre ministre des finances, sur le rapport duquel il sera statué par nous.

129. Lorsqu'il y aura lieu d'opérer la délimitation des bois des communes et des établissemens
publics, il sera procédé de la manière prescrite par
la Ire section du titre II de la présente ordonnance
pour la délimitation et le bornage des forêts de l'É-
tat, sauf les modifications des articles suivans.

130. Dans les cas prévus par les articles 58 et 59,
le préfet, avant de nommer les agens forestiers chargés d'opérer comme experts dans l'intérêt des communes ou établissemens propriétaires, prendra l'a-
vis des conservateurs des forêts et celui des maires
et administrateurs.

131. Le maire de la commune, ou l'un des administrateurs de l'établissement propriétaire, aura
droit d'assister à toutes les opérations, conjointement avec l'agent forestier nommé par le préfet.
Ses dires, observations et oppositions seront exactement consignés au procès-verbal.

Le conseil municipal ou les administrateurs seront appelés à délibérer sur les résultats du procès-

verbal avant qu'il soit soumis à notre homologation.

132. Lorsqu'il s'élevera des contestations ou des oppositions, les communes ou établissemens propriétaires seront autorisés à intenter action ou à défendre, s'il y a lieu, et les actions seront suivies par les maires ou administrateurs, dans la forme ordinaire (1).

133. L'état des frais de délimitation et de bornage, dressé par le conservateur et visé par le préfet, sera remis au receveur de la commune ou de l'établissement propriétaire, qui percevra le montant des sommes mises à la charge des riverains, et, en cas de refus, en poursuivra le paiement par toutes les voies de droit au profit et pour le compte de ceux à qui ces frais seront dus.

134. Toutes les dispositions des IIe, IIIe, IVe, Ve et VIe sections du titre II de la présente ordonnance sont applicables aux bois des communes et des établissemens publics, à l'exception des articles 68 et 88, et sauf les modifications qui résultent du titre VI du Code forestier et des dispositions du présent titre.

135. Nos ordonnances d'aménagement ne seront rendues qu'après que les conseils municipaux ou les administrateurs des établissemens propriétaires auront été consultés sur les propositions d'aménagement, et que les préfets auront donné leur avis.

136. Les mêmes formalités seront observées lorsqu'il s'agira de faire effectuer des travaux extraordinaires, tels que recépages, repeuplemens, clôtures, routes, constructions de loges pour les gardes et autres travaux d'amélioration.

Si les communes ou établissemens propriétaires n'élèvent aucune objection contre les travaux projetés, ces travaux pourront être autorisés par le

____

(1) V. la note sur l'art. 58 du Code, pag. 67.

préfet sur la proposition du conservateur. Dans le cas contraire, il sera statué par nous sur le rapport de notre ministre des finances.

13y. Dans les coupes des bois des communes et des établissemens publics, la réserve prescrite par l'article 7o de la présente ordonnance sera de quarante baliveaux au moins et de cinquante au plus par hectare.

Lors de la coupe des quarts en réserve, le nombre des arbres à conserver sera de soixante au moins et de cent au plus par hectare.

138. Les indemnités que les adjudicataires des bois des communes et des établissemens publics devront payer, en exécution de l'art. 96 de la présente ordonnance, lorsqu'il leur sera accordé des délais de coupe et de vidange, seront versées dans les caisses des receveurs des communes ou établissemens propriétaires.

139. Il ne pourra être fait, dans les bois des communes et des établissemens publics, aucune adjudication de glandée, panage ou paisson, qu'en vertu d'autorisation spéciale du préfet, qui devra consulter à ce sujet les communes ou établissemens propriétaires et prendre l'avis de l'agent forestier local.

14o. Hors le cas de dépérissement des quarts en réserve, l'autorisation de les couper ne sera accordée que pour cause de nécessité bien constatée, et à défaut d'autres moyens d'y pourvoir.

Les demandes de cette nature, appuyées de l'avis des préfets, ne nous seront soumises par notre ministre des finances qu'après avoir été par lui communiquées à notre ministre de l'intérieur.

141. Les communes qui ne sont pas dans l'usage d'employer la totalité des bois de leurs coupes à leur propre consommation, feront connaître à l'agent forestier local la quantité de bois qui leur sera nécessaire, tant pour chauffage que pour construc-

tions et réparations, et il en sera fait délivrance,
soit par l'adjudicataire de la coupe, soit au moyen
d'une réserve sur cette coupe; le tout conformément à leur demande et aux clauses du cahier des
charges de l'adjudication.

142. Les administrateurs des établissemens publics donneront chaque année un état des quantités de bois, tant de chauffage que de construction,
dont ces établissemens auront besoin. Cet état sera
visé par le sous-préfet, et transmis par lui à l'agent
forestier local.

Les quantités de bois ainsi déterminées seront
mises en charge lors de la vente des coupes, et délivrées à l'établissement par l'adjudicataire, aux
époques qui seront fixées par le cahier des charges.

143. Lorsqu'il y aura lieu à l'expertise prévue
par l'article 105 du Code forestier, cette expertise
sera faite, dans le procès-verbal même de la délivrance, par le maire de la commune ou son délégué, par l'agent forestier, et par un expert au choix
de la partie prenante.

Le procès-verbal sera remis au receveur municipal par l'agent forestier.

144. Dans le cas prévu par le paragraphe 2 de
l'article 109 du Code, le préfet, sur les propositions de l'agent forestier local et du maire de la
commune, déterminera la portion de coupe af-
fouagère qui devra être vendue aux enchères pour
acquitter les frais de garde, la contribution foncière et l'indemnité attribuée au trésor par l'article 106 du Code.

Le produit de cette vente sera versé dans la caisse
du receveur municipal pour être employé à l'ac-
quittement de ces charges.

145. Lorsqu'il y aura lieu d'user de la faculté
accordée par le Code forestier aux communes et
aux établissemens publics, d'affranchir leurs bois
de droits d'usage, le conseil municipal ou les ad-

ministrateurs de la commune ou de l'établissement propriétaire seront d'abord consultés sur la convenance et l'utilité soit du cantonnement, soit du rachat, et le préfet soumettra leur délibération, avec les observations de l'agent forestier et son propre avis en forme d'arrêté, à notre ministre des finances, qui nous soumettra un projet d'ordonnance, après s'être concerté avec notre ministre de l'intérieur.

Il sera ensuite procédé de la manière prescrite par les articles 113, 114 et 116 de la présente ordonnance : mais le second expert, au lieu d'être nommé par le directeur des domaines, sera choisi par le maire, sauf l'approbation du conseil municipal, ou par les administrateurs de l'établissement.

S'il s'élève des contestations, il sera procédé conformément à l'article 115 de la présente ordonnance. Toutefois les actions seront suivies devant les tribunaux par le maire ou les administrateurs, suivant les formes prescrites par les lois (1).

146. Toutes les dispositions de la section IX du titre II de la présente ordonnance, sur l'exercice des droits d'usage dans les bois de l'État, sont applicables à la jouissance des communes et des établissemens publics dans leurs propres bois, sauf les modifications qui résultent du présent titre, et à l'exception des articles 121 et 123.

TITRE VI.

Des Bois indivis qui sont soumis au Régime forestier.

147. En exécution des articles 1er et 113 du Code forestier, toutes les dispositions de la présente ordonnance relatives aux forêts de l'État sont applicables aux bois dans lesquels l'État a des droits de

______

(1) V. pag. 67, la note sur l'art. 58 du Code.

propriété indivis, soit avec des communes ou des établissemens publics, soit avec des particuliers.

Ces dispositions sont également applicables aux bois indivis entre le domaine de la couronne et les particuliers, sauf les modifications qui résultent du titre IV du Code forestier et du titre III de la présente ordonnance.

Quant aux bois indivis entre les communes ou des établissemens publics et les particuliers, ils seront régis conformément aux dispositions du titre VI du Code forestier et du titre V de la présente ordonnance.

148. Lorsqu'il y aura lieu d'effectuer des travaux extraordinaires pour l'amélioration des bois indivis, le conservateur communiquera aux copropriétaires les propositions et projets de travaux.

149. L'administration des forêts soumettra incessamment à notre ministre des finances le relevé de tous les bois indivis entre l'Etat et d'autres propriétaires, en indiquant quels sont ceux dont le partage peut être effectué sans inconvénient.

Notre ministre des finances décidera s'il y a lieu de provoquer le partage, et l'action sera, en conséquence, intentée et suivie conformément au droit commun et dans les formes ordinaires (1).

Lorsque les parties auront à nommer des experts, ces experts seront nommés :

Dans l'intérêt de l'Etat, par le préfet, sur la proposition du directeur des domaines, qui devra se concerter à ce sujet avec le conservateur, pour désigner un agent forestier ;

Dans l'intérêt des communes, par le maire, sauf l'approbation du conseil municipal ;

Dans l'intérêt des établissemens publics, par les administrateurs de ces établissemens.

(1) Les règles du droit commun sont déterminées par le Code civ., art. 815 et 842, et par le Code de procédure civile. Mais lorsqu'il s'agit d'actions qui intéressent l'Etat,

TITRE VII.

Des Bois des Particuliers.

15o. Les gardes des bois des particuliers ne seront admis à prêter serment qu'après que leurs commissions auront été visées par le sous-préfet de l'arrondissement.

Si le sous-préfet croit devoir refuser son visa, il en rendra compte au préfet, en lui indiquant les motifs de son refus.

Ces commissions seront inscrites dans les sous-préfectures, sur un registre où seront relatés les noms et demeures des propriétaires et des gardes, ainsi que la désignation et la situation des bois.

151. Lorsque les propriétaires ou les usagers seront dans le cas de requérir l'intervention d'un agent forestier pour visiter les bois des particuliers, à l'effet d'en constater l'état et la possibilité ou de déclarer s'ils sont défensables, ils en adresseront la demande au conservateur, qui désignera un agent forestier pour procéder à cette visite.

L'agent forestier ainsi désigné dressera procès-

il est certaines formalités prescrites par des lois et instructions spéciales, et qui n'étant point contraires au droit commun, doivent être exactement observées. Si c'est l'Etat qui intente l'action, le conservateur, après en avoir référé à la direction générale, adresse au préfet un mémoire contenant ses observations et son avis, avec les titres, plans et documens nécessaires au soutien des intérêts de l'Etat. Le préfet transmet ces pièces au directeur des domaines, et lui demande les observations et les documens qu'il aurait en sa possession. L'affaire est suivie par les soins du préfet, sans frais, et sur simples mémoires respectivement signifiés, et par sa correspondance avec le ministère public chargé de défendre.

Dans les demandes formées, soit au nom de l'Etat, soit contre l'Etat, il ne doit point exister de constitution d'avoué. V. lois des 19 décembre 1790, art. 25; 9 octobre 1791; 19 nivôse an IV, et arrêté du 10 thermidor de la même année.

verbal de ses opérations, en énonçant toutes les circonstances sur lesquelles sa déclaration sera fondée.

Il déposera ce procès-verbal à la sous-préfecture, où les parties pourront en réclamer des expéditions.

TITRE VIII.

Des Affectations spéciales de Bois à des services publics.

SECTION PREMIÈRE.

Des Bois destinés au service de la Marine.

152. Dans les bois dont la régie est confiée à l'administration forestière, aussitôt après la désignation et l'assiette des coupes ordinaires ou extraordinaires, le conservateur en adressera l'état au directeur ou au sous-directeur de la marine.

Dès que le balivage et le martelage des coupes auront été effectués, les agens forestiers chefs de service dans chaque inspection en donneront avis aux ingénieurs, maîtres ou contre-maîtres de la marine, qui procéderont immédiatement à la recherche et au martelage des bois propres au service de la marine royale.

Outre l'expédition des procès-verbaux de martelage que les agens de la marine doivent, aux termes de l'article 126 du Code forestier, faire viser par le maire et déposer à la mairie de la commune où le martelage aura eu lieu, ils en remettront immédiatement une seconde expédition aux agens forestiers chefs de service.

Le résultat des opérations des agens de la marine sera toujours porté sur les affiches des ventes, et tout martelage effectué ou signifié aux agens forestiers après l'apposition des affiches sera considéré comme nul.

153. Quant aux arbres épars qui devront être abattus sur les propriétés des communes ou des établissemens publics non soumises au régime forestier, les maires et administrateurs en feront la déclaration telle qu'elle est prescrite par les articles 124 et 125 du Code forestier.

154. Les déclarations prescrites par l'article 125 du Code indiqueront l'arrondissement, le canton et la commune de la situation des bois, les noms et demeures des propriétaires, le nom du bois et sa contenance, la situation et l'étendue du terrain sur lequel se trouveront les arbres, le nombre et les espèces d'arbres qu'on se proposera d'abattre, et leur grosseur approximative.

Elles seront faites et déposées à la sous-préfecture, en double minute, dont l'une visée, par le sous-préfet, sera remise au déclarant.

Les sous-préfets qui auront reçu les déclarations, les feront enregistrer, les transmettront immédiatement au directeur du service forestier de la marine, et en donneront avis à l'agent forestier local.

155. Dès que les déclarations leur seront parvenues, les agens de la marine procéderont à la reconnaissance et au martelage des arbres propres aux constructions navales, et se conformeront exactement aux dispositions de l'article 126 du Code forestier, pour les procès-verbaux qu'ils doivent dresser de cette opération.

156. Les arbres qui auront été marqués pour le service de la marine devront être abattus du 1er octobre au 1er avril.

La notification de l'abattage de ces arbres sera faite à la sous-préfecture et transmise aux agens de la marine, de la manière qui est prescrite par l'article 154 ci-dessus, pour les déclarations de volonté d'abattre.

157. Dès que la notification de l'abattage leur

sera parvenue, les agens de la marine feront la visite des arbres abattus, et en dresseront un procès-verbal, dont ils déposeront une copie à la mairie de la commune où les bois sont situés.

158. Les arbres qui auront été marqués pour le service de la marine dans les bois soumis au régime forestier, comme sur toute propriété privée, seront livrés en grume et en forêt; mais les adjudicataires ou les propriétaires pourront traiter de gré à gré avec les agens de la marine, relativement au mode de livraison des bois, à leur écarrissage, et à leur transport sur les ports flottables ou autres lieux de dépôt.

159. Dans les cas prévus par l'article 131 du Code forestier, le maire, sur la réquisition du propriétaire des arbres sujets à déclaration pour le service de la marine, constatera par un procès-verbal le nombre d'arbres dont ce propriétaire aura réellement besoin pour constructions ou réparations, l'âge et les dimensions de ces arbres.

Ce procès-verbal sera déposé à la sous-préfecture et transmis aux agens de la marine, de la manière qui est prescrite par l'article 154 de la présente ordonnance, pour les déclarations de volonté d'abattre.

16o. Les procès-verbaux que les agens de la marine sont autorisés par l'article 134 du Code à dresser pour constater les délits et les contraventions concernant le service de la marine, seront remis par eux, dans le délai prescrit par les articles 15 et 18 du Code d'instruction criminelle, aux agens forestiers chargés de la poursuite devant les tribunaux (1).

(1) Il est facile de s'apercevoir qu'il n'y a point d'harmonie entre cet article et les art. 134 et 170 du C. forestier. En effet, il résulte des art. du Code d'inst. crim. auxquels on renvoie, que la remise des procès-verbaux par les agens de la marine devrait avoir lieu dans les trois

161. Notre ministre de la marine présentera incessamment à notre approbation l'état des départemens, arrondissemens et cantons qui ne seront
point soumis à l'exercice du droit de martelage
pour les constructions navales : cet état, approuvé
par nous, sera inséré au Bulletin des lois.

Les mêmes formalités seront observées lorsqu'il
y aura lieu d'assujétir de nouveau à l'exercice du
droit de martelage l'un des départemens, arrondissemens ou cantons qui en auront été ainsi affranchis. Nos ordonnances à ce sujet seront toujours publiées avant le 1er mars pour l'ordinaire
suivant.

SECTION II.

**Des Bois destinés au service des Ponts et Chaussées, pour le
Fascinage du Rhin.**

162. Chaque année, avant le 1er août, le conservateur fournira aux préfets des départemens du
Haut et du Bas-Rhin un tableau des coupes des bois
de l'État, des communes et des établissemens publics, qui devront avoir lieu dans ces départemens,
sur les rives et à la distance de cinq kilomètres du
fleuve.

Ce tableau, divisé en deux parties, dont l'une
comprendra les bois de l'État, et l'autre ceux des
communes et des établissemens publics, indiquera
la situation de chaque coupe et les ressources qu'elle
pourra produire pour les travaux d'endigage et de
fascinage.

jours au plus tard, y compris celui de la reconnaissance
du délit, tandis qu'aux termes des art. 34 et 170 du Code
forestier, ces mêmes procès verbaux peuvent n'être enregistrés que le 4e jour après celui de l'affirmation. Mais
le terme indiqué pour la remise du procès-verbal aux
agens forestiers chargés de la poursuite, n'étant qu'une
affaire d'ordre et de réglement, cette remise pourra, s'il
est nécessaire, être différée sans aucun inconvénient.

163. Les déclarations prescrites aux propriétaires par l'article 137 du Code forestier, seront faites dans les formes et de la manière qui sont déterminées par l'article 154 de la présente ordonnance pour le service de la marine.

Elles seront transmises immédiatement au préfet par les sous-préfets.

164. Le préfet, sur le rapport des ingénieurs des ponts et chaussées constatant l'urgence, prendra un arrêté pour désigner, à proximité du lieu où le danger se manifestera, les propriétés où seront coupés les bois nécessaires pour les travaux.

Il adressera cet arrêté à l'agent forestier supérieur de l'arrondissement et à l'ingénieur en chef des ponts et chaussées.

165. Lorsque la réquisition portera sur des bois régis par l'administration forestière, les agens forestiers locaux procéderont sur-le-champ, et dans les formes ordinaires, à la désignation du canton où la coupe devra être faite et aux opérations de balivage et de martelage.

Lorsque les bois sur lesquels frappera la réquisition appartiendront à des particuliers, l'agent forestier en fera faire, par un garde, la signification au propriétaire.

166. La déclaration à laquelle est tenu, en vertu de l'article 140 du Code forestier, le propriétaire qui préférera exploiter lui-même les bois requis, sera faite à la sous-préfecture, et dans les formes qui sont prescrites pour les déclarations de volonté d'abattre, par l'article 145 de la présente ordonnance.

Le sous-préfet en donnera avis immédiatement au préfet et à l'ingénieur des ponts et chaussées chargé de l'exécution des travaux.

167. Dans le cas d'urgence prévu par l'article 138 du Code forestier, le propriétaire qui, pour des besoins personnels, serait obligé de faire couper sans

délai des bois soumis à la déclaration, devra faire constater l'urgence de la manière qui est prescrite par l'article 159 de la présente ordonnance.

Le procès-verbal sera transmis au préfet par le sous-préfet.

168. Pour l'exécution des dispositions de l'article 141 du Code forestier, l'abattage des bois requis sera constaté, dans les bois régis par l'administration forestière, par un procès-verbal d'un agent forestier, et dans les autres bois, par un procès-verbal dressé par le maire de la commune.

Lorsqu'il y aura lieu de nommer des experts pour la fixation des indemnités, l'expert dans l'intérêt de l'administration des ponts et chaussées sera nommé par le préfet.

Les ingénieurs des ponts et chaussées ne délivreront aux entrepreneurs des travaux le certificat à fin de paiement pour solde, qu'autant qu'ils justifieront avoir entièrement payé les sommes mises à leur charge pour le prix des bois requis et livrés.

TITRE IX.

Police et conservation des Bois et Forêts qui sont régis par l'Administration forestière.

169. Dans les bois et forêts qui sont régis par l'administration forestière, l'extraction des productions quelconques du sol forestier ne pourra avoir lieu qu'en vertu d'une autorisation formelle délivrée par le directeur général des forêts, s'il s'agit des bois de l'État, et, s'il s'agit de ceux des communes et des établissemens publics, par les maires ou administrateurs des communes ou établissemens propriétaires, sauf l'approbation du directeur général des forêts, qui, dans tous les cas, réglera les conditions et le mode d'extraction.

Quant au prix, il sera fixé, pour les bois de l'État, par le directeur général des forêts; et pour les bois des communes et des établissemens publics, par le préfet, sur les propositions des maires ou administrateurs.

170. Lorsque les extractions des matériaux auront pour objet des travaux publics, les ingénieurs des ponts et chaussées, avant de dresser le cahier des charges des travaux, désigneront à l'agent forestier supérieur de l'arrondissement les lieux où ces extractions devront être faites.

Les agens forestiers, de concert avec les ingénieurs ou conducteurs des ponts et chaussées, procéderont à la reconnaissance des lieux, détermineront les limites du terrain où l'extraction pourra être effectuée, le nombre, l'espèce et les dimensions des arbres dont elle pourra nécessiter l'abattage, et désigneront les chemins à suivre pour le transport des matériaux. En cas de contestation sur ces divers objets, il sera statué par le préfet.

171. Les diverses clauses et conditions qui devront, en conséquence des dispositions de l'article précédent, être imposées aux entrepreneurs, tant pour le mode d'extraction que pour le rétablissement des lieux en bon état, seront rédigées par les agens forestiers, et remises par eux au préfet, qui les fera insérer au cahier des charges des travaux.

172. L'évaluation des indemnités dues à raison de l'occupation ou de la fouille des terrains, et des dégâts causés par l'extraction, sera faite conformément aux art. 55 et 56 de la loi du 16 septembre 1807 (1).

(1) *Loi du 16 septembre 1827, relative au desséchement des marais*, etc.

« Art. 55. Les terrains occupés pour prendre les matériaux nécessaires aux routes ou ... x constructions publiques pourront être payés aux propriétaires comme s'ils eussent été pris pour la route même.

» Il n'y aura lieu à faire entrer dans l'estimation la valeur des matériaux à extraire, que dans les cas où l'on

L'agent forestier supérieur de l'arrondissement remplira les fonctions d'expert dans l'intérêt de l'Etat ; et les experts dans l'intérêt des communes ou des établissemens publics seront nommés par les maires ou les administrateurs.

173. Les agens forestiers et les ingénieurs et conducteurs des ponts et chaussées sont expressément chargés de veiller à ce que les entrepreneurs n'emploient pas les matériaux provenant des extractions à d'autres travaux que ceux pour lesquels elles auront été autorisées.

Les agens forestiers exerceront contre les contrevenans toutes poursuites de droit.

174. Les arbres et portions de bois qu'il serait indispensable d'abattre pour effectuer les extractions, seront vendus comme menus marchés, sur l'autorisation du conservateur.

175. Les réclamations qui pourront s'élever relativement à l'exécution des travaux d'extraction

s'emparerait d'une carrière déjà en exploitation, alors lesdits matériaux seront évalués d'après leur prix courant, abstraction faite de l'existence et des besoins de la route pour laquelle ils seraient pris, ou des constructions auxquelles on les destine.

» Art. 56. Les experts, pour l'évaluation des indemnités relatives à une occupation de terrain, dans les cas prévus au présent titre, seront nommés pour les objets de travaux de grande voirie, l'un par le propriétaire, l'autre par le préfet ; et le tiers expert, s'il en est besoin, sera de droit l'ingénieur en chef du département : lorsqu'il y aura des concessionnaires, un expert sera nommé par le propriétaire, un par le concessionnaire, et le tiers expert par le préfet.

» Quant aux travaux des villes, un expert sera nommé par le propriétaire, un par le maire de la ville, ou de l'arrondissement pour Paris, et le tiers expert par le préfet. »

En administration, le mode de nomination des experts n'est pas réglé par le Code civil et le Code de procédure civile ; on suit les règles tracées par la loi du 16 septembre 1807, et par l'ordonnance du 25 juin 1817.

et à l'évaluation des indemnités, seront soumises aux conseils de préfecture, conformément à l'article 4 de la loi du 17 février 1800 (28 pluviôse an VIII) (1).

176. Quand les arbres de lisière qui ont actuellement plus de trente ans auront été abattus, les arbres qui les remplaceront devront être élagués, conformément à l'art. 672 du Code civil, lorsque l'élagage en sera requis par les riverains.

Les plantations ou réserves destinées à remplacer les arbres actuels de lisière seront effectuées en arrière de la ligne de délimitation des forêts, à la distance prescrite par l'art. 671 du Code civil (2).

177. Les établissemens et constructions mentionnés dans les art. 151, 152, 153, 154 et 155 du Code

(1) *Loi du 17 février* 1800, *concernant la division du territoire de la république et l'administration.*

« Art. 4. Le conseil de préfecture prononcera sur les difficultés qui pourraient s'élever entre les entrepreneurs de travaux publics et l'administration, concernant le sens ou l'exécution des clauses de leurs marchés;

» Sur la réclamation des particuliers qui se plaindront de torts et dommages procédant du fait personnel des entrepreneurs et non du fait de l'administration;

» Sur les demandes et contestations concernant les indemnités dues aux particuliers, à raison des terrains pris ou fouillés pour la confection des chemins, canaux et autres ouvrages publics. »

(2) Code civil, art. 671. « Il n'est permis de planter des arbres de haute tige qu'à la distance prescrite par les réglemens particuliers actuellement existans, ou par les usages constans et reconnus; et, à défaut de réglemens et usages, qu'à la distance de deux mètres de la ligne séparative des deux héritages pour les arbres à haute tige, et à la distance d'un demi-mètre pour les autres arbres et haies vives.

» Art. 672. Le voisin peut exiger que les arbres et haies plantés à une moindre distance soient arrachés.

» Celui sur la propriété duquel avancent les branches des arbres du voisin, peut contraindre celui-ci à couper ces branches.

» Si ce sont les racines qui avancent sur son héritage, il a le droit de les y couper lui-même. »

forestier ne pourront être autorisés que par nos ordonnances spéciales.

Lorsqu'il s'agira des fours à chaux ou à plâtre, des briqueteries et des tuileries dont il est fait mention en l'art. 151 de ce Code, il sera d'abord statué par nous sur la demande d'autorisation, sans préjudice des droits des tiers et des oppositions qui pourraient s'élever. Il sera ensuite procédé suivant les formes prescrites par le décret du 15 octobre 1810, et par nos ordonnances des 14 janvier 1815 et 29 juillet 1818.

178. Les demandes à fin d'autorisation pour construction de maisons ou fermes, en exécution des paragraphes 1 et 2 de l'art. 153 du Code, seront remises à l'agent forestier supérieur de l'arrondissement, en double minute, dont l'une, revêtue du visa de cet agent, sera rendue au déclarant.

179. Dans le délai de six mois, à dater de la publication de la présente ordonnance, les propriétaires des usines et constructions mentionnées dans les art. 151, 152 et 155 du Code forestier, et non comprises dans les dispositions exceptionnelles de l'art. 156 du même Code, seront tenus de remettre aux conservateurs les titres en vertu desquels ces usines ou constructions ont été établies.

Les conservateurs adresseront ces titres avec leurs observations à la direction générale des forêts, qui les soumettra à notre ministre des finances.

Si les propriétaires ne font pas le dépôt de leurs titres dans le délai ci-dessus fixé, ou si les titres ne justifient pas suffisamment de leurs droits, l'administration forestière poursuivra la démolition de leurs usines et constructions en vertu des lois et réglemens antérieurs à la publication du Code forestier, ainsi qu'il est prescrit par le paragraphe 2 de l'art. 218 de ce Code (1).

(1) Les lois dont il y aurait lieu de requérir l'applica-

180. Les possesseurs des scieries dont il est fait mention en l'art. 155 du Code forestier, seront tenus, chaque fois qu'ils voudront faire transporter dans ces scieries ou dans les bâtimens et enclos qui en dépendent, des arbres, billes ou tronces, d'en remettre à l'agent forestier local une déclaration détaillée, en indiquant de quelles propriétés ces bois proviennent.

Ces déclarations énonceront le nombre et le lieu de dépôt des bois : elles seront faites en double minute, dont une sera visée et remise au déclarant par l'agent forestier, qui en tiendra un registre spécial.

Les arbres, billes ou tronces seront marqués, sans frais, par le garde forestier du canton ou par un des agens forestiers locaux, dans le délai de cinq jours après la déclaration.

TITRE X.

Des Poursuites exercées au nom de l'Administration forestière.

181. Les agens et les gardes dresseront, jour par jour, des procès-verbaux des délits et contraventions qu'ils auront reconnus.

Ils se conformeront, pour la rédaction et la remise de ces procès-verbaux, aux articles 16 et 18 du Code d'instruction criminelle (1).

tion sont l'ord. de 1669, tit. XXVII, art. 12, 17, 18, 23 et 30, la loi du 12-28 juillet 1791 et celle du 21 avril 1810. Voy., dans les *Lois d'inst. crim. et pénales*, publiées par les mêmes auteurs, pages 525 et 527, diverses décisions relatives aux maisons sur perches, ateliers à façonner le bois, et autres constructions mentionnées aux art. 152 et suivans du Code forestier.

(1) L'observation faite sur l'art. 165 de l'ordonnance trouve ici son exacte application. Les gardes ne peuvent être tenus à faire la remise de leurs procès-verbaux dans les trois jours, quand l'art. 170 du Code leur en accorde quatre pour les faire enregistrer.

La police, la surveillance et la conservation de la pê-

182. Dans le cas où les officiers de police judiciaire désignés dans l'art. 161 du Code forestier refuseraient, après avoir été légalement requis, d'accompagner les gardes dans leurs visites et perquisitions, les gardes rédigeront procès-verbal du refus, et adresseront sur-le-champ ce procès-verbal à l'agent forestier, qui en rendra compte à notre procureur près le tribunal de première instance.

Il en sera de même dans le cas où l'un des fonctionnaires dénommés dans l'art. 165 du même Code, aurait négligé ou refusé de recevoir l'affirmation des procès-verbaux dans le délai prescrit par la loi.

183. Lorsque les procès-verbaux porteront saisie, l'expédition qui, aux termes de l'art. 167 du Code forestier, doit en être déposée au greffe de la justice de paix dans les vingt-quatre heures après l'affirmation, sera signée et remise par l'agent ou le garde qui aura dressé le procès-verbal.

184. Lorsque le juge de paix aura accordé la main-levée provisoire des objets saisis, il en donnera avis à l'agent forestier local.

185. Aux audiences tenues dans nos cours et tribunaux pour le jugement des délits et contraventions poursuivis à la requête de la direction générale des forêts, l'agent chargé de la poursuite aura une place particulière à la suite du parquet de nos procureurs et de leurs substituts. Il y assis-

che, ainsi que de la chasse dans les bois soumis au régime forestier, appartient aux agens et préposés de l'administration forestière. Le Code forestier garde le silence sur ces matières, qui doivent être l'objet de Codes particuliers. (V. Exposé des motifs à la chambre des députés, par M. de Martignac, commissaire du Roi, séance du 29 décembre 1826.) En attendant leur promulgation, les lois dont l'exécution doit continuer d'avoir lieu sont, l'ord. de 1669, tit. XXX et XXXI, la loi du 28-30 avril 1790, celle du 4 mai 1802 (14 floréal an X) et le décret du 4 mai 1812.

tera en uniforme, et se tiendra découvert pendant
l'audience (1).

186. Les agens forestiers dresseront, pour le ressort de chaque tribunal de police correctionnelle
et au commencement de chaque trimestre, un mémoire, en triple expédition, des citations et significations faites par les gardes pendant le trimestre
précédent; cet état sera rendu exécutoire, visé et
ordonnancé conformément au réglement du 18
juin 1811.

187. A la fin de chaque trimestre, les conservateurs adresseront au directeur général des forêts
un état des jugemens et arrêts rendus à la requête
de l'administration forestière, avec une indication sommaire de la situation des poursuites intentées et sur lesquelles il n'aura pas encore été
statué.

TITRE XI.

*De l'Exécution des Jugemens rendus à la requête
de l'Administration forestière ou du Ministère
public.*

188. Les extraits de jugemens par défaut seront
remis par les greffiers de nos cours et tribunaux
aux agens forestiers, dans les trois jours après celui où les jugemens auront été prononcés.

L'agent forestier supérieur de l'arrondissement
les fera signifier immédiatement aux condamnés,
et remettra en même temps au receveur des domaines un état indiquant les noms des condam-

(1) Ces dispositions ont été puisées dans le décret du 18
juin 1809. Il est à remarquer que la place des agens forestiers étant fixée à la suite du parquet, ils ne peuvent
se mettre sur la même ligne. Cette question s'est élevée
incidemment devant la cour royale de Paris, appelée à
statuer sur une affaire forestière, dans l'audience du 9
février 1828. (V. *Gazette des Tribunaux* du 10 février
suivant, n° 784.)

nés, la date de la signification des jugemens, et le montant des condamnations en amendes, dommages-intérêts et frais.

Quinze jours après la signification du jugement, l'agent forestier remettra les originaux des exploits de signification au receveur des domaines, qui procédera alors contre les condamnés conformément aux dispositions de l'article 211 du Code forestier.

Si, durant ce délai, le condamné interjette appel ou forme opposition, l'agent forestier en donnera avis au receveur.

189. Quant aux jugemens contradictoires, lorsqu'il n'aura été fait par les condamnés aucune déclaration d'appel, les greffiers en remettront l'extrait directement aux receveurs des domaines dix jours après celui où le jugement aura été prononcé, et les receveurs procéderont contre les condamnés conformément aux dispositions de l'article 211 du Code forestier.

L'extrait des arrêts ou jugemens rendus sur appel sera remis directement aux receveurs des domaines par les greffiers de nos cours et tribunaux d'appel, quatre jours après celui où le jugement aura été prononcé, si le condamné ne s'est point pourvu en cassation.

190. A la fin de chaque trimestre, les directeurs des domaines remettront au directeur général de l'enregistrement et des domaines un état indiquant les recouvremens effectués en exécution de jugemens correctionnels en matière forestière, et les condamnations pécuniaires tombées en non-valeur par suite de l'insolvabilité des condamnés.

191. Les condamnés qui, en raison de leur insolvabilité, invoqueront l'application de l'article 213 du Code forestier, présenteront leur requête, accompagnée des pièces justificatives prescrites par l'article 420 du Code d'instruction criminelle,

à nos procureurs, qui ordonneront, s'il y a lieu,
que les condamnés soient mis en liberté à l'expiration des délais fixés par l'article 213 du Code
forestier, et en donneront avis aux receveurs des
domaines.

TITRE XII.

*Dispositions transitoires sur le Défrichement des
Bois.*

192. Les déclarations prescrites par l'article 219
du Code forestier indiqueront le nom, la situation
et l'étendue des bois que les particuliers se proposeront de défricher. Elles seront faites en double
minute, et remises à la sous-préfecture, où il en
sera tenu registre.

L'une des minutes, visée par le sous-préfet,
sera rendue au déclarant, et l'autre sera transmise
par le sous-préfet à l'agent forestier supérieur de
l'arrondissement.

193. L'agent forestier procédera à la reconnaissance de l'état et de la situation des bois, et en
dressera un procès-verbal, auquel il joindra un
rapport détaillé indiquant les motifs d'intérêt
public qui seraient de nature à influer sur la dé-
termination à prendre à cet égard. Il remettra le
tout sans délai au conservateur, avec la déclaration du propriétaire.

194. Si le conservateur estime que le bois ne
doit pas être défriché, il fera signifier au propriétaire une opposition au défrichement, et en référera au préfet, en lui transmettant les pièces avec
ses observations.

Dans le cas contraire, le conservateur en référera sans délai au directeur général des forêts,
qui en rendra compte à notre ministre des finances.

195. Le préfet statuera sur l'opposition, dans

le délai d'un mois, par un arrêté énonçant les motifs de sa décision.

Dans le délai de huit jours, le préfet fera signifier cet arrêté à l'agent forestier supérieur de l'arrondissement, ainsi qu'au propriétaire des bois, et le soumettra, avec les pièces à l'appui, à notre ministre des finances, qui rendra et fera signifier au propriétaire sa décision définitive dans les six mois, à dater du jour de la signification de l'opposition.

196. Lorsque des maires et adjoints auront dressé des procès-verbaux pour constater des défrichemens effectués en contravention au titre XV du Code forestier, ils seront tenus, indépendamment de la remise qu'ils en doivent faire à nos procureurs, d'en adresser une copie certifiée à l'agent forestier local.

197. Nos ministres secrétaires d'Etat aux départemens de la justice, de l'intérieur, de la marine et des finances, sont chargés, chacun en ce qui le concerne, de l'exécution de la présente ordonnance, qui sera insérée au Bulletin des lois.

Voyez ci-après le *Tableau de la division territoriale du Royaume en vingt Conservations forestières, indiquant les Chefs-lieux et les Départemens qui forment chaque Conservation.*

NUMÉROS et ch.-lieux des conser- vations.	DÉPARTEMENS.	NUMÉROS et ch.-lieux des conser- vations.	DÉPARTEMENS.
1. PARIS.	Eure-et-Loir. Loiret. Oise. Seine. Seine-et-Marne. Seine-et-Oise.	12 TOULOUSE.	Arriège. Aude. Garonne (Haute-). Pyrénées-Orientales Tarn. Tarn-et-Garonne.
2. TROYES.	Aube. Marne (Haute-). Yonne.	13. GRENOBLE.	Ain. Alpes (Hautes-). Drôme. Isère. Loire. Rhône.
3. ROUEN.	Calvados. Eure. Manche. Seine-Inférieure.		
4. DOUAY.	Aisne. Nord. Pas-de-Calais. Somme.	14. RENNES.	Côtes-du-Nord. Finistère. Ille-et-Villaine. Loire-Inférieure. Morbihan.
5. CHALONS.	Ardennes. Marne. Meuse.	15. CLERMONT.	Cantal. Corrèze. Creuse. Loire (Haute-). Puy-de-Dôme. Vienne (Haute-).
6. NANCY.	Meurthe. Moselle. Vosges.		
7. COLMAR.	Doubs. Rhin (Bas-). Rhin (Haut-).	16. BORDEAUX.	Dordogne. Gironde. Lot. Lot-et-Garonne.
8. DIJON.	Côte-d'Or. Jura. Saône (Haute-). Saône-et-Loire.	17. PAU.	Gers. Landes. Pyrénées (Basses-). Pyrénées (Hautes-).
9. BOURGES.	Allier. Cher. Indre. Nièvre.	18. NÎMES.	Ardèche. Aveyron. Gard. Hérault. Lozère.
10. NIORT.	Charente. Charente-Infér. Deux-Sèvres. Vendée. Vienne.	19. AIX.	Alpes (Basses-). Bouches-du-Rhône. Var. Vaucluse.
11. LE MANS.	Indre-et-Loir. Loir-et-Cher. Maine-et-Loir. Mayenne. Orne. Sarthe.	20. BASTIA.	Corse (Ile de).

FIN.

TABLE

ALPHABÉTIQUE ET RAISONNÉE

DES MATIÈRES.

A

Adjudicataire. Qui ne peut se rendre adjudicataire, *p.* 17;
cas de déchéance, 20; élection de domicile, 22; contrainte par corps, 23; permis nécessaire pour exploiter,
24; obligation d'avoir un garde-vente, 25; dépôt du
marteau, 26; amende en cas d'abattage d'arbres de réserve, 29; autres amendes encourues, voyez *Amende;*
responsabilité, 35, 37; libération, 38; présence au récolement, 40; peut appeler un arpenteur de son choix, 41;
requérir l'annulation du procès-verbal de récolement,
ibid.; décharge d'exploitation, 45.

Adjudication. De coupes de bois de l'Etat, 13 à 24, 283;
de glandée, panage et paisson, 45 à 48, 290; de coupes
de bois de la couronne, 110; de coupes de bois des
communes et établissemens publics, 125 à 129; de coupes de bois indivis soumis au régime forestier, 145;
peine contre l'adjudicataire dans le cas où l'adjudication est déclarée nulle pour cause de fraude ou collusion, 244. V. *Bois, Exploitation, Martelage.*

Administration forestière. Age requis pour exercer un
emploi forestier, 3; incompatibilité des emplois forestiers avec les fonctions administratives et judiciaires, 3;
serment que doivent prêter ses agens et préposés, 3, 4;
responsabilité des gardes, 4, 5; formes à suivre pour la
poursuite de ses agens, 5, 6; dépôt des marteaux des
agens et gardes forestiers, 7; défense à ses agens et à
leurs parens et alliés de prendre part aux ventes, 17;
formalités à observer lorsque l'administration forestière veut procéder devant les tribunaux, 69; elle fixe
l'ouverture de la glandée et du panage, 85; les agens
et gardes des forêts de la couronne sont assimilés à
ceux de l'Etat, 109; des gardes des bois et forêts appartenant à des communes et établissemens publics,
120 à 124; des poursuites faites en son nom pour délits
ou contraventions, 189 et suiv.; attributions des gardes
relativement aux citations et significations, 203 et suiv.;
les agens forestiers ont droit d'exposer et de soutenir
les affaires, 205 et suiv.; ils occupent une place parti-

B

157 à 168, 306; destinés aux ponts et chaussées, pour les travaux du Rhin, 168 à 172, 309; peines contre quiconque est trouvé dans les bois et forêts, hors des chemins ordinaires, avec des instrumens tranchans, 176; *idem* avec des voitures, bestiaux, animaux de charge ou de monture, 177, 178.

Bois de délit. Peines contre ceux qui les enlèvent, 236.

Bornage. Des bois et forêts qui font partie du domaine de l'Etat, 7 à 12, 279; du domaine de la couronne, 110; de ceux qui sont possédés à titre d'apanage ou de majorats reversibles à l'Etat, 113; de ceux des communes et établissemens publics, 116; de ceux indivis soumis au régime forestier, 148 et suiv.

Bouleau. Arbre de deuxième classe, 230 et suiv.

Brebis. L'entrée des forêts de l'Etat leur est interdite, 100 et suiv.; *id.* dans les bois des communes et établissemens publics : cette entrée peut néanmoins être autorisée par ordonnance du Roi, 137 et suiv.

Briqueterie. Défense d'en établir sans l'autorisation du gouvernement dans l'intérieur et à moins d'un kilomètre des bois et forêts soumis au régime forestier, 183; visites et perquisitions des agens forestiers dans les briqueteries autorisées, 187.

Bruyère. L'extraction en est interdite sans autorisation : sous quelle peine, 173 et suiv.

C

Cantonnement. De celui moyennant lequel le gouvernement peut affranchir les bois et forêts de l'Etat du droit d'affectation, 49, 69, 70; de tout droit d'usage en bois, 75 à 78; est applicable aux bois des communes et des établissemens publics, 138 et suiv.; aux bois des particuliers, 149; ce projet de cantonnement est soumis au ministre des finances par le directeur général des forêts, 266; formalités à suivre en matière de cantonnement, 293.

Cautions. De celles qui doivent être fournies par les adjudicataires des coupes de bois de l'Etat, 20; elles sont solidaires et contraignables par corps, pour le paiement du prix de la vente, des restitutions, dommages et amendes, 23, 37.

Chablis. Peines contre ceux qui les enlèvent, 236; leur constatation et leur vente, 290, 291.

Charme. Arbre de première classe, 230 et suiv.

Chasse. Le Code ne s'en occupe pas : indication des lois qui y sont relatives, 317; les gardes forestiers doivent

F

G

L

M

N

O

P

Paisson. Voy. *Adjudication, Administration forestière, Amende, Domaine de l'Etat.*

Panage. V. *Adjudication, Administration forestière, Domaine de l'Etat, Pâturage.*

Particuliers. Des bois et forêts qui leur appartiennent en commun avec l'Etat, la couronne, des communes ou établissemens publics, 1, 143 à 145, 303; de ceux sur lesquels ils ont seuls un droit de propriété, 2, 146 à 157, 305. V. *Bois, Martelage.*

Pâtres. Comment sont choisis ceux des communes, 95 et suiv.

Pâturage. Il peut être racheté, 79; quand il ne peut l'être, *ibid.*; peut être réduit suivant l'état et possibilité des bois, 84; ne peut être exercé que dans les cantons déclarés défensables, 67; fixation du nombre des bestiaux, 89; publications des cantons déclarés défensables, 92; peines pour les animaux trouvés en délit, 239. V. *Amende.*

Pêche. Sera l'objet d'un Code particulier; quelles lois sont encore à observer, 312.

Peines. Dans quels cas elles sont doublées, 240 et suiv.; l'art. 463 du Code pénal n'est pas applicable aux matières forestières, 243; de celles applicables aux agens forestiers et aux individus poursuivis pour tentative de corruption, 247; dans tous les cas non spécifiés par le Code forestier, il y a lieu à l'application des dispositions du Code pénal, 248.

Peuplier. Arbre de deuxième classe, 230 et suiv.

Pieds corniers. Peines en cas d'abattage, 249; délimitent les coupes, 284.

Pierres. L'extraction en est interdite sans autorisation, 173 et suiv.

Plants. Défense d'en arracher dans les bois et forêts, 235.

Plantations. V. *Semis.*

Platane. Arbre de première classe, 230 et suiv.

Ponts et Chaussées. V. *Bois.*

Porcs. V. *Adjudication de glandée, panage et paisson, Administration forestière, Amende, Animaux.*

Poursuites. Elles se font au nom de l'administration forestière et par ses agens, pour tous les délits ou contraventions dans les bois soumis au régime forestier, autres que ceux de la couronne, ainsi que pour les contraventions relatives au martelage de la marine, aux travaux du Rhin et au défrichement dans les bois des

Q

R

S

T

U

V

FIN DE LA TABLE RAISONNÉE DES MATIÈRES.

Dans l'espoir de faire à peu de frais de belles éditions, l'éditeur KLEFFER s'est associé avec un imprimeur fixé à quinze lieues de la capitale. Les personnes qui voudront lui confier l'impression de quelque ouvrage, sont priées de lui écrire à l'imprimerie de Coulommiers (Seine et Marne). Sa position lui permet de travailler à des prix modérés.

Imprimerie de Brodard, à Coulommiers.